农业政策原理

（第三版）

谭向勇　肖海峰　李秉龙　编著

山西出版传媒集团
山西经济出版社

第三版序言

获知《农业政策原理》(第三版)将要出版,我非常高兴。这既说明了该书得到了读者的认可和欢迎,也说明了该书作者具有与时俱进、严谨求精的态度。

自2004年年初《农业政策原理》(第二版)出版以来,我国农业政策又发生了许多重大变化。国家对"三农"问题的重视程度,是前所未有的。从2004年开始,党中央和国务院连续9年颁发的一号文件,均聚焦"三农"问题,出台了一系列具有历史意义的重大措施。在农业政策方面,取消了有2600年历史的农业税,引入并不断加强了粮食直接补贴政策、良种补贴政策、农机购置补贴政策、农资综合直接补贴政策等各种农业补贴措施,实行了粮食最低收购价格政策等。在农村政策方面,普遍建立了新型农村合作医疗制度和农村最低生活保障制度,实行了新型农村社会养老保险制度等。与此同时,农业和农村经济结构也继续发生深刻的变化,土地和水资源约束日益突出,农村人口外流规模日益扩大,农业劳力老龄化程度日益明显,生产成本尤其是劳动力成本大幅度增加,农业机械化进程加快等。在这样的背景下,对《农业政策原理》(第二版)进行修订,对2004年以来出台的重大政策措施进行系统的分析和总结,就是非常必要和十分重要的了。

农业政策原理是不变的,但同一农业政策在执行层面上却是可以变化的。例如,同样是直接补贴政策,具体的补贴方式在不同国家可能不同,在同一个国家的不同发展阶段可能不同,甚至在同一个国家的不同地区也可能不同。这就要求我们在关注农业政策原理的同时,也要关注农业政策措施的具体操作方式。《农业政策原理》在这方面进行了有益的探索，第三版与前两版相比，有了更为明显的改进。此外，也对数据进行了全面的更新。

农业、农村和农民问题，事关全局；农业政策对促进农业发展、农村繁荣和农民福利，至关重要。希望《农业政策原理》（第三版）的出版，为读者准确理解农业政策问题的基本原理，分析我国的农业政策实践，推进农业政策的深化改革，提供更多的启发和帮助。

中国农业大学校长

2012 年 7 月

再版序言

欣闻《农业政策原理》再版。这说明，本书受到了读者的欢迎；这说明，农业政策原理是有用的。

农业政策是处在不断的变化之中的。本书1997年初版以来，我国的农业政策背景情况发生了许多重要的变化。例如，农业发展进入了新阶段，农产品过剩问题和市场制约变得明显；我国加入了世贸组织，与国际市场的联系更加密切；"三农"问题获得举国上下前所未有的关注；等等。这些政策背景的变化，引起了政策目标的调整。例如，促进农业生产的目标在原来的"高产、优质、高效"的基础上，又添加了"安全、生态"的内容。对农产品的卫生质量安全、农业生态和农村环境保护的重视，就是农业政策目标调整的表现。本书再版，自然要适应这些变化，进行了一些充实、完善和提高。

然而，原理是不变的。例如，农业政策目标是由客观政策背景和主观价值判断所决定的。近年来增加农民收入成为我国农业政策的首要目标，客观背景是因为城乡收入的差别日益扩大，而社会主义的价值观和民主社会的理念都不能容忍过大的收入差别。再如，不同的政策目标之间是可能存在矛盾关系的。增产的目标和食品卫生安全的目标与环境生态保护目标之间，就是如此。

最有用的原理可能是最简单的原理。任何一种政策措施都是为某一政策目标服务的；如果措施不能有效地实现这一目标，该措施就要调整、修正或者取消。在现实的农业政策的讨论中和执行中，这一简单的和基本的原理常常被忘记、被忽视。

农业政策研究需要尊重客观规律。农业政策研究中，需要感性和感情的基础，但是更需要理性的思考。科学决策要求理性思考。农业政策原理提供农业政策理性思考的框架。愿《农业政策原理》的再版为此做出贡献。

杨缅生

2003年12月23日

原版序言

农业政策是一门科学。农业政策是一门实践应用性很强的农业经济科学。

在新中国成立后的相当长的一个时期内,农业政策科学在我国农业经济学的课堂中没有获得其应得的地位。这不是我们的农业经济学前辈们的过错和责任。在那宣称"人有多大胆,地有多大产"的年代中,连自然科学都得不到起码的尊重,更何谈与政治密切相关的政策科学了。在高度集权的计划经济体系下,决策是决策者的特权,政策是长官意志的体现。农业政策只是学习、宣传和颂扬的对象,不是分析、研究和批评的对象。当农业经济学的教授们在当时的政治风雨中为自身生存而自顾不暇时,农业政策科学是难有生存和生长的土壤的。

然而,不尊重科学,并不能因此而否定科学和科学规律的存在。凡蔑视和嘲弄科学的,最终无不受到科学规律的惩戒。毁林开荒,围湖造田,后果是生态破坏,水土流失,洪水泛滥。这是自然规律的报复。"一大二公","三级所有",结果是生产低下,产品匮乏,人民生活贫困。这是经济与社会规律的警示。

改革开放政策给我国社会带来了翻天覆地的变化,经济体制发生了根本性的变革,经济政策的决策日益科学化、民主化、分散化。我国农业经济方面的教学人员和研究人员,日益密切地、广泛地参与到从中央到地方各种农业政策的分析、研究、论证和咨询的过程之中。这既为农业政策科学的发展提出了迫切要求,也提供了有利条件。我国农业政策科学方面的研究和应用,也取得了极为丰硕的成果。不过,相形之下,农业政策基本理论的归纳和总结,农业政策学的教学研究,仍然显得有些滞后。

本书的编者邀我作序,大概是出于这样的渊源:我在1989年留学回国后,于当年秋季为北京农业大学农经专业四年级开设了"农业政策学"课程。由于国内尚无这方面的教科书,所以自己就参考了一些国外的有关教科书,结合自己的一些思考,编写出一本《农业政策学纲要》,提供给学生们使用。后来我又参加了全国高等农业院校统编教材《农业政策学》的编写工作。几年前,曾与本书的编者商议过,要重新修编出一本新的农业政策方面的教科书,以满足不断增加和更新的教学要求。可是由于种种原因,一直未能实现。现在,我非常地高兴地看到,本书的三位编者作出了很大努力,编出了这样一本有价值的教科书。三位编者与我有着类似的受教育背景:都在德国留学过,都受过德国农业经济学的熏陶。其中有两位与我师从于同一位德国导师。

这本书着重于讲授原理,立意是非常正确的。现实中的农业政策千变万化,表现形式多种多样,但是其运行和作用的内在基本原理是有据可循的,是有着一定的规律性的。只有真正理解和掌握了这种内在的原理,才能不为一些表面的和暂时的现象所迷惑,才能正确地理解农业政策问题,才能对有关的农业政策的实际作用效果作出科学的判断。

人们日常生活中所说的农业政策,往往是指农业政策措施。农业政策学的研究分析对象,除了农业政策措施本身之外,还包括农业政策目标和农业政策背景。对农业政策措施的分析,是农业政策研究的主体部分,但却不是全部。我自己的经验感受是,在一些农业政策问题的讨论和实践中,人们往往容易忽视政策目标和政策背景问题,从而造成偏差。

政策目标既是事前选取农业政策措施的标准,也是事后判断该农业政策措施作用效果如何的尺度。在实践中,人们对某项具体的农业政策的评价作出截然不同的评价,往往就是由于所选用的评价尺度即所用的隐含目标尺度不同。如本书中阐述的那样,现实中农业政策目标不是唯一的,而是多重的。而各种不同的目标之间又有着复杂的关系,其中不乏彼此矛盾的关系,例如产量目标和环境目标的矛盾,产量目标和收入目标的矛盾,生产者利益和消费者利益的矛盾等。这样,某项具体的政策措施,在促进某一目标实现的同时,可能会对另一政策目标的实现产生不利影响和后果。因此,对农业政策问题的研究,就必然要求对政策目标彼此之间的关系以及政策手段与政策目标之间的关系进行研究分析。

同样的,对农业政策背景的分析也至为重要。不同的政策背景条件下,农业政策目标体系往往不同,包括具体目标组成不同,或者各种目标的比重(优先次序和相对地位)不同。这进而造成了农业政策措施体系的不同。例如,西欧和北美国家的农业政策背景特点是:农业人口比重很低,在5%以下;恩格尔系数很低,在20%以下;食品消费水平很高,人均每日在3000大卡以上;农产品过剩问题突出等。在此背景之下,农业政策目标中占主导地位的是农民的收入问题而不是低消费者价格,是重农产品质量而不是数量,是重环境保护问题而不是扩大生产问题。相应的,产生了一套以保护生产者利益和环境生态为中心的农业政策措施体系。而在广大发展中国家,由于在上述政策背景上的迥然不同特点,使得农业政策的目标体系明显不同,所实行的农业政策措施也有很大不同。同是发达国家,农业生产规模大的的美国和生产规模狭小的日本的政策也差异显著:前者极力鼓吹自由贸易,而后者则百般进行贸易保护。同一国家,在不同历史时期,政策背景会发生变化,政策目标和手段措施体系也相应地发生改变。

  进一步地,同一政策措施,在不同的政策背景下,所产生的政策效果可能是非常不同的。例如,在"三级所有,队为基础"的高度集中的计划经济体制下,中央制定的粮食种植面积计划,能够得到较好实现。当时毫无民主可言的命令机制加上高度集中的集体经营体制能够保证面积控制政策的落实。而在今天的市场经济体制下,那种仍然想通过行政命令控制农民粮食、棉花或者别的什么作物的种植面积的政策建议,不论是想控制面积的上限还是下限,都是不切实际的一厢情愿,结果只能是自欺欺人。

  在国内经济体制向市场经济体制转变、国际经济体制日益趋于一体化的大变革时代,农业政策学的研究对象——政策背景、目标和措施体系,也都处在高度的动态之中。这种研究对象形态的高度动态变化,对农业政策研究与教学人员提出了很高的要求。这是农业政策学的研究难度所在,也是其魅力所在。我希望并相信,读者通过对本书的学习,对农业政策学的一些主要原理获得较好的了解,并学会运用这些原理来解译纷杂的现实农业政策问题。我也希望并相信,本书的编者们会在农业政策学的教学和研究实践中,不断地借鉴和探索,在本教材的基础上,不断地进行补充、加强、完善和提高,不断地带头推动农业政策学这门学科在我国的发展。

杨炳生

1997年10月1日

目 录

第三版序言 ··· (1)
再版序言 ··· (3)
原版序言 ··· (4)

第一章 导言 ··· (1)
  第一节 政策及政策科学 ··· (1)
    一、政策 ··· (1)
    二、政策科学 ··· (3)
  第二节 农业与农业政策 ··· (4)
    一、农业的概念、地位及作用 ···································· (4)
    二、农业政策及其重要性 ··· (5)
  第三节 本书的框架结构 ··· (6)

第二章 农业政策背景分析 ·· (7)
  第一节 农业政策背景分析的意义和方法 ······················· (7)
    一、农业政策背景分析的含义 ···································· (7)
    二、农业政策背景分析的方法 ···································· (7)
    三、农业政策背景分析的程序 ···································· (11)
  第二节 农业政策背景分析的内容 ································· (11)
    一、农业综合状况分析 ·· (12)
    二、农业资源存量分析 ·· (12)
    三、农业生产结构分析 ·· (13)
    四、农业生产率分析 ··· (13)
    五、农民收入及消费状况分析 ···································· (13)
    六、农产品市场分析 ··· (13)

七、政府现行政策分析 ……………………………………… (14)
　第三节　中国农业政策背景分析 ………………………………… (14)
　　一、中国农业发展的历史阶段 …………………………………… (14)
　　二、中国社会主义农业经济发展的几个时期 …………………… (14)
　　三、中国农业发展的基本状况 …………………………………… (22)
　　四、21世纪初期中国农业发展的基本趋势 ……………………… (30)

第三章　农业政策目标分析 ……………………………………… (33)
　第一节　农业政策目标的含义与特征 …………………………… (33)
　　一、农业政策目标的含义 ………………………………………… (33)
　　二、农业政策目标与价值判断 …………………………………… (33)
　　三、农业政策目标的基本特征 …………………………………… (35)
　第二节　农业政策目标确定的理论依据 ………………………… (40)
　　一、农业的外部性 ………………………………………………… (40)
　　二、农业的公共产品性 …………………………………………… (41)
　　三、农业的弱质性 ………………………………………………… (42)
　　四、农业的不稳定性 ……………………………………………… (42)
　　五、经济发展的阶段性 …………………………………………… (43)
　第三节　农业政策目标的确定 …………………………………… (45)
　　一、保护农业,提高农民收入 …………………………………… (45)
　　二、提高农业生产率,满足社会对农产品质与量的需求 ……… (45)
　　三、培育农业市场机制,稳定农产品市场 ……………………… (46)
　　四、保护农业资源,改善生态环境 ……………………………… (47)

第四章　农产品市场与价格政策 ………………………………… (49)
　第一节　农产品市场与价格政策的目标及分类 ………………… (49)
　　一、农产品市场与价格政策的重要性 …………………………… (49)
　　二、农产品市场与价格政策的目标 ……………………………… (50)
　　三、农产品市场与价格政策的分类 ……………………………… (50)
　第二节　国内价格政策 …………………………………………… (51)
　　一、限价政策 ……………………………………………………… (51)
　　二、支持价格政策 ………………………………………………… (53)

三、稳定价格政策 …………………………………… (54)
　　四、限量政策 ………………………………………… (56)
　　五、补贴政策 ………………………………………… (59)
　　六、我国新出台的几项农业政策措施 ……………… (63)
第三节　对外贸易政策 …………………………………… (73)
　　一、进口关税 ………………………………………… (73)
　　二、进口限额 ………………………………………… (77)
　　三、技术与管理方面的限制措施 …………………… (79)
　　四、出口补贴 ………………………………………… (80)
　　五、出口关税 ………………………………………… (80)
第四节　市场结构政策 …………………………………… (81)
　　一、市场管制措施 …………………………………… (81)
　　二、发展农业合作 …………………………………… (82)
　　三、提高市场透明度措施 …………………………… (82)
　　四、改善市场基础设施 ……………………………… (85)

第五章　农业结构政策 ……………………………………… (86)
第一节　农业区域结构政策 ……………………………… (86)
　　一、区域的概念及区域经济理论 …………………… (86)
　　二、中国的农业区域划分 …………………………… (90)
　　三、农业区域结构政策目标 ………………………… (94)
　　四、农业区域结构政策措施 ………………………… (95)
　　五、我国的农业区域结构政策 ……………………… (96)
第二节　农业部门结构政策 ……………………………… (99)
　　一、农业部门结构的概念 …………………………… (99)
　　二、农业部门结构政策的目标 ……………………… (101)
　　三、农业部门结构政策措施 ………………………… (102)
　　四、我国的农业部门结构政策 ……………………… (103)
第三节　农业经营规模结构政策 ………………………… (106)
　　一、农业经营规模结构的概念 ……………………… (106)
　　二、农业经营规模结构政策的目标 ………………… (107)
　　三、农业经营规模结构政策措施 …………………… (107)

四、我国的农业经营规模结构政策 ……………………………… (108)

第六章 农村社会政策 …………………………………………… (112)
第一节 农村人口政策 ………………………………………… (112)
一、人口政策的概念与目标 ……………………………………… (112)
二、人口政策措施体系 …………………………………………… (115)
三、我国农村人口政策 …………………………………………… (119)
第二节 农村劳动力就业政策 ………………………………… (125)
一、农村劳动力就业政策的目标 ………………………………… (125)
二、农村劳动力转移的一般理论 ………………………………… (126)
三、我国农村劳动力转移政策的演变过程 ……………………… (129)
四、提高我国农村劳动力就业水平的政策途径 ………………… (132)
第三节 农村社会保障政策 …………………………………… (135)
一、农村社会保障政策的含义与目标 …………………………… (135)
二、农村社会保障政策体系 ……………………………………… (136)
三、我国农村社会保障政策的变迁 ……………………………… (138)
四、我国农村社会保障制度建设的目标与完善对策 …………… (147)

第七章 农业环境政策 …………………………………………… (150)
第一节 环境危机 ……………………………………………… (150)
一、全球的环境危机 ……………………………………………… (150)
二、我国的环境危机 ……………………………………………… (156)
第二节 农业环境政策目标 …………………………………… (160)
一、农业环境政策的总目标 ……………………………………… (160)
二、我国农业环境政策的目标 …………………………………… (162)
第三节 农业环境政策措施 …………………………………… (163)
一、农业环境污染防治政策 ……………………………………… (163)
二、农业自然资源保护政策 ……………………………………… (166)

第八章 农业政策的制定 ………………………………………… (171)
第一节 农业政策的主体与客体 ……………………………… (171)
一、农业政策的主体 ……………………………………………… (171)

二、农业政策的客体 …………………………………………… (174)
第二节　农业政策制定的环境 ………………………………………… (181)
　一、社会政治环境 ……………………………………………… (181)
　二、社会经济环境 ……………………………………………… (183)
　三、国际政治经济环境 ………………………………………… (185)
第三节　农业政策方案的设计与论证 ………………………………… (186)
　一、农业政策措施的寻找 ……………………………………… (187)
　二、农业政策方案设计的基本思路 …………………………… (188)
　三、农业政策方案的比较、论证 ………………………………… (191)
　四、农业政策方案的选择 ……………………………………… (192)
第四节　农业政策的法制化与法律化 ………………………………… (194)
　一、农业政策法制化与法律化的含义与意义 ………………… (194)
　二、农业政策与法律的关系 …………………………………… (195)
　三、农业政策法律化的条件 …………………………………… (197)

第九章　农业政策的执行 ………………………………………………… (199)
第一节　农业政策执行的含义、特点与意义 ………………………… (199)
　一、农业政策执行的含义 ……………………………………… (199)
　二、农业政策执行的特点 ……………………………………… (199)
　三、农业政策执行的意义 ……………………………………… (201)
第二节　农业政策执行的制约因素 …………………………………… (202)
　一、农业政策方案自身的质量 ………………………………… (202)
　二、执行农业政策所需要的资源 ……………………………… (203)
　三、农业政策的执行机构与人员 ……………………………… (205)
　四、农业政策的对象 …………………………………………… (207)
第三节　农业政策的具体执行 ………………………………………… (208)
　一、农业政策的宣传理解 ……………………………………… (208)
　二、农业政策的实验 …………………………………………… (209)
　三、农业政策执行的组织落实和物质准备 …………………… (211)
　四、农业政策执行中的协调 …………………………………… (212)
　五、农业政策执行的监督 ……………………………………… (213)

第十章　农业政策评估 …………………………………………… (216)
第一节　农业政策评估的作用、主体及困难 ……………… (216)
一、农业政策评估的作用 ……………………………… (216)
二、农业政策评估的主体 ……………………………… (218)
三、农业政策评估的困难 ……………………………… (219)
第二节　农业政策评估的理论基础与基本标准 …………… (221)
一、农业政策评估的理论基础——福利经济学 ……… (221)
二、农业政策评估的基本标准 ………………………… (223)
第三节　农业政策评估的方法 ……………………………… (224)
一、前后对比分析法 …………………………………… (224)
二、成本—效益分析方法 ……………………………… (227)
三、农户问卷调查评估法 ……………………………… (229)

参考文献 ………………………………………………………… (231)

原版后记 ………………………………………………………… (236)
再版后记 ………………………………………………………… (237)
第三版后记 ……………………………………………………… (238)

第一章 导言

本章主要介绍政策、农业政策的基本概念,分析农业的地位及作用,并说明本书的基本框架结构。

第一节 政策及政策科学

一、政策

政策是政府行为,是政府凭借其权力,为了实现一定目标而对社会经济的某些方面或环节采取的一系列措施和行动。

在资本主义早期自由放任的市场经济条件下,不论在理论上还是实践上都反对政府对经济的过多干预。但随着资本的集中以及垄断的出现,市场经济自发调节的神话被打破,严重的资本主义经济危机困扰了世界经济的发展。

在此背景下,传统的社会主义者从根本上否定了资本主义制度,用社会主义公有制基础之上的计划经济制度代替了以私有制为基础的放任自流的资本主义市场经济制度。这种理论和实践在世界许多国家相当长的一段时期内都是合理的和成功的。但由于在理论和实践上过分极端化,政府过多地甚至全部干预和参与社会经济的各个方面,使社会经济又出现了另外一个极端上的问题(相对于自由放任资本主义市场经济的问题),具体表现为资源浪费、劳动者没有积极性、经济决策严重失误,从而造成社会经济发展停滞,甚至倒退。面对这种状况,传统的社会主义国家对坚持马克思主义历史唯物主义观点,都进行了程度不同的政府行为改革。基本趋势和内容是减少政府对社会经济的干预,调整所有制结构,引进资本主义市场经济体制的一些成功做法。中国是这方面最成功的典型。

面对资本主义经济危机的现实,传统资本主义国家也进行了经济制度的改革和修正。英国著名经济学家凯恩斯(Keynes,1883~1946)的经济思想(见《就业、利息和货币通论》,1936年版)为变革提供了理论上的指导,其核心内容是加强了政府对经济发展的干预。在第二次世界大战以后的社会经济发展中,资本主义各国也不同程度地吸收了社会主义国家的一些成功经验,使政府在社会经济发展中的行为逐步规范化和系统化,从而促进了第二次世界大战以来世界资本主义经济的长期稳定发展。

我们把上述三种情况用图1.1表示出来。由图可以看出,不要政府的行为或过分强调政府行为的极端做法都是不妥当的(当然要考虑到社会发展的阶段性以及不同国家的不同条件)。在现代社会经济条件下,政府处在一个特殊的地位,它的主要任务是要保证社会经济在市场经济条件下充分合理的竞争,弥补市场经济的不足,调节企业和居民个人的微观利益服从社会和国家发展的宏观利益,促进社会经济向着有利于全社会福利最大化的方向发展。

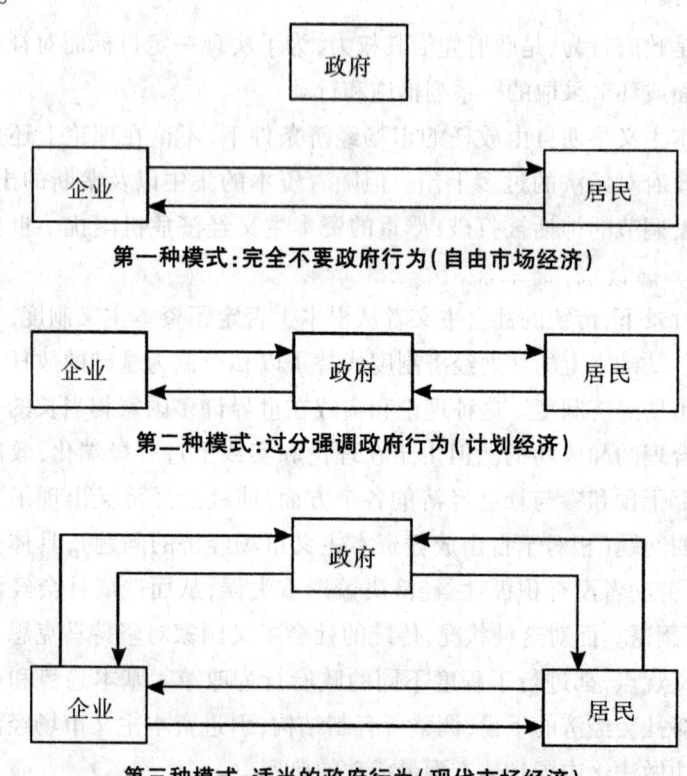

图1.1　政府在社会经济运行中的地位和作用

政策一般由三大要素组成一个严密的逻辑体系,即政策背景、政策目标和政策手段。政策背景是起点,是政策作用对象的现状;政策目标是终点,是政策作用对象后希望改变成的理想状况;政策手段是起点到终点的桥梁,是政府把其认为不合理的现状改变成理想状况所采取的一系列措施。政策三大要素之间的逻辑关系如图1.2所示。

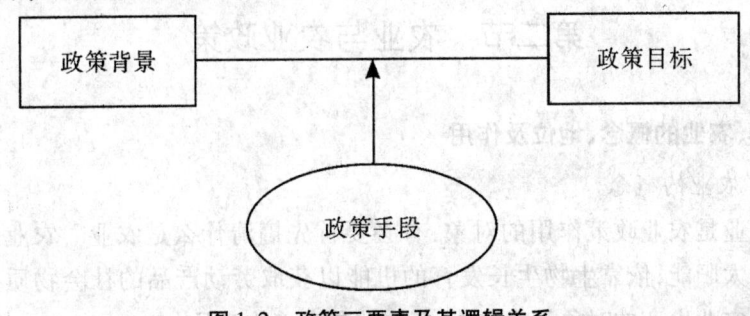

图1.2　政策三要素及其逻辑关系

二、政策科学

政策科学是人们对政策运动规律的总结。在经济学中,人们原来一直把主要精力用于对企业和居民家庭微观经济问题的研究上,随着资本主义经济危机的出现,经济学家逐步把宏观经济问题以及政府行为也作为重要的经济问题来研究,也就是说"宏观经济"、"经济政策"等也成为经济学研究的对象。一般认为,最早提出"政策科学"概念的是美国学者拉斯韦尔。1951年美国著名政治学家拉斯韦尔等人合著的《政策科学》一书的出版是政策科学诞生的标志。

政策科学是研究政府行为的科学。就经济政策科学来说,要研究政府为什么要干预经济活动,干预哪些经济活动,怎样干预经济活动。政府也是经济活动中非常重要的因素,政府的活动也应遵循一定规律和准则。比如说,企业的行为决定了能获得多少利润,一切活动都要考虑其成本和收益的关系;政府的活动是为了宏观经济利益、综合经济利益、长远经济利益,以及社会和环境利益。政府的活动也要考虑成本和收益的关系,"政府成本"和企业成本都是很重要的,政府不可能不惜一切代价地去做某些事情。政府的行为必须有科学的决策,对政府的行为也必须做出科学的评价,这一系列问题都是政策科学要研究和回答的问题。

中国正在发展有中国特色的社会主义市场经济,开展政策科学研究的时间还不长,不断完善和发展政策科学具有非常重要的意义。一方面要破除"政府无所不能、政府永远正确"的习惯错觉;另一方面还要防止用市场代替政策的极端倾向。我们要不断发展我国的政策科学,使我国的各项政策不断科学化。

第二节 农业与农业政策

一、农业的概念、地位及作用

1. 农业的概念

农业是农业政策作用的对象,有必要首先搞清什么是农业。农业是人类利用太阳能,依靠生物生长发育的机能以获取劳动产品的社会物质生产部门。农业生产的对象是生物体,获取的是动植物产品。

农业一般包括植物栽培业和动物饲养业。植物栽培是指绿色植物利用太阳的光、热和自然界的水、气以及土壤中的各种矿物质养分,加工合成植物性产品;动物饲养是指以植物产品为饲料,利用动物的消化合成作用,转化成动物性产品。我国习惯上把农业分为农(种植业)、林、牧、渔四业。在一些发达国家,农业产前(如饲料加工等)和产后(如农产品加工等)部门有时也算在农业范畴内。

农业与其他部门相比有其显著的特点。最根本的特点就是农业的经济再生产和自然再生产过程相互交织在一起。除此之外还有其他一些特点:如土地不可替代;自然环境因素对农业有较强的影响力;农业生产周期长;农业生产时间和劳动时间不一致;农产品体积大、价值低、易腐烂、难储运;农业生产单位往往是一家一户等。

2. 农业的地位

农业是国民经济中最重要的物质生产部门,同时也是最古老、最基础的部门。由于农业的发展,国民经济其他部门才得以产生和发展。如果没有农业劳动生产率的提高,农业剩余的增大,国民经济其他部门的产生和发展是不可能的。

我国社会经济的发展历程表明,什么时候农业发展了,国民经济其他部门也就随之发展,反之亦然。世界上的国家大体上可以分为发达国家和发展中国家,发达国家首先都是农业比较发达,如北美和西欧;发展中国家最大的难题是农业问题,农业问题没有解决,所以不可能去实现工业化、城市化、现代化。这是世界各国发展的一般规律。

在经济发展的早期,农业是国民经济中的主要部门,国民经济其他部门的发展有赖于农业的发展。在这一阶段,农业要为整个国民经济的发展积累资金做出贡献。这一阶段可称为农业支持国民经济发展的阶段;随着经济的发展,农业在国民经济中的份额不断下降,国民经济开始对农业实行保护,这一阶段称为国民经济对农业保护阶段。不同的发展阶段,农业在国民经济中的地位有所不同,农业政策就有所区别。总体上来说,我国农业已越过发展的第一阶段,初步进入第二阶段。

3. 农业的作用

首先是提供食物的作用。食物消费是人类的第一需要,虽然近些年我国居民食品消费支出占总消费支出的比重在不断下降,但食品市场仍然是我国容量较大的市场之一。其次是提供原料的作用。许多工业原料都是来源于农业。再次是提供各种生产要素的作用。工业化、城市化需要大量的土地、劳动力和资本,农业发挥着非常重要的作用。最后是提供市场的作用。农业的发展为工业产品提供了市场,从而刺激工业的发展,这就像发展中国家为发达国家提供市场的作用一样。另外,从社会的角度来看,农业还有着多种功能:即保护传统文化与自然环境,缓冲就业压力,保证食物安全和社会稳定等。

4. 世界农业发展的趋势

世界农业发展总体上来说有以下几大趋势:一是农业的现代化水平不断提高;二是农业的弱质地位越来越明显;三是农业以种植业为主转向以畜牧业为主;四是农业以生产初级产品为主走向产加销综合化;五是世界农业正在走向国际一体化。

二、农业政策及其重要性

农业政策是政府为了实现一定的社会、经济及农业发展目标,对农业发展过程中的重要方面及环节所采取的一系列措施和行动的总称。农业政策从属于一般经济政策,可以说是部门经济政策。由于农业与农民和农村的密切关系,农业政策一般也涉及农业和农村的其他领域,如农业环境政策和农业社会政策已远超过农业本身的范畴。

农业政策与其他部门经济政策相比有显著的不同,这是由农业的特点决定的。农业是弱质产业,在市场经济条件下由于农业进行的是动植物生产,且生产规模狭小,很难与其他部门进行市场竞争;农业产品(特别是粮食)是人们生存的基本物品,不能有较大的波动,否则就会转化成严重的社会问题。因此,政府必须采取有力的政策措施,保证农业在市场经济条件下的市场地位和市场竞争能力,保证农业基础地位的稳定,从而保证整个社会经济的稳定。农业政策在国家经济政策中处于非常重要的地位,特别是在一个国家经济发展的早期阶段,农业政策的重要性就更明显一些。

第三节　本书的框架结构

本书共分十章。第一章是导言,主要介绍政策、农业政策的概念以及本书的框架结构。第二章是农业政策背景分析,主要介绍农业政策背景分析的方法与内容,并简要介绍中国农业政策的基本背景。第三章是农业政策目标分析,主要介绍农业政策目标的概念和特征,农业政策目标确定的理论依据以及农业政策的具体目标。第四、五、六、七章是农业政策措施分析。本书把农业政策措施分为农产品市场与价格政策、农业结构政策、农村社会政策、农业环境政策四大政策领域。当然,政策措施的划分并不是固定不变的。这四章是本书的核心部分。第八章是农业政策的制定,主要介绍农业政策的主体与客体,农业政策制定的环境以及农业政策方案的设计和论证。第九章是农业政策的执行,主要介绍农业政策执行的制约因素及农业政策的具体执行过程。第十章是农业政策的评估,主要介绍农业政策评估的主体、理论基础以及具体评估方法。

关键词

政策　政策要素　政策科学　农业　农业政策

思考题

1. 什么是政策?什么是农业政策?
2. 政策的要素有哪些?其逻辑关系如何?
3. 农业的特点和重要性是什么?

第二章 农业政策背景分析

农业政策背景是农业政策三大要素之一,也是制定农业政策目标和措施的基础。本章首先介绍农业政策背景分析的意义、方法和程序,然后说明农业政策背景分析的主要内容,最后对中国农业政策背景进行简要分析。

第一节 农业政策背景分析的意义和方法

一、农业政策背景分析的含义

农业政策背景分析是指对农业经济发展各主要方面的现状,形成这种现状的历史演变过程以及各主要影响因素的分析。

农业政策背景分析的目的在于摸清政策所要作用的对象的现实状况,只有了解了现实情况,才能明白现实存在问题的根源,提出解决问题的目标和方法。许多政策的失误其最终的原因是由于对现实问题没有搞清楚。因此,政府在制定政策之前,对政策背景作科学全面的分析是非常重要的。政策背景分析是政策的基础,没有扎实的基础,政策目标和政策手段就会变成空中楼阁和无源之水。

要搞清农业政策背景,就要进行深入细致的调查研究,因此,必须重视调查研究,特别是要重视和掌握调查研究的理论与方法。

二、农业政策背景分析的方法

1. 实证研究方法

实证研究是相对于规范研究而言的。实证研究就是要对客观存在进行科学的描述、分析、确认和解释。实证研究是要回答"是什么"和"为什么"的问题,而规范研究则是要回答"应该是什么"的问题。实证研究的结论如果有争议,可以通过重新检验论证达到统一。实证研究具有客观的结论标准,能够很好地避免研究者个人感情色彩的影响,因此,它能完整准确、客观真实地说明客观事情的现状。实证研究结果的主要体现形式是调查研究报告。现实中许多调查研究报告一般大致分三个部分,一是基本情况,二是存在问题,三是政策建议。而往往重心是放在第三部分,这是不正确的。在第一、二部分中经常犯的错误是只有一般的描述,而没有深入的分析;只有简单的确认事实,而没有深刻的解释事实。有的报告列出了许多数据,也做出了许多图表,但图表与数据实际上是一回事,甚至图表下面文字也是对图表中数据的重复说明。问题的关键是没有解释和分析各经济变量之间的内在关系,没有说明变量之间相互作用的程度及发展变化趋势。某年农大研究生考题中有"论述中国农业投资不足的原因与对策"的题目,许多考生仅写了"中国农业投资严重不足,农业投资不足影响了农业的发展,因此,必须增加农业投资"大体上的文字。这显然远远不够。应该首先确定中国农业投资的不足,根据中国农业投资的发展变化,用国外的经验来确认这个实事、说明不足的程度;其次从经济的角度分析解释为什么农业投资不足,如投资报酬率低,投资风险大等;最后再根据上述分析提出政策建议。总之,实证研究是农业政策背景的基本方法,后面要谈的几种方法也是在实证研究方法的前提下展开的。

2. 历史分析方法

任何事情都有其发展演变的历史过程,如果不寻根问底,就很难说明事物的现状和未来。经济现象更是如此。例如对我国农户经营规模过小的现状分析必须要历史地看待问题。如果只是简单地对现状予以评价,或者简单地与欧美国家家庭农场予以比较,就必然得出不切实际的结论,从而提出不断扩大经营规模的政策设想。假如能够历史地予以分析,就会发现中国农户经营规模小是一个长期的历史现象,而不仅仅是家庭承包责任制后出现的问题(图2.1)。我国人多地少,工业化和城市化水平较低是长期以来的客观存在。20世纪50—80年代,我们曾试图扩大经营规模,但由于生产力没有质的改变,实践证明是不成功的。后来我们又不得不退回到以家庭为单位的经营规模。如果了解了这一背景,在考虑中国未来的规模发展时,也许会更客观地考虑中国的实际情况,而不是不顾客观条件,只追求经营规模的简单扩大。

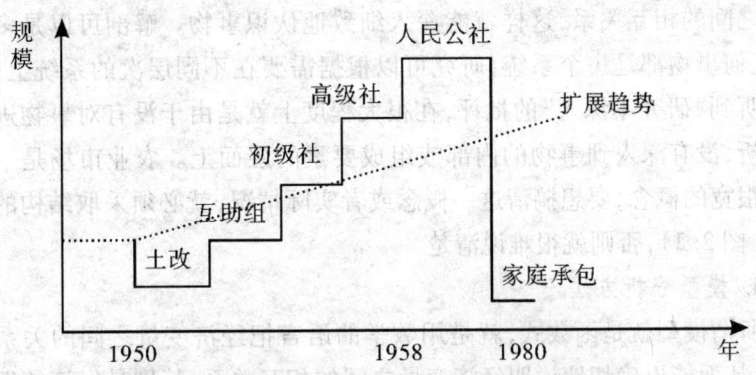

图2.1 中国农业微观经营规模历史演变示意图

3. 结构分析方法

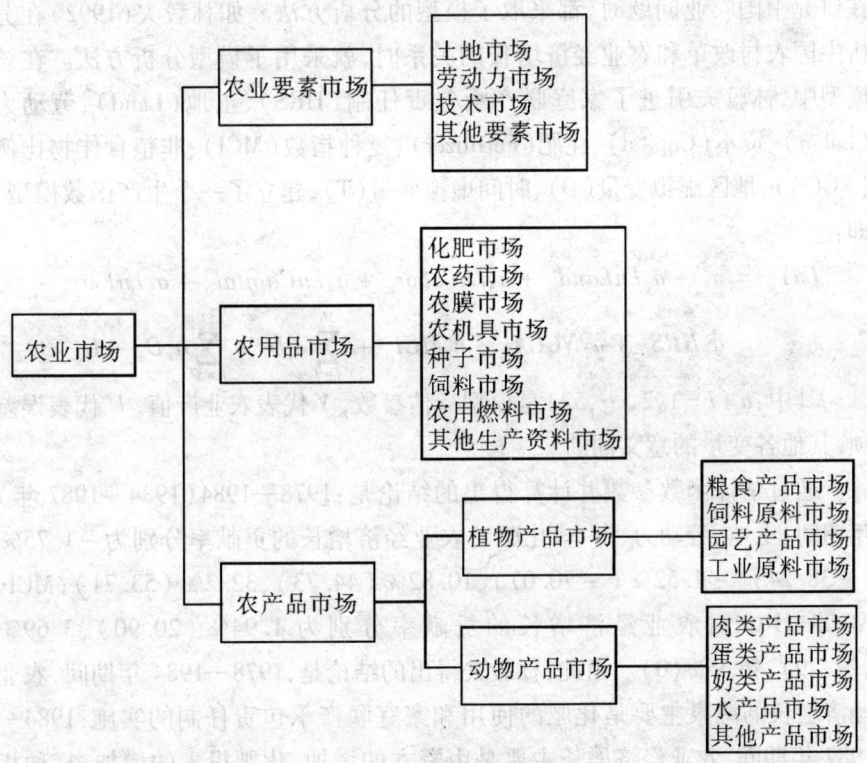

图2.2 农业市场结构图解

结构分析法接近于自然科学研究中的解剖方法。为了搞清事物的本质,就必须把事物解剖开来,深入研究组成事物的各个要素的情况以及各个要素之间的相互关系,这样就能深入细致地认识事物。解剖可以是多层次的,任何事物都是一个系统,研究可以根据需要在不同层次的系统上展开。经常听到"研究不深入"的批评,在很大程度上就是由于没有对事物进行结构分析,没有深入到事物的内部或组成要素的层面上。农业市场是一个涉及面很宽的概念,要想搞清这一概念或者实际情况,就必须采取结构的分析方法(图2.2),否则就很难说清楚。

4. 模型分析方法

所谓模型就是函数式,就是用数学的语言把经济变量之间的关系表示出来,从而能更确切地说明经济变量之间的相互关系,特别是经济的发展变化趋势。数理方法应用到经济学研究之中,大大提高了经济学研究的精度,统计技术和计算技术的进步使这种方法得到了飞速发展。国内外许多学者在研究中国农业问题时,都采取了模型的分析方法。如林毅夫(1992)在分析中国农村改革和农业经济增长的关系时,就采用了模型分析方法。在该模型中,林毅夫引进了家庭联产承包责任制(HRS)、土地(Land)、劳动力(Labor)、资本(Capital)、化肥(Fertilizer)、复种指数(MCI)、非粮食作物比例(NGCA)、地区虚拟变量(D)、时间虚拟变量(T),建立了一个生产函数模型,即:

$$LnY_{it} = a_1 + a_2 LnLand_{it} + a_3 LnLabor_{it} + a_4 LnCapital_{it} + a_5 LnFert_{it} + a_6 HRS_{it} + a_7 NGCA_{it} + a_8 MCI_{it} + \sum_{j=9}^{36} a_j D_j + \sum_{k=37}^{52} a_k D_k + U_{it}$$

其中:$a_i(i=1,2,\cdots,52)$ 是模型待估参数,Y 代表农业产值,U 代表误差项,其他各变量的意义同前。

通过估计函数参数并计算得出的结论是:1978—1984(1984—1987年)年期间,土地、劳动力、资本、化肥对农业经济增长的贡献率分别为 -1.75%(-38.24)、-4.52%(-70.07)、10.82%(44.73)、32.2%(53.71);MCI、NGCA、HRS 对农业经济增长的贡献率分别为 1.94%(20.90)、3.69%(27.79)、46.9%(0)。由此,林毅夫得出的结论是,1978—1984年期间,农业经济增长的源泉主要是化肥的使用和家庭联产承包责任制的实施;1984—1987年期间,农业经济增长主要是由资本的增加、化肥投入的增加、复种指数的提高和非粮食作物比例提高引起的,家庭联产承包责任制的作用已经不存在。由此可见,通过模型分析方法,可以从数量方面较为精确地说明经济变量之间的关系。

另外,在实际中还有许多其他研究方法,如典型调查法、比较研究法、因素分析法等,这些方法部分地都可归入前几种方法之中,有的甚至仅是叫法不同而已。当然,科学研究的方法也是在不断完善和多样化的,人们在研究时应根据需要和可能选择某种或某几种方法来进行分析。

三、农业政策背景分析的程序

农业政策背景分析的程序一般可分为四个步骤:

一是选题。选择和确定要分析研究的对象,并且要对研究对象在外延和内涵、时间与空间上进行科学合理的界定。

二是搜集相关资料。资料可以分为第一手资料和第二手资料。第一手资料就是要研究者亲自进行调查、访问、实验而取得。第二手资料可以从各种统计年鉴、报刊文献、调查报告、学术专著、会议论文等渠道获取。有些第二手资料必须由研究者亲自到实际中验证和体会才能真正消化和理解。因为许多第二手材料存在着虚假、抽象、多种解释的可能性,因此,第二手资料必须与第一手资料相结合。另外,资料并不是说都是数据,有许多定性的情况或者事物之间的相互关系等文字的东西也都是资料,资料是一个比数据更广泛的概念。

三是分析研究。有了资料后首先是对零散的资料进行分类整理,使它们相对集中归类;然后是把各类资料进行加工细化,可以把它们加工成文字、表格、图形、函数式等形式,以便进一步分析研究;最后是进行科学的描述和分析,客观地确认事实,并且对其作出合乎逻辑的解释。

四是形成研究报告。也就是根据前面的分析,写出研究报告。

当然,上述的研究程序在实际中并不是一成不变的,实际中往往是前后有交叉和反复,也许形成报告以后又觉得少一些资料,还必须回过头来再搜集另外一些资料。

第二节 农业政策背景分析的内容

农业经济发展状况是一个综合事物,要想把它全面系统地搞清楚绝非易事。但在一般情况,我们可以从以下几个方面展开对农业经济发展状况的分析。

一、农业综合状况分析

反映一个国家或地区农业综合状况的指标主要有两个,农业总产值和农业增加值。农业总产值是指一个国家或地区的农业部门在一定时期内(通常为一年)所生产的全部农产品的价值总和。它反映了一个国家或地区在一定时期内农业生产活动的总成果。农业总产值的计算方法是产品法,即以各种农产品的产量与其相应的市场价格相乘得出各种农产品的产值,而后汇总形成农业总产值。对于部分实物量难以核算的农产品,其产值用支出费用代替(播种面积×每亩种植成本)。采用产品法计算农业总产值会造成产值重复计算。

农业增加值是指一个国家或地区的农业部门在一定时期内(通常为一年)在生产活动中对各种投入品所追加的价值。增加值不包括在生产过程中所消耗的各种投入品的价值,它是各生产单位对国民经济所作的净贡献。增加值的计算方法有两种:

生产法:即从各生产单位的总产值中扣除一切非本单位生产产品的价值,也就是扣除各生产单位在生产过程中所消耗的投入品、燃料、电力和支付的加工费、运输费用等价值,即:

$$增加值 = 总产值 - 中间消耗品价值$$

收入法(分配法):即将增加值各分配要素相加,各生产单位增加值的分配要素包括工资、福利基金、税金、利润、利息以及固定资产折旧费等。从生产单位来讲,增加值是支付这些分配项目的来源,从要素所有者来讲,增加值是他们取得收入的来源,所以增加值就是这些分配项目的总和。即:

$$增加值 = 各分配要素之和$$

二、农业资源存量分析

农业资源一般可分为自然资源和经济资源两大类。对农业自然资源的分析主要是考虑土地资源状况、水资源状况、气候资源状况和生物资源状况,分析其总量、质量、分布及结构等。

农业经济资源首先是劳动力资源,要分析劳动力的总量、质量、结构与分布状况以及发展趋势等;其次是资本,要分析资本的数量、投资状况等;再次是农业技术,要分析农业教育和科研状况,农业技术进步的水平和速度,农业推广体系和农业技术贡献率等；最后是农业生产投入品，要分析化肥、农药、农机具、农膜、农用能源等的生产状况及发展趋势等。

农业资源存量分析是为了摸清可供农业生产使用的资源数量、质量、结构、分布及发展变化趋势，从而进一步说明农业发展的潜力状况。

三、农业生产结构分析

农业生产结构分析包括三个层次的内容。首先是产品结构，搞清每个品种所占的比重及其变化趋势，同时可以与消费结构及变化趋势进行对比。其次是企业结构，如不同经营形式的企业各占多大比重（如国营、集体、合作化、个体、外资、其他等），不同经营规模企业的比重，不同经济效益水平的企业比重等。最后是区域结构，如不同地区某种农产品产量占全国的比重等。

四、农业生产率分析

农业生产中最基本的生产要素是土地、劳动力和资本。所以，对于农业生产率的分析主要有三个方面：一是土地生产率，即单位面积产量（单产）及其发展变化；二是劳动生产率，即人均或劳均每年生产的农产品数量（产值）及其变化；三是资金生产率，即农业投资报酬率及其变化等。

五、农民收入及消费状况分析

对农民收入状况的分析主要是分析农民人均收入水平、来源结构、增长速度、收入差距等。农民消费状况与农民收入状况有密切联系，对农民消费状况进行分析主要包括两个方面：一是总体消费情况，包括消费水平、消费结构、消费趋势和影响因素等；二是各种具体消费品的消费状况，包括总量、结构、变化、影响因素等。

六、农产品市场分析

一般应从六个方面来进行分析。一是需求状况分析。分析需求总量、结构及变化趋势，人口、价格、收入及偏好对需求的影响等。二是供给状况分析。分析供给总量、结构及变化趋势，技术进步、价格、时间等对供给的影响等。三是国际贸易状况分析。包括进口数量和来源结构，出口数量及销往国家或地区结构以及各自的变化趋势。四是价格状况分析。分析价格的绝对水平及发展变化,各类比价和差价等。五是运销环节及渠道分析。主要包括收购、批发、零售、加工、储藏、运输等环节的情况以及流通渠道中各利益主体间的利润分配是否合理等。六是政府现行市场与价格政策分析。包括市场与价格政策的目标分析、执行手段分析、政策效果评价等。当然,任何分析都必须放在特定的自然、技术、经济、社会政治的综合背景下进行。

七、政府现行政策分析

政策都是连续的。在制定新的政策之前首先应对现行的政府政策予以分析,要分析各类不同政策的产生背景、目标设计、政策手段、政策运行状况及效果,各类政策之间的相互关系等。

第三节　中国农业政策背景分析

一、中国农业发展的历史阶段

从生产力发展角度来看,中国农业像世界农业一样也经历和正在经历原始农业、传统农业和现代农业三个阶段。原始农业是指从新石器时代到铁器工具出现之前的农业;其基本特征是以石器、棍棒为生产工具,以传统的直接经验为生产技术,只能利用自然而不能改造自然,只是从土地上掠夺物质和能源,没有物质和能量的人为循环。刀耕火种、广种薄收,自给自足,没有社会分工。原始农业的最大贡献是实现采集业向种植业、狩猎业向畜牧业的转变。中国是世界农业最早发源地之一,中国的原始农业对世界农业有着重要的贡献。在原始农业期间,中国农业处于世界农业的领先地位。传统农业是指从奴隶社会到资本主义社会工业化的农业。传统农业是一种生产方式长期不变的重要简单再生产的农业。传统农业投资报酬率极低,生产结构长期不变。我国的传统农业在世界农业发展史上有着辉煌的经历。现代农业是指资本主义生产方式确定以来的农业,现代农业是建立在现代科学技术与现代市场经济基础之上的农业,生产技术科学化、生产手段机械化、生产经营企业化。我国大体上是从20世纪60年代中期开始农业现代化的,可以说目前还处于农业现代化的过程中,还没有完全达到现代农业的水平。与世界发达国家的农业相比,我国农业还处于落后的状态。

从社会经济的历史发展阶段来说,我国农业及农业经济大体上经历了四个历史时期。第一个时期是秦汉之前的农业,大多数学者认为,公元前221年秦王统一天下是中国历史发展的一个分界线。第二个时期是公元前221年到1840年间的农业,这2000多年的农业经济是典型的封建农业经济。这一期间中国农业的发展处于世界领先地位。1840年至1949年为第三个时期,这一时期中国农业经济属半封建、半殖民地性质,由于西方列强的欺负和地主阶级的剥削,中国农业的发展受到严重的制约。在这一时期,中国农业与世界农业的发展水平差距拉大了。第四个时期是1949年以来的社会主义农业经济。这一时期中国在政治上、经济上获得了独立,中国农业恢复和发展,并逐步开始了农业现代化的进程。下面我们将重点介绍1949年以来中国农业经济的发展过程。

二、中国社会主义农业经济发展的几个时期

中国社会主义农业经济同国民经济一样已经走过了60多年的历程,纵向的历史考察有利于了解过去和展望未来。"五年计划"是社会主义国家有计划地发展经济的一种特殊手段,同时每一个"五年计划"又是一个特殊的发展阶段,所以根据"五年计划"时期可对我国社会主义农业经济发展的历程有一个简单的了解。为了方便,我们以表格的形式列出(表2.1)。

表2.1 我国各个五年计划时期及重大事件简表

时期	起止年限	重大事件
恢复时期	1949—1952	解放战争,土地改革
"一五"时期	1953—1957	农业合作化运动
"二五"时期	1958—1962	人民公社化,三年困难
调整时期	1963—1965	三级所有,队为基础
"三五"时期	1966—1970	文化大革命,农业学大寨
"四五"时期	1971—1975	文化大革命,农业学大寨
"五五"时期	1976—1980	拨乱反正,家庭承包制
"六五"时期	1981—1985	改革开放,家庭承包制
"七五"时期	1986—1990	家庭承包制,农业徘徊
"八五"时期	1991—1995	股份制改革,市场经济

续表

时期	起止年限	重大事件
"九五"时期	1996—2000	市场经济,重视农业发展
"十五"时期	2001—2005	加入世界贸易组织,农业结构调整
"十一五"时期	2006—2010	重视农业发展,工业反哺农业
"十二五"时期	2011—2015	重视农业发展,工业反哺农业

根据重大的农业经济管理体制变革以及发展状况,一般可以把中国社会主义农业经济的发展过程分为七个阶段。

1. 土地改革阶段(1949—1952年)

消灭封建土地所有制,实现农民土地所有制,这是中国新民主主义革命的基本内容,也是解决农业问题的中心所在。从1927年开始,中国共产党就确定了土地革命的方针,并在苏区进行了实施。1947年9月中共中央又制定了《中国土地法大纲》,并在广大的解放区进行了大规模的土地改革运动。新中国成立后,1950年6月中央人民政府颁布了《中华人民共和国土地改革法》,在全国范围内开展了大规模的土地改革运动。到1952年年底,除台湾省和一些少数民族地区外,全国土地改革任务基本完成。土地改革使3亿多无地少地的农民分得了7亿亩土地,摆脱了每年向地主缴纳350亿公斤粮食的地租负担。土地改革彻底消灭了封建剥削制度,解放了农业生产力,使农业生产得到了较快的恢复和发展。1952年农业总产值比1949年增长了48.5%,平均年增长14.1%;粮食产量增长44.8%,平均每年递增13.1%;棉花产量增长193%,平均每年递增43.1%。1952年农业生产已达到和超过历史最高水平的1936年,农民生活有了较大的改善。

2. 农业合作化阶段(1953—1957年)

农业合作化是在土地改革之后进行的。土地改革以后,中国农业变成了小农经济的汪洋大海,为了使小农经济走上社会主义道路,实现共同富裕,使农业适应国民经济有计划按比例发展的需要,根据马克思主义关于农业合作的基本原理,结合中国农业的实际情况,在中国共产党的领导下,开展了大规模的农业合作化运动。从1953年初开始到1956年年底,用了不到4年的时间(实际上主要是1956年),完成了农业合作化的进程。到1956年年底,全国96%的农户已加入了农业生产合作社,其中88%的农户参加了高级农业合作社。农业合作化促进了农业生产的进一步发展(表2.2)。它在方向和原则上是正确的,但在合作的出发点、内容、速度、规模等方面却存在着一定的缺陷,这样就导致了随后的农业合作社的进一步升级。中国农业合作化的进程还远没有结束,现实中的家庭承包制在某种意义上使中国农业又到了一个新的起点,客观上要求我们必须重新考虑农业合作的问题。

表2.2 农业合作化过程中的农业生产发展情况

年份	农业总产值 (亿元)	粮食 (百万吨)	棉花 (万担)	油料 (万吨)	大牲畜 (百万头)	猪 (百万头)
1955	477.7	184	151.9	436	87.8	87.9
1956	508.4	193	144.5	456	87.7	84.0
1957	536.7	195	164.0	377	83.8	145.9

资料来源 薛莘:《科学社会主义,还是农业社会主义》,《中国社会科学》,1981年第5期。

3. 人民公社化阶段(1958—1978年)

这是一个漫长的、灾难性的阶段。受"一大二公"的极左思想的影响,1958年把高级农业生产合作社合并组成了人民公社,这种"政社合一"的政治经济体制,严重挫伤了农民的生产积极性,极大地破坏了农村社会生产力(表2.3),也是造成灾难性的"三年困难"的原因之一。后来经过多次调整,逐步形成了"三级所有,队为基础"的体制,相对明确了各级所有权和自主权,但仍然没有从根本上解决管理过分集中、经营方式过于单一和分配上的

表2.3 人民公社化后的农业生产情况

年份	农业总产值 (亿元)	粮食 (百万吨)	棉花 (万担)	油料 (万吨)	大牲畜 (百万头)	猪 (百万头)
1957	432.6	195	164	420	83.8	145.9
1958	443.8	200	196	478	77.7	138.3
1959	379.1	170	171	410	79.1	120.4
1960	332.8	144	106	194	73.4	82.3
1961	328.8	148	80	181	69.5	75.5
1962	339.6	160	75	200	70.2	100.0
1963	365.2	170	120	246	75.0	131.8

资料来源:《中国农村经济统计大全》,农业出版社,1989年5月版。

平均主义的弊病。再加上"文化大革命"的冲击,造成了我国农业长期徘徊不前的状况。实践证明,人民公社远远超越了我国社会生产力发展的水平,给我国社会经济的发展造成了不可挽回的损失。遗憾的是我们并没有及时从根本上改变这种体制,而是采用了"农业学大寨"这样的群众运动来维持这种体制的继续运转。但这一阶段的大规模农业基本建设(如平田整地、兴修水利等)的成就是前所未有的,它为我国农业进入 80 年代后的大发展奠定了一定的物质基础。

4. 家庭承包制阶段(1978—1991 年)

这一阶段是中国农业经济大发展的时期。旧的农业经济体制对农民来说没有了任何吸引力,并且不能维持农民的基本生活需要,在这种情况下,农民自发地开始搞起了"包产到户"和"包干到户",承包制给农业生产和农民生活带来了生机和希望。党和政府顺应民意,尊重群众的创造精神,在全国普遍推行了家庭承包责任制,并且制定了《关于加快农业发展的决定》,提出了农村改革和发展的新政策,调整了工农关系,增加了农业投资,提高了农产品的收购价格。这一系列有利于农村经济发展的措施极大地调动了农民的生产积极性,推动了农业生产和农村经济的全面发展。1984 年粮食总产达到 4073 亿公斤,比 1977 年的 2827 亿公斤增长了 44%。农业总产值以每年 6% 的速度持续增长。家庭承包制的实质是把生产资料的所有权和使用权适当分离,土地等主要生产资料的所有权不变,仍然是社会主义集体所有制,但通过承包实行统分结合,把经营管理权分解为集体统一经营和农民家庭分散经营两个层次,一方面发挥集体经济统一经营的优越性,另一方面发挥农民家庭分散经营的积极性。国内外实践证明,农业生产适宜于家庭经营,即使在发达国家,家庭经营仍然是现代化农业的重要经营形式。社会化的服务则是不可缺少的前提条件。因此,家庭承包制是适合中国农业实际情况的、大大促进农业生产发展的、具有中国特色的社会主义农业经营体制。1986 年以来,我国农业又出现了徘徊不前的情况,特别是粮食生产还有所下降,这实际上并不是家庭承包制本身的原因造成的,而是国家农业政策的失误、农业投资减少、农用生产资料涨价和家庭承包制的不完善引起的。

5. 社会主义市场经济阶段(1992—2001 年)

从 1992 年开始,建立社会主义市场经济已被写入中国的宪法。这标志着传统的计划经济体制的结束,新的具有中国特色的市场经济体制的开始。在新的体制下,农业经济进入了一个新的发展时期。政府基本上放开了多数农产品市场,农产品的生产与销售主要按照市场价格信号来决定,各种要素市场逐步形成(包括土地市场、劳力市场、资金市场)。市场经济为我国农业的发展提供一个更加适宜的环境条件。

建立市场经济是一项艰巨的社会工程,面临着三个方面的艰巨任务:首先是明晰的产权关系。市场经济首先要有明确的市场主体,市场主体是市场经济的微观基础。长期以来,集体经济并没有很好地解决产权问题,因此,必须通过股份制以及承认农民个体经济来明晰产权关系。其次是有效的市场经济体系。市场经济依靠市场机制和市场价格信号使资源得到最佳的配置。因此必须放开价格,组建各种专业市场、批发市场、期货市场,使全国形成统一市场,并逐步把全国统一市场与世界市场联结起来。一定要使产品市场和要素市场同时发育起来,逐步使我国市场体系现代化。最后是合理的政府干预。市场经济并不等于自由放任的经济。政府必须作好宏观调控,制定科学的政策目标,采取合理的政策手段,保证市场的合理竞争和高效率运行。另外,从整个国民经济结构来考虑,政府必须对农业予以保护,保证国民经济各部门协调发展。

6. 加入世界贸易组织后的新阶段(2002—2004年)

2001年12月11日,中国经过多年的艰苦努力,终于正式加入了世界贸易组织(以下简称"WTO"),开始了农业国际化的新历程。加入WTO是中国发展社会主义市场经济、参与经济全球化进程的必然选择,是关系到中国改革开放和现代化建设全局的一个重大战略决策,对中国农业和整个国民经济的发展具有深远的影响。

加入WTO对中国农业发展的有利影响主要有:首先,改善中国农产品出口的贸易环境,无条件地享受成员间多边永久性最惠国待遇,免受其他国家,特别是一些主要贸易大国在关税和非关税壁垒方面对中国农产品的种种歧视,降低我国农产品贸易的交易成本,促进我国农产品的出口。其次,进一步推动了农业的对外开放,加快我国农业的国际化进程。加入WTO后,中国按照国际规则,通过完善政策法规、逐步开放市场、给予国民待遇等措施,为国外投资者创造更为有利、宽松、稳定的投资环境,从而有利于吸引更多的国外资金、技术和管理经验,促进中国与其他成员国在农业领域进行广泛的合作与交流。同时,国际贸易环境的改善,有利于我国农业充分发挥比较优势,更广泛地参与国际竞争。再次,促进中国农村产业结构的调整。加入WTO有利于中国利用国际和国内两个市场、两种资源,优化资源配置,发挥比较优势，提高资源的利用效率，进口资源密集型、特别是土地密集型产品，出口劳动密集型产品，促进中国农村产业结构的调整。最后，使中国掌握参与制定国际农业贸易规则的主动权。经济全球化和贸易自由化是世界经济发展的必然趋势，中国加入WTO后，获得了参与新一轮贸易谈判的权利和制定新规则的决策权，这样能够在新规则中体现我国的立场和维护我国的利益。

但是，加入WTO对中国农业也带来一定的负面影响。一方面，对主要农产品的生产有了一定的不利影响，由于我国主要农产品，特别是粮食的生产成本上升较快，小麦、玉米、大豆、棉花、油料等大宗农产品的价格已高于国际市场价格，失去了价格优势，加入WTO后这些农产品的进口压力增大，对这些农产品主产区及其农民有不利影响。另一方面，增加解决某些农村社会经济问题的难度，如农民收入增长不快、农村劳动力转移缓慢等，在中国加入WTO、市场逐步开放、农业国际化进程加快的背景下，对这些问题的解决增加了难度。

目前，我国加入WTO已10余年，总体来看，对我国农业发展的影响是利大于弊。加入WTO为中国农业的发展提供了一个全新的环境，促进中国政府采取一系列的积极措施，大力调整农业结构，充分发挥区域比较优势，全面提高农产品的质量和增强农业的国际竞争力，以保证中国农业在经济全球化进程中继续为我国国民经济持续稳定快速发展作出重要贡献。

7. 以工促农，工业反哺农业阶段（2005年至今）

从国际上看，许多国家的农业政策取向都经历了由农业支持工业向工业反哺农业的转变。在工业化发展初期，农业是国民经济的支柱产业，为促进工业化的发展，农业为工业提供积累；当工业发展为国民经济的主导产业时，就要转向对农业进行保护和支持，工业反哺农业，实现工业与农业、城镇与农村的统筹发展。2005年一号文件《中共中央国务院关于进一步加强农村工作提高农业综合生产能力若干政策的意见》和《关于制定国民经济和社会发展第十一个五年规划的建议》中都明确指出，要对农村坚持"多予、少取、放活"的方针政策，建立以工促农、以城带乡的长效机制，标志着我国工业反哺农业时代的开始。

我国实行工业反哺农业的主要措施有以下方面：

第一，全面取消农业税。2006年我国农业税全面取消，与农村税费改革前的1999年相比，中国农民每年减负总额超过1000亿元，人均减负120元左右。①

第二，不断完善各项农业补贴政策和粮食最低价收购政策。目前我国农业补贴政策主要包括粮食直接补贴、农资综合补贴、良种补贴和农机具购置补贴，补贴机制在调整中不断完善，补贴范围逐渐扩大，补贴力度不断加大。2009年以上四项补贴总额为1234.5亿元，比2004年增长7倍以上。2005年，粮食最低价收购政策开始执行，此后最低收购价格连年提高，收购品种不断扩大。各项农业补贴政策以及粮食最低收购价的实施对于提高农民的种粮积极性发挥了明显作用，我国粮食产量自2004年开始到2011年实现了连续8年的稳定增长。

第三，稳步推进农村社会保障制度。目前以新型农村合作医疗制度、农村最低生活保障制度、新型农村养老保险制度等为主要内容的中国农村社会保障体系已初步形成。2002年10月《中共中央国务院关于进一步加强农村卫生工作的决定》发布以后，在相关部委和地方政府的推动下，一些地方开始了建立新型农村合作医疗制度的试点工作。2003年1月中华人民共和国国务院（以下简称"国务院"）出台了《关于建立新型农村合作医疗制度的意见》，新型农村合作医疗制度开始在全国推行。新型农村合作医疗制度是由政府组织、引导、支持，农民自愿参加，个人、集体和政府多方筹资，以大病统筹为主的农民医疗互助共济制度。新型农村合作医疗制度取得了显著成效。新型农村合作医疗制度从2002年开始试点，到2008年年底，新农合已经覆盖所有含农业人口的县（市、区），参加新农合的人口数量超过8.1亿人，参合率达到91.5%，提前两年实现了中央提出的新农合制度基本覆盖农村居民的目标。到2011年9月底，新农合参合率进一步上升到97.5%；新农合基金支出总额为1114亿元，受益8.4亿人次。② 农民就诊率和住院率明显提高，因病致贫返贫问题有所缓解。2007年中共中央一号文件《中共中央国务院关于积极发展现代农业扎实推进社会主义新农村建设的若干意见》明确提出："要在全国范围建立农村最低生活保障制度，鼓励已建立制度的地区完善制度，支持未建立制度的地区建立制度，中央财政对财政困难地区

---

① 《取消农业税》，http://www.gov.cn/test/2006-03/06/content_219801.htm, 2006年3月6日。

② 《中华人民共和国2011年国民经济发展和社会统计公报》，http://www.gov.cn/gzdt/2012-02/22/content 2073982.htm, 2012年2月22日。

给予适当补助。"同年国务院下发《国务院关于在全国建立农村最低生活保障制度的通知》,标志着农村最低生活保障制度从试点开始转向全面推进。目前,农村最低生活保障制度已经在全国范围普遍实施,生活困难的农村居民得到了政府的积极支持与帮助。截至2010年年底,全国农村平均低保标准为每人每月117.0元,月人均补助70元,全国农村低保对象有2528.1万户、5228.4万人,正向"应保尽保"目标迈进,全年累计支出农村低保资金423.0亿元,比上年同期增长22.6%。[①] 2009年9月1日,《国务院关于开展新型农村社会养老保险试点的指导意见》出台,从2009年起开展新型农村社会养老保险(以下简称"新农保")试点工作。据人力资源与社会保障部统计,截至2010年年底,全国27个省、自治区的838个县(市、区、旗)和4个直辖市部分区县纳入国家新型农村社会养老保险试点,北京、天津、浙江、江苏、宁夏、青海、海南、西藏8个省份已经实现新农保制度的全覆盖。国家新农保试点参保人数达到1.03亿人,其中60岁以下参保人数7414万人,有2863万人经确认符合条件的农村老年居民已按月领取养老金。[②]

第四,不断完善和加强一系列推动农村经济发展的其他措施。农业科研、推广、农民培训、基础设施建设、生态保护建设、政府服务职能建设、农村基础教育投入机制改革、农村劳动力转移与城市化进程等一系列推动农村经济发展的政策措施都在不断加强和完善,为实现以工促农,以城带乡,以及整个国民经济的全面、协调和可持续发展奠定了基础。

三、中国农业发展的基本状况

我国是一个农业历史悠久的国家,农业在整个国民经济中占有重要地位。自1949年新中国成立以来,尤其是改革开放以来,中国农业发展迅速,仅占世界7%的耕地养活了占世界22%的人口,取得了令世人瞩目的成就。

1. 农业增加值在国内生产总值中所占比重不断降低

农业是国民经济中最重要的物质生产部门,也是最古老和最基础的部门。正是由于农业的发展,国民经济的其他部门才得以产生和发展。一般

---

①《2010年社会服务发展统计公报》,http://cws.mca.gov.cn/article/tjkb/201102/20110200133593.shtml,2011年2月9日。

②《人力资源与社会保障部公布2010年全国社会保险情况》,http://www.gov.cn/gzdt/2011-08/10/content_1923002.htm,2011年8月10日。

来说,农业所占比重较大是一种经济落后的表现,随着经济的发展,农业所占比重逐步降低。改革开放以来,我国农业在国民经济总量中所占的比重呈现了先提高后又不断下降的变化过程(图2.3)。改革开放初期,家庭承包责任制的推行使农业生产力得到明显提高,农业增加值在国内生产总值中所占的比重持续增长,由1978年的28.4%增加到1982年的33.6%。此后,随着二、三产业的发展,农业在国内生产总值中所占的比重不断下降,到2011年已经下降为10.1%。但与世界发达国家相比,我国农业在国民经济中所占比重仍较高。根据世界银行的数据,2009年我国农业增加值在国内生产总值中所占的比重为10.3%,而美国、法国、英国和德国农业增加值在国内生产总值中所占的比重分别为1.0%、1.8%、0.7%和0.8%。

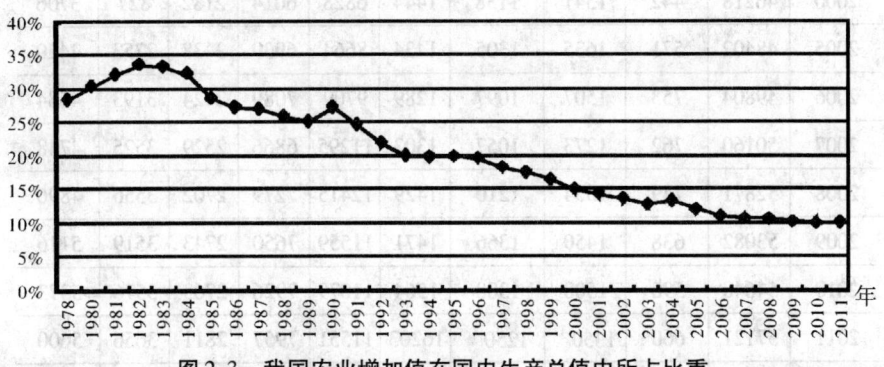

图2.3 我国农业增加值在国内生产总值中所占比重

资料来源:《中国统计年鉴(2011年)》和《中华人民共和国2011年国民经济和社会发展统计公报》。

2. 农业生产水平大幅提高

改革开放以来,我国农业生产水平不断攀升,各主要农产品产量和人均占有量均实现较大幅度的增长,具体情况如表2.4和表2.5所示。与1978年相比,2011年我国粮食产量提高了0.87倍,棉花产量提高了2.04倍,大豆、油菜籽和花生产量分别提高了0.78倍、5.68倍和4.47倍,甘蔗产量提高了4.47倍,肉、蛋和牛奶产量分别提高了8.30倍、9.94倍和40.55倍,水产品产量增长了11.04倍。从我国农产品产量在世界中的地位来看,2009年我国粮食、油菜籽、花生、棉花、肉类、禽蛋和水产品产量均位居世界第一位,甘蔗、牛奶和大豆产量也分别位居世界第三、第三和第四位。同时,主要农产品产量在世界总产量中所占比重也较大,如2009年禽蛋产量超过世界总产量的2/5,棉花产量超过世界产量的1/3,粮食产量接近世界产量的1/5。我国农业生产在世界农业生产中所占地位举足轻重。

表2.4 我国主要农产品产量及其在世界排名(万吨,%)

年份	粮食	棉花	大豆	油菜籽	花生	甘蔗	肉类	禽蛋[3]	牛奶	水产品
1978	30477	217	757	187	238	2112	856	—	88	465
1980	32056	271	794	238	360	2281	1205	257	114	450
1985	37911	415	1050	561	666	5155	1927	535	250	705
1990	44624	451	1100	696	637	5762	2857	795	416	1237
1995	46662	477	1350	978	1023	6542	5260	1677	576	2517
2000	46218	442	1541	1138	1444	6828	6014	2182	827	3706
2005	48402	571	1635	1305	1434	8664	6939	2438	2753	4420
2006	49804	753	1507	1097	1289	9709	7089	2424	3193	4584
2007	50160	762	1273	1057	1303	11295	6866	2529	3525	4748
2008	52871	749	1554	1210	1429	12415	7279	2702	3556	4896
2009	53082	638	1450	1366	1471	11559	7650	2743	3519	5116
2010	54648	596	1508	1308	1564	11079	7926	2763	3576	5373
2011	57121	660	1350[4]	1250[5]	16203	11551	7957	2811	3656	5600
比重[1]	19.4	35.9	6.5	21.9	40.3	7.0	27.8	41.0	5.3	—
排名[2]	1	1	4	1	1	3	1	1	3	1

注:①②由于其他国家数据的可得性,中国农产品产量占世界的比重和排名均按2009数据得到。③禽蛋产量数据主要来源于《中国畜牧业年鉴(2011年)》。④⑤2011年大豆、油菜籽和花生产量数据来源于国家粮油信息中心于2012年1月12日发布的《油脂油料市场供需状况报告》。其他数据来源于《中国农村统计年鉴(2011年)》、《中国统计年鉴(2011年)》和《中华人民共和国2011年国民经济和社会发展统计公报》。

从人均占有量角度来看,与1978年相比,2011年我国粮食、棉花、油料、糖的人均占有量分别提高了0.33倍、1.13倍、3.43倍和2.73倍,猪牛羊肉、禽蛋和牛奶的人均占有量分别提高了3.97倍、68.54倍和29.15倍。与发达国家相比,我国农产品的人均占有水平仍有较大差距(表2.6),如2009年我国谷物人均占有水平仅为美国的1/4,籽棉的人均占有水平不到澳大利亚的1/2,油菜籽的人均占有水平约为法国的1/9,甘蔗的人均占有水平不及巴西的 1/40，肉类和奶类的人均占有水平分别约为澳大利亚的 1/3 和 1/14。

表2.5 我国主要农产品人均占有量变化情况（千克/人）

年份	粮食	棉花	油料	糖料	猪牛羊肉	禽蛋	牛奶
1978	319	2.3	5.5	24.9	9.1	-	0.9
1980	327	2.8	7.8	29.7	12.3	0.3	1.2
1985	361	3.9	15.0	57.5	16.8	5.1	2.4
1990	393	4.0	14.2	63.6	22.1	7.0	3.7
1995	387	4.0	18.7	65.9	27.4	13.1	4.6
2000	366	3.5	23.4	60.5	37.6	17.3	6.6
2005	371	4.4	23.6	72.5	42.0	18.7	21.1
2006	380	5.7	20.1	79.5	42.7	18.5	24.4
2007	381	5.8	19.5	92.5	40.1	19.2	26.7
2008	399	5.7	22.3	101.3	40.3	20.4	26.8
2009	399	4.8	23.7	92.0	44.4	20.6	26.4
2010	408	4.4	24.1	89.6	45.7	20.8	26.7
2011	424	4.9	24.3	92.9	45.2	20.9	27.1

资料来源：禽蛋产量数据主要来源于《中国畜牧业年鉴（2011年）》。其他根据《中国统计年鉴（2011年）》和《中华人民共和国2011年国民经济和社会发展统计公报》中的产量和人口数据计算得到。

表2.6 2009年我国及世界其他国家主要农产品人均占有量（千克/人）

国别	谷物	籽棉	油菜籽	甘蔗	肉类	禽蛋	奶类
中国	363.3	17.3	10.1	86.8	58.7	21.0	30.5
美国	1367.4	20.6	2.2	89.4	135.6	17.4	279.7
印度	213.6	9.9	6.2	246.7	3.8	2.6	95.2
巴西	368.0	15.1	0.9	3465.6	116.0	10.0	143.1
法国	1118.6	-	89.2	-	88.0	14.7	386.8
澳大利亚	1597.4	36.6	87.3	1438.2	185.3	7.3	429.2
墨西哥	294.8	2.6	-	460.7	52.5	21.8	101.7
德国	607.6	-	77.0	-	96.5	8.5	350.4
日本	89.9	-	-	11.9	25.3	19.6	62.0
阿根廷	631.5	9.6	1.5	743.6	110.2	11.9	260.7

资料来源：根据《国际统计年鉴（2011年）》中的产量和人口数据计算得到。

3. 农业生产结构趋于合理

农业生产结构首先是农、林、牧、渔四业的结构,在我国农业总产值中,种植业比重偏大,但在逐步降低(图2.4),已经由1980年的75.6%降低到2010年的56.9%,而牧业、渔业所占比重上升明显,林业所占比重略有下降。然后是农业各部门内部结构,如种植业内部结构,即各种农作物的比重,包括粮食作物、油料作物、棉花、麻类、糖料、烟叶、药材、蔬菜水果和其他农作物等,这种比重可根据播种面积或产量来计算。如从播种面积角度来看,改革开放以来,我国粮食作物播种面积所占比重有所降低,油料、糖料、蔬菜及瓜类播种面积比重均明显上升,棉花播种面积所占比重基本稳定(图2.5)。进一步分析我国粮食的产量结构(表2.7),在我国,粮食主要包括稻谷、小麦、玉米、大豆、薯类和其他。改革开放以来,稻谷、薯类和其他类的产量比重均出现了不同程度的下降,小麦产量所占比重略有上升,玉米产量所占比重的上升趋势明显,大豆产量比重基本稳定。从我国主要畜产品的产量结构来看(图2.6),改革开放初期,我国肉、蛋、奶产量中肉类占有绝对的比重,约占80%,随着畜牧业的快速发展,蛋、奶的比重逐渐增加,2010年蛋类和奶类产量比重合计已占45%以上。

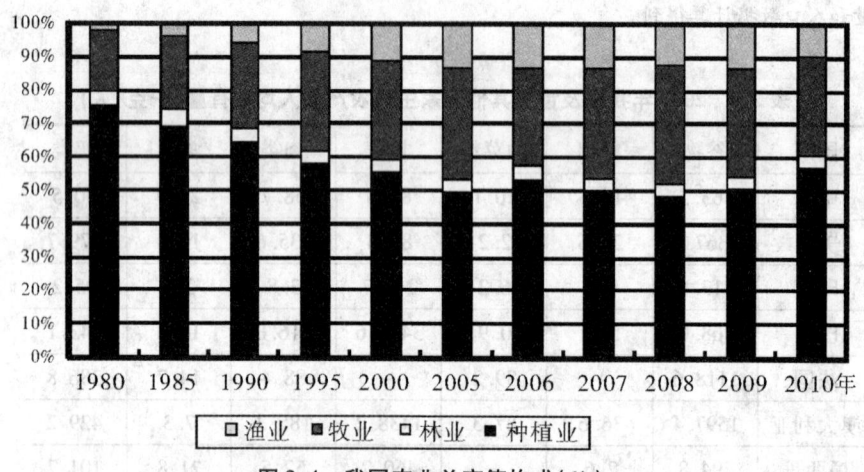

图2.4 我国农业总产值构成(%)

资料来源 中华人民共和国国家统计局:《中国统计年鉴》,中国统计出版社,2011年。

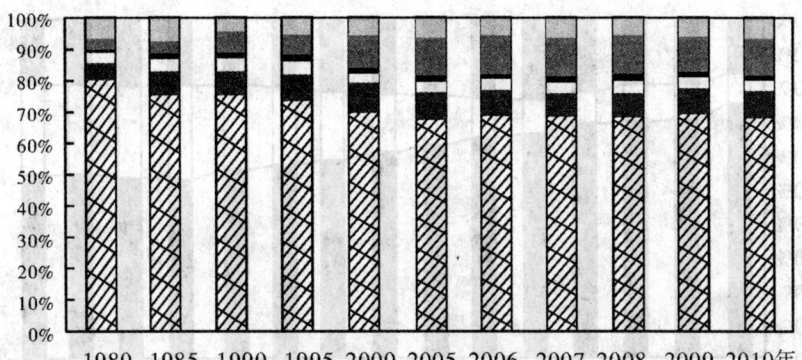

图 2.5 我国农作物播种面积构成(%)

资料来源 中华人民共和国国家统计局:《中国统计年鉴》,中国统计出版社,2011年。

表 2.7 我国粮食产量结构变化情况(%)

年份	稻谷	小麦	玉米	大豆	薯类	其他
1978	44.93	17.67	18.36	2.48	10.41	6.15
1980	43.65	17.22	19.53	2.48	8.96	8.16
1985	44.46	22.63	16.84	2.77	6.87	6.43
1990	42.43	22.01	21.70	2.47	6.15	5.25
1995	39.70	21.90	24.00	2.89	6.99	4.51
2000	40.66	21.56	22.93	3.33	7.97	3.54
2001	39.23	20.74	25.21	3.40	7.87	3.55
2002	38.19	19.75	26.54	3.61	8.02	3.88
2003	37.30	20.08	26.89	3.57	8.16	3.99
2004	38.98	20.01	28.36	3.79	7.74	1.12
2005	37.31	20.13	28.79	3.38	7.17	3.22
2006	36.49	21.78	30.44	3.03	5.42	2.85
2007	37.09	21.79	30.36	2.54	5.60	2.62
2008	36.30	21.27	31.38	2.94	5.64	2.48
2009	36.75	21.69	30.89	2.73	5.64	2.29
2010	35.82	21.08	32.43	2.76	5.70	2.21

资料来源 中华人民共和国国家统计局:《中国统计年鉴》,中国统计出版社,2011年。

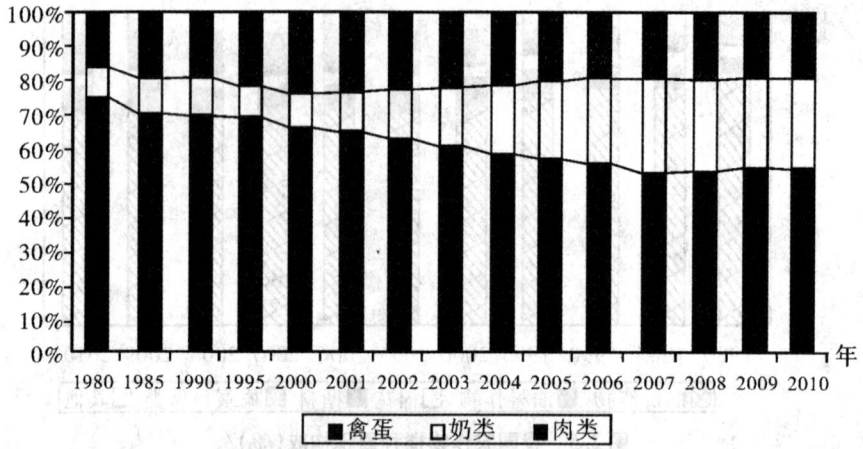

图 2.6 我国肉蛋奶类产量结构变化情况

资料来源 中华人民共和国国家统计局:《中国统计年鉴》,中国统计出版社,2011 年。

4. 农业生产率不断提高

首先,我国主要粮食品种的单产水平显著提高(图 2.7)。2010 年稻谷、

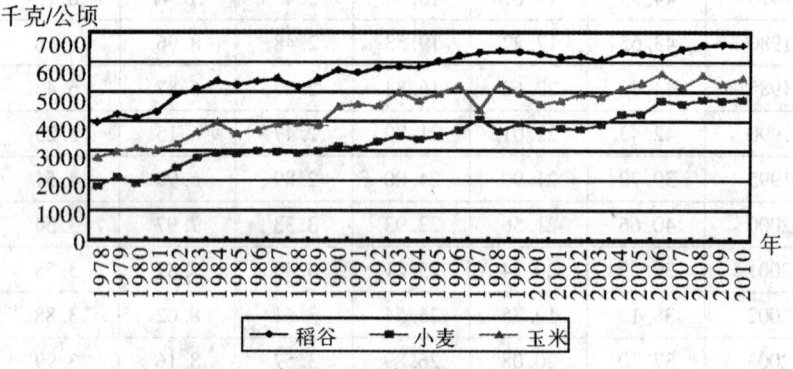

图 2.7 我国主要粮食作物单产变化情况

资料来源 中华人民共和国国家统计局:《中国统计年鉴》,中国统计出版社,2011 年。

小麦和玉米的单产水平分别为 6553 千克/公顷、4748 千克/公顷和 5454 千克/公顷,分别比 1978 年提高了 64.7%、157.4% 和 94.6%。其次,主要畜种的单畜生产水平也明显上升(图 2.8),2010 年我国肉牛、生猪、绵羊的胴体重量分别为 141.2 千克、76.3 千克和 15.6 千克,比 1978 年分别提高了 39.9%、49.0% 和 47.2%。再次,从平均每个农业劳动力生产的农产品数量来看,2010 年我国粮食、棉花、油料、肉类、禽蛋和奶类的劳均产量分别为

1956.6 千克、21.3 千克、115.6 千克、283.8 千克、98.9 千克和134.2 千克,分别比改革开放初期提高了 0.82 倍、1.77 倍、5.29 倍、8.40 倍、10.24 倍和 42.29 倍(表 2.8)。

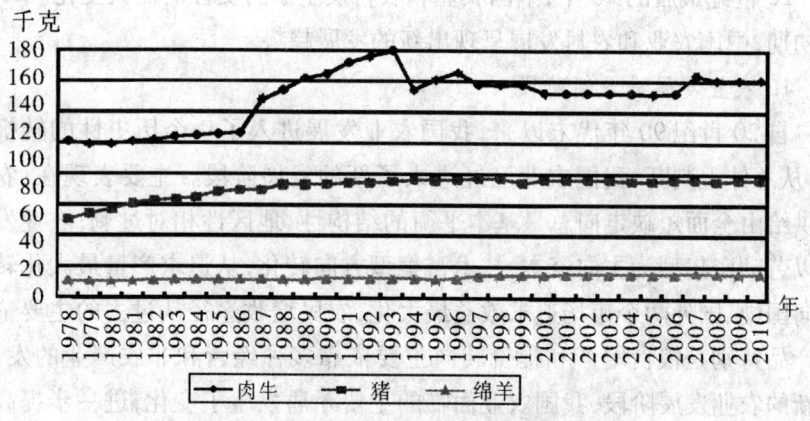

图 2.8 我国主要畜种胴体重变化情况

资料来源:FAO 数据库。

表 2.8 我国平均每个农业劳动力生产的主要农产品产量变化情况(千克/人)

年份	粮食	棉花	油料	肉类	禽蛋	奶类
1978	1076.2	7.7	18.4	30.2	—	3.1
1980	1100.7	9.3	26.4	41.4	8.8	3.9
1985	1217.8	13.3	50.7	61.9	17.2	8.0
1990	1146.7	11.6	41.5	73.4	20.4	10.7
1995	1313.3	13.4	63.3	148.0	47.2	16.2
2000	1282.3	12.3	82.0	166.9	60.5	23.0
2005	1424.8	16.8	90.6	204.3	71.8	81.1
2006	1529.6	23.1	81.1	217.7	74.4	98.1
2007	1595.2	24.2	81.7	218.3	80.4	112.1
2008	1724.8	24.4	96.3	237.4	88.2	116.0
2009	1786.8	21.5	106.2	257.5	92.3	125.6
2010	1956.6	21.3	115.6	283.8	98.9	134.2

资料来源:根据《中国统计年鉴(2011 年)》中的农产品产量和第一产业劳动力数据计算得到。

四、21世纪初期中国农业发展的基本趋势

20世纪最后的20年,中国农业和农村发生了历史性的巨大变化。21世纪初期,中国农业和农村发展呈现出新的发展趋势。

1. 农业发展进入新阶段

自20世纪90年代末以来,我国农业发展进入了一个历史性的转折时期,从总体上判断,我国农业已经进入了新的发展阶段。主要表现在:农产品供给由全面短缺走向总量基本平衡的结构性、地区性相对过剩;农业发展从以劳动密集型为主向资本、技术密集型方向转化;从追求产量最大化转为面向国内、国外两个市场追求效益最大化;农民增收途径从过去的主要依靠农产品特别是粮食增产和提价转向主要依靠多种经营和非农产业的发展。在新的农业发展阶段,我国农业面临的主要矛盾发生了变化,进一步提高农民收入,提高农产品质量,优化农业产业结构,加快农业的市场化进程等成为农业发展中需要解决的主要问题。

2. 农业市场化

我国正处在建设社会主义市场经济体制的关键时期,在这个时期,农业的市场化程度将大大提高,农业资源配置将进一步优化,农业结构在市场竞争中也会不断得到优化。在市场化的进程中,作为市场主体的农业企业和农民的市场理性将越来越成熟,驾驭市场的能力越来越强。

3. 农业经营企业化

随着农业市场化和农业商品化程度的提高,将出现一个农业企业化的发展趋势,特别是随着农业产业化程度的提高,千家万户在龙头企业的带动下,将显著提高农业的企业化经营程度。

4. 农业国际化

加入WTO之后,我国农业与国际市场之间的资本、技术、商品的流量成倍增加,我国农业逐渐纳入国际分工,农业的市场条件和比较优势发生变化,我国的农业发展将在世界范围内重新选择农业的比较优势,这意味着我国的农业科技竞争将面临着越来越大的压力,同时也意味着农业的科技结构和科研重点、人才培养规格等都将发生新的变化。这主要表现在:农产品国际贸易迅速发展,农产品供求对进出口贸易的依存度增加;农业利用外资的步伐明显加快;农业技术交流进一步扩大,合作研究的范围将不断延伸,

合作项目也会日趋增多;农业法制化程度进一步提高,立法和执法工作将不断完善和加强。此外,随着我国经济快速发展,土地和水等农业资源短缺问题更加突出,已经成为限制我国农业发展的瓶颈。实施农业"走出去"战略是缓解我国农业资源短缺的重要举措,同时对于受援国家而言,有利于这些国家的农业基础设施建设,促进其农业经济的发展。实施农业"走出去"战略,我国已有成功的经验,条件也较为成熟,随着国际环境趋于宽松,必将出现有条件的农业企业"走出去"的发展趋势。

5. 农村城镇化

根据世界农业发展的一般规律,农业的进一步发展须以农业劳动力的减少为条件。长期以来,我国大多数人口居住在农村,2010年城市化水平为49.9%(《中国统计年鉴2011》),仍低于世界平均50.7%的水平,远低于高收入国家平均77.6%的水平(世界银行数据库)。从国际经验看,当城市化水平达到30%以后,将出现城市化加速的趋势。我国已经做出了加速推进农村城镇化的战略决策。随着城镇化战略的实施,农业和农村人口的比例将会出现一个明显的下降的过程,从而使城乡关系发生变化,农村城镇化的加速伴随着农业和农村经济结构的调整,农业将出现新的分工分业趋势。

6. 农业现代化

农业现代化是世界农业发展的总趋势,主要包括农业技术现代化、农业经营管理的现代化、农民的现代化。农业现代化作为一个动态的历史过程,体现着时代的特点。目前,知识经济和知识农业在一些发达国家已初露端倪,以生物技术和信息技术为主体的农业科技迅猛发展。随着经济全球化的发展,我国农业在21世纪将面临新的科技革命,知识、信息成为农业发展的重要资源,农业现代化将在现有的基础上进一步吸收和应用现代科学技术,提高效率,实现可持续发展,进入以提高农产品品质、优化结构和增加农民收入为主,注重传统投入与资本集约和技术集约相结合的阶段。

7. 农业可持续发展

同全球农业可持续发展的大趋势一样,我国越来越重视农业的可持续发展。尽管我国现在实现可持续发展面临的主要矛盾和具备的国力基础与发达国家有很大的不同,但从以往农业开发中对自然破坏所付出的代价中越发认识到可持续发展对人类未来的重要意义。可持续发展的农业目标开始逐步纳入政府的决策和农业发展的实践。而从我国未来农业发展所面临的人口与资源的矛盾来看,必须走可持续发展的道路。在未来的经济发展中,农业就其功能而论,不仅仅要给社会创造经济价值、社会价值,同时也要创造生态价值。

关键词

农业政策背景分析 农业政策背景分析的方法 农业政策背景分析的程序 农业政策背景分析的内容 中国农业政策背景

思考题

1. 什么是农业政策背景分析？有何重要意义？
2. 农业政策背景分析的方法有哪些？
3. 农业政策背景分析主要有哪些内容？
4. 我国农业发展的现状如何？

第三章 农业政策目标分析

制定农业政策方案首先必须确定农业政策目标。在发现和提出农业政策问题的基础上,确定农业政策目标,这是制定农业政策的一个重要环节。确定农业政策目标,对制定农业政策有重要的意义。它可以为制定农业政策指出方向,便于拟定并提出各种政策方案;可以统一决策人员的思想,便于保持决策人员思想的一致性;可以为选择农业政策方案提出衡量标准,便于选择最佳政策方案;可以对农业政策的实施情况加以控制,并为农业政策的评估提供了标准。

农业政策目标是农业政策的第二大要素,本章主要介绍农业政策目标的含义与特征,论述确定农业政策目标的理论基础,并确定农业政策的具体目标。

第一节 农业政策目标的含义与特征

一、农业政策目标的含义

农业政策目标是政府通过农业政策的实施所要达到的一种理想状态或结果。农业政策目标是农业政策的出发点和归宿,制约着农业政策从制定到实施的全过程。农业政策目标涉及"是什么"和"应该是什么"这样两个问题。对各种不同农业政策目标的论述回答了"是什么"的问题,在这些不同政策目标中确定某一种或某几种目标时就要取决于"应该是什么"。解决"应该是什么"则取决于政策决定者的价值判断。农业政策目标来源于农业和社会与经济发展的客观需要和价值判断。

二、农业政策目标与价值判断

价值判断所说的价值不是指商品的价值,而是指经济事物的社会价值。

所以说,价值判断也就是对经济事实与现象的社会价值的判断。对于客观经济事实或现象各人有各人的价值判断,不同社会也有各自的价值判断。农业政策是政府对农业经济活动的各种实际干预,这种干预要使农业经济活动达到一种什么样的状态,即农业政策的目标应该是什么,就取决于社会和组成社会的个人的价值判断。例如在确定农业政策目标时,是公平优先还是效率优先,这就不能不涉及价值判断问题。因为在社会的偏好顺序中是公平在前,还是效率在前,这本身就是一种价值判断。只有在这种价值判断既定的基础上,才能制定出具体促进公平或促进效率的农业政策。在确定农业政策目标时,往往要把某种农业经济状态与理想的状态进行比较,这就需要确定理想状态的指标。这些指标不可能同样重要,必须排出顺序,顺序的排列则取决于价值判断。只有确定了理想状态的指标,才能确定农业政策目标。这样,价值判断就成为确定农业政策目标的一个组成部分。

价值判断取决于人们在社会中的经济地位、利益、伦理道德、传统与历史等因素,具有相当程度的主观性。不同的人、不同的利益集团会有完全不同的价值判断,不可能从个人的偏好顺序推导出社会的偏好顺序。这样,实际上也就不存在每个人都认可的、统一的社会价值判断。作为确定农业政策目标的价值判断实际上并不是社会价值判断,而仅仅是部分人或某些利益集团的价值判断。这种价值判断有时代表少数人的观点,有时代表多数人的利益。无论是在独裁政体还是在民主政体下,作为农业政策目标依据的价值判断都不可能代表所有人,有时甚至不能代表大多数人,而且,也并不能总代表历史前进的方向。

价值判断的冲突,实际上反映了不同人经济利益的冲突。当以一部分人的价值判断为农业政策目标依据时,由此所制定的农业政策往往会损害其他人的利益。这就引起了农业政策问题上的冲突与争论,这种争论反映了价值判断的对立,而其根源在于经济利益。例如在工业化的初级阶段,各国的农业政策总是倾向于转移农业的经济利益,农民的利益往往受到损害。当时也有人提出要保护农业的利益,但由于国家工商业的发展还不具备反哺农业的实力,所以农业政策难以实现根本性的转变。当国家的工业化和城市化水平达到较高水平以后,各国都倾向于采取农业保护政策,这时工业要反哺农业,经济利益要向农业净流入,政府特别是纳税人以及消费者都承担农业保护政策的成本,工商企业和农产品的消费者一般也能够理解和支持农业保护政策。

三、农业政策目标的基本特征

(一)农业政策目标的具体性

农业政策目标应该具体明确,否则政策方案的拟订就没有根据。所谓农业政策目标的具体性,主要包括以下几个方面的含义:

第一,农业政策目标的语言表达必须明确、具体、清晰,内涵不能有歧义,外延要界定清楚。例如,提高农民收入、增加农产品供给是非常明确、具体、清晰的农业政策目标,但人们对提高农业综合生产能力的理解却有很大的出入,因而人们在选取哪些农业政策措施时就会出现更大的差异。

第二,农业政策目标应包括实现目标的期限。任何一种农业政策都有时效性,如果超过了有效作用的期限,再好的农业政策也达不到应有的效果。期限规定的严格程度,可以根据农业政策问题的性质与要求而有所不同,并可有一定的弹性范围。有些农业政策的总目标需要相当长的时间才能完成,无法事先规定出具体时限,但仍可把长期性的总目标分成若干阶段的分目标,然后规定出实现每个分目标的时限。

第三,农业政策目标要有明确的约束条件。约束条件是指在确定农业政策目标时,对政策目标所限定的条件,只有在符合这些条件的前提下实现目标,才算农业政策目标的真正实现。农业政策目标的实现需要有人力、物力、财力、科技等的投入和制度的安排,如果为了实现某项农业政策目标而放松了约束条件,就不能说是建立了科学的农业政策目标。例如某国为了提高粮食的安全水平,将粮食的政策价格确定在远远高于市场均衡价格的水平上,并且把国内的农业支持政策都集中在粮食的生产上,结果其他农产品的自给水平大幅度下降,本国的粮食生产最后供大于求。

(二)农业政策目标的合理可行性

确定农业政策目标要考虑到实际需要,保证确有社会和经济效益。确定一个农业政策目标,总是为了实现人们的某种经济利益要求,满足人们的某种实际需要,以促进社会和经济的发展,而不是相反。农业政策目标的实现不仅受人力、物力、财力、技术、信息等经济、技术资源的制约,而且受自然资源和整个社会经济、政治制度的影响。因此,农业政策目标的确定要以这些资源条件为基础。超过现实条件,提出过高的政策目标,不仅不可能实现,还会挫伤人们的积极性,产生很多消极和有害的后果。

例如某个地方政府在牛羊头数很有限的情况下，提供大量财政资金帮助建立了一家非常现代化的屠宰加工企业，当地的牛羊无法满足屠宰的需要，生产能力利用率连20%也达不到，造成企业连年亏损，最后只好关闭，当地的牛羊只好外销或采取传统的作坊式屠宰。还如当某地还存在大量农业剩余劳动力、土地还没有集中连片、农民非常缺乏资金、种植业生产还没有实现区域专业化的情况下，政府通过大量的财政补贴要实现全面的农业机械化，结果可能造成农业机械过剩，农业机械利用率很低，农户的生产成本和农产品的社会生产成本大幅度提高，农业经济效益下降。政府如果不提供连续的补贴，农业机械化水平就会下降。

（三）农业政策目标的整体协调性

农业政策目标是一个系统，是若干具体目标的集合。农业政策目标往往不是单一的，而是多个目标的有机组合。所谓农业政策目标的整体协调性，是指多个目标之间要一致，不能相互矛盾，或在执行中相互牵制。一般说来，农业政策目标与目标之间的关系有以下三种：

第一，相互依存关系，即某一目标的实现有赖于另一个或另一些目标的实现。认识农业政策目标之间的相互依存关系，可将影响农业政策实施的各种因素罗列出来，通过逐一的逻辑分析，建立一个全面系统的目标体系。例如要提高农产品的国际竞争力，必须提高农产品的质量安全水平。

第二，相互促进关系，即一个农业政策目标的实现有助于促进另一个目标的实现。通过系统考察目标之间的相互促进关系来拟订配套的农业政策方案，有助于实现农业政策体系的整体优化，使各个政策目标之间产生正向效应。例如农业产业化经营水平的提高和农产品的品牌化经营，有助于提高农产品的质量安全水平。

第三，相互冲突关系，即农业政策目标相互冲突，甲目标的实现有碍于乙目标或丙目标的实现。如果农业政策目标之间相互矛盾或冲突，作用相互抵消，就会产生负向效应。例如下面的农业政策目标就可能产生相互的冲突：

主要目标		可能的冲突
A	降低某种农产品的消费价格	B、C、D
B	提高农民收入	A
C	提高为工业而生产的农产品的供应水平	D、A
D	提高经济作物的出口盈利水平	A、C

为了避免农业政策目标间的相互冲突,可考虑从以下三个方面注意加以解决:①总的农业政策目标越少越好,以免多目标之间发生冲突;②次要目标要服从于总目标,一旦遇有次要目标与总目标相抵触时,原则上次要目标要让步;③制定实现农业政策目标的具体措施时,要注意减少那些影响目标相互冲突的具体手段。

(四)农业政策目标的层次性

农业政策目标具有明显的层次性,有大目标和小目标、最终目标和中间目标之分,小目标、中间目标往往又是实现大目标、最终目标的阶梯或手段。农业政策目标是由一系列主要目标和附属目标所组成的目标体系。各具体的农业政策目标重要程度的差异有时是客观决定的,即各具体目标之间在客观上就有轻重缓急之分;有时则是农业政策决策者的主观意志、价值取向所决定的。当然,后者应力求减少以至消除。

农业政策目标的层次性使得各个等级的农业政策有机地联系在一起。主要的农业政策目标比较抽象,必须经过逐层分解,形成可操作的、量化的目标和措施。通过目标的层次化,农业政策才能实现原则和细节的统一。低层次的目标相互协调、相互补充,共同为实现高层次的农业政策目标服务。农业政策目标的层次性是农业政策体系保持稳定性和连续性的重要条件。农业政策的稳定性和连续性是与农业政策目标的层次性联系在一起的。农业政策目标确定之后,要实现它,必然要有一个时间上的持续过程,在此期间,农业政策的内容是要稳定的。但这种稳定是一种动态的稳定,在农业政策的总目标或基本目标长期不变的情况下,并不排斥具体目标的变动。正是因为具体目标的不断完成和变动,才逐渐地趋近于总目标。

原联邦德国的农业政策目标体系非常有助于我们对其层次性的理解,原联邦德国农业政策目标体系如下:

主目标	子目标	具体措施说明与解释
甲：改善乡村地区的生活状况，将农林渔业生产活动加入总体收入和福利发展	发展有竞争能力的农户	尤其是促进结构调整，平衡欧盟内部的竞争条件，提高生产率，改善农户间合作，提高营销效率，在兼顾环境保护要求的前提下利用技术进步，促进新技术的开发和利用，开辟新的生产和销售领域
	通过缓解市场压力和稳定价格的措施来保证和提高收入	如以收入补贴政策鼓励休耕和粗放经营，并以此缩小市场上过剩产品的生产规模；促进需求不断扩大的初级产品的生产；提供足够的外贸保护
	改善国内产品的竞争能力	如在国际博览会上支持有助于促进销售的措施；改善共同体市场的基本法律环境以及资助研究和发展计划（包括需求不断扩大的原料领域）
	针对特殊情况的收入补偿	如在结合欧盟共同农业政策改革的框架内进行价格平衡补贴，对因货币和自然条件引起的收入差别，特别是对根据农林业规定而削减的超额产品的生产引起的收入损失进行补偿
	保护和改善社会状况	保护和改善社会状况，特别是结构转变中的社会保护，有效的劳动市场政策以及失业救助；社会保险体制中的老年、健康、意外事故、伤残等保险以及改善工作和居住条件
	支持农业经济活动，无论其生产性质、企业形式和经营规模	农户经营方式特别是以所有权分散，生产活动持久农牧结合的有助于保护动物的饲养方式为特征的，要通过法律和促进改善农业结构的措施对之提供支持
	创造非农就业机会，改建和扩建基础设施；提高乡村居住水平和丰富乡村业余生活	比如用欧盟结构基金来支持结构较弱的农村地区的发展；改善农村的普通教育和职业培训以及改善农户收入组合的可能性；改善社会经济方面的信息和咨询；通过田亩归并、村庄建设等跨农户措施和对破坏性自然灾害的防护措施

第三章 农业政策目标分析

主目标	子目标	具体措施说明与解释
乙：以适当的价格向居民和部门供给优质高值的农产品和食品；加强食品领域的消费者保护	保障面向需求的食品和林业产品的供给	如通过生产、加工和储藏方面的措施，加强面向市场需求和紧急状态的食品供给措施
	保障和改善食品质量	保障和改善动植物的健康状况；从消费者的观点来考虑质量和增强生产过程的透明度；食品更应当是绝对健康的、尽可能是自然的、高营养值的、充分供给的、不含有害物质的、卫生的；发展新技术以实现这一目标
	改善消费者的市场地位、消费状况和营养状况	改善消费者在政治决策过程中的地位；增加消费者正确的营养、家政、商品和市场知识
	维持适当的消费价格	诸如通过保持和增强有效的竞争和提高市场透明度
	提高不断增长的原料适用性	尤其是在充分考虑经济效益（如合理的产量、加工及估值）和生态要求的条件下加速开发各种产品
	促进农业领域的国际合作	尤其是在信息、经验和技术（如对东欧国家和独联体国家的技术援助）方面的国际交流；双边和多边协议以及国际组织中制订可行方案

主目标	子目标	具体措施说明与解释
丙：改善农产品贸易关系和世界营养状况	根据长期需求在世界范围内调整农业生产	如借助于国际协定来稳定农产品市场；国内市场和国际市场的一体化措施以及支持发展中国家的生产多样化
	在足够的外贸保护前提下扩大农业领域的世界贸易和外贸关系	特别是减少扭曲贸易的支持性措施，为国际农产品贸易制定严格的规则，通过联合和协作协定方便贸易，在国际贸易规则中考虑环境因素，相互承认在动植物检疫措施、标志和质量控制方面的措施
	改善发展中国家的食品和原料的供应	促进发展中国家的食品自给生产，国际协定框架内的食品援助及出现灾害时提供食品救济

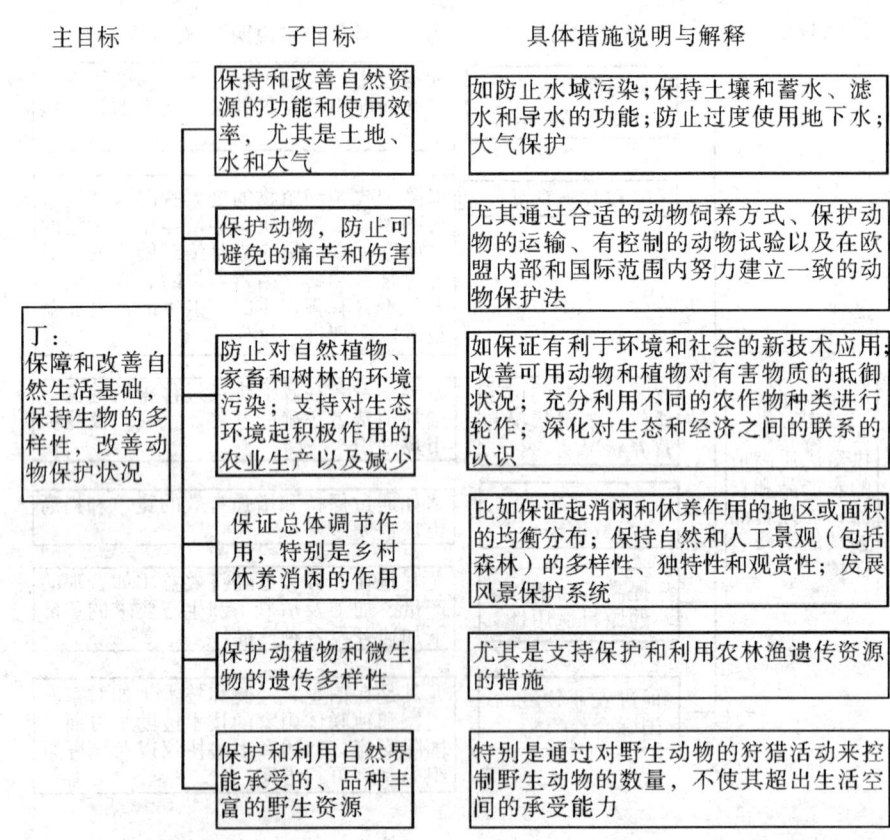

第二节 农业政策目标确定的理论依据

在市场经济条件下,农业政策目标确定的理论依据主要在于,农业本身所具有的特征导致市场在某些方面失灵,依靠市场机制不能有效地解决这些问题,需要政府在市场配置资源的基础上,采取一定的政策手段加以宏观调控。导致市场在农业中失灵的主要原因在于农业的外部性、农业的公共产品性、农业的弱质性、农业的不稳定性和经济发展的阶段性。

一、农业的外部性

所谓外部性,是指某种经济活动能使他人得到附带的利益或使他人受到损害,而受益人或受害人无需付出相应的报酬或无法得到赔偿的现象。农业的外部性有正有负,涉及许多方面。从农业对生态环境的外部性来看,正的外部性包括形成的农业景观、生物多样性保持、二氧化碳吸收、控制洪水等；负的外部性包括水土流失、水资源耗竭、地表水和地下水污染、野生动植物栖息地丧失、农业化学品污染等。从农业的经济外部性来看，包括经济缓冲作用、国土空间上平衡发展、确保农村活力等。从农业的社会外部性来看，包括社会的稳定作用、确保农业劳动力就业、社会福利替代等。在没有特定政策干预和特殊制度安排的情况下，经济活动主体既没有获得来自正外部性的经济补偿，也没有负担所应承担的相关费用，即市场及价格机制没有反映或没有全面反映这一经济活动的全部成本或收益，从整个社会来看，资源配置无法达到最佳状态，从而引起社会福利的下降。农业外部性的出现取决于多种因素，特别是农业的生态环境外部性取决于农业生产活动的类型、使用的农业技术、作物品种、集约水平、农业资源状况以及产权制度等多种因素。农业对于经济缓冲、扶贫、农业劳动力就业以及社会福利替代所具有的外部性，在很大程度上取决于经济发展水平。一般而言，发展中国家经济发展水平较低，农业人口比重较大，农村社会保障体系缺乏，农村贫困问题较严重，农业对于经济缓冲、扶贫、农业劳动力就业以及社会保障替代具有较大的正的外部效应。

二、农业的公共产品性

所谓公共产品，是指具有非排他性和非竞争性的产品。所谓非排他性，是指即使某一经济主体没有支付相应的费用，也无法将他排除对这一产品的消费之外；所谓非竞争性，是指产品所具有的不会因某一主体的消费而减少其他主体对这一产品的消费量。同时具有非排他性和非竞争性的产品被称为纯公共产品，而只具备这两个特性中的一个的产品则被称为准公共产品。农业多功能所提供的许多非商品产出具有不同程度的非排他性和非竞争性，既具有公共产品或准公共产品的部分特性。因为农业的非商品产出不同于商品产出，对其很难进行产权界定，它作为农业的溢出效应对生产者以外的其他人发生影响或使其受益，难以排除特定的人不支付报酬就不让他消费，因而在其作用范围内具有非排他性；由于其影响或受益范围因非商品产出的不同而不同，因而农业非商品产出在不同的范围内具有不同程度的非排他性。农业非商品产出的特点也决定了其具有不同程度的非竞争性，如粮食安全所带来的社会稳定，良好环境和食品质量安全所带来的生活高质量,生物多样性所带来的选择价值和存在价值等,在一定程度上,一个人对这些非商品产出的消费不会影响其他人对它们的消费,即具有不同程度的非竞争性,因而社会不应该排除任何人消费该商品的权力。农业非商品产出的公共产品性,成为农业政策目标制定的重要理论依据。

三、农业的弱质性

在与其他产业的竞争中,农业处于相对不利的地位。随着经济的发展,城市和非农产业的用地不断增加,地价不断上涨,土地用于非农产业的报酬远远高于农业,使农地的流失不断增加;由于农业的比较利益低下,使得农业中的资金和较高素质的劳动力流向非农产业,造成农业的资金短缺和高素质劳动力的缺乏,农业发展后劲不足;相对于新兴的非农产业来说,农业科研周期较长,技术进步相对缓慢,农业剩余劳动力的转移又相对滞后于非农产业产值份额的提高,使得农业劳动生产率比较低;农产品的需求弹性较小,恩格尔定律的作用,农产品不耐储运等特点,使得农业的贸易条件不断恶化,农民收入增长乏力,农民与非农业就业者的收入差距拉大。这说明农业具有天生的弱质性,这也应该成为政府制定农业政策目标的理论依据。

四、农业的不稳定性

首先,由于农业的自然再生产与经济再生产交织在一起,使得农业受自然条件影响很大,而自然条件是变化无常的,因此农业生产也相对不稳定;农业生产本身具有周期性,并且生产周期长,生产不易调整,也会导致农业的波动。其次,由于宏观经济环境的变化或不景气,对农业造成冲击。如加入世贸组织以后,特别是自由贸易区的建立及逐步增多,农产品贸易趋于自由化,国内农业受到国际市场的冲击而出现较大的波动;经济不景气时,劳动力市场受到冲击,农业剩余劳动力转移困难,农民收入减少;而在经济景气时,又出现大量劳动力涌向非农产业,由于比较利益的驱使可能会出现耕地的撂荒。再次,由于土地等自然条件的限制和动植物本身生物学特性的制约,使得农产品的短期供给弹性比较小,但由于人们对农产品的需求刚性,价格对供给量的反应却非常敏感;同时农产品的需求弹性更小,难以实现农产品的市场供需均衡。当某些因素导致价格和产量一定程度的波动时,会产生蛛网效应。另外,农产品价格与供给间的互动关系还受动植物生理机能的影响,由于农业的生产周期较长,许多农民对价格的反应又具有滞后性,市场的自行调节难以使农产品的供给及时追随市场价格的变化,会造成农产品短缺和过剩效应的放大,使农业生产产生更大的波动。最后,农产品大多具有易腐性,不耐久藏,且储藏费用高,所以收获后应立即出售,即使市场价格低廉也必须出清;反之,产品稀少时,虽然市价高,但在本期内无多余库存供应市场,无法满足市场需求。因此,农产品一经产出,其供给即已固定。农业的不稳定性也成为政府制定农业政策目标的重要理论依据之一。

五、经济发展的阶段性

纵观世界各国经济发展的历史与现实,农业在国民经济的不同历史发展阶段,其地位有所不同,大致可以分为两个阶段:

一是农业支持国民经济发展阶段。在社会经济发展的初期,农业是国民经济中的最主要生产部门,其产值和劳动力在国民经济中都占有很大的比重,国家工业化所需要的资本原始积累主要来自农业剩余的转移。农业对国家工业化的发展所做出的这种牺牲首先符合社会经济发展的需要,符合整个社会福利最大化的要求。这是因为人们在满足了农业提供的基本食品需求以后,产生了更多的物质和文化生活需求,要满足人们这些更高级的需求,非农产业必须得到更快的发展。其次,农业对国家工业化的这种支持也符合农业本身发展的需要。随着经济的发展,社会对农产品需求的数量和质量都在不断提高,农业本身的发展,需要农业外部能量的投入,需要技术进步和人力资本增长(农业劳动力的数量将逐渐地相对下降到绝对地减少)的支撑,传统农业的改造和现代化的实现必须依赖于二、三产业的发展。工业革命在于农业革命的先期,然而没有国家的工业化,也就没有农业的现代化。在经济的发展过程中,农业对国民经济发展的支撑作用,不单单是简单的农业剩余向非农产业的转移,而且农业还是工业品的市场。在转移农业剩余的过程中要注意让市场发挥基础性作用,从农业中所转移的经济利益绝对不能超过农业剩余,否则农业连简单再生产都难以维持,扩大再生产就不可能实现。农业不能够扩大再生产,就不能够满足社会日益增长的对农产品的需求,国家工业化的发展也将受到制约。因此,在国家工业化的发展过程中,要十分注意保护农业扩大再生产的能力,绝对不能为了国家工业化的发展而对农业采取竭泽而渔的政策,否则欲速则不达。

二是国家对农业实行保护阶段。随着国家工业化的发展,非农产业逐渐发展壮大起来,农业逐步完成了为国家工业化提供资本原始积累的历史重任,非农产业完全能够依靠自身的积累而得到更快的发展。而农业由于自身的上述特性使得其贸易条件不断恶化,比较优势逐步丧失,比较利益越来越小,市场本身的发展难以使农业适应社会与经济发展的需要,为了维护农业的基础性地位,为了实现社会的公平,就有必要对农业实行保护性政策。这是社会经济发展到一定阶段的必然选择。实现这种转变具有一定的经济特征。美国学者西蒙·库兹涅茨等人的研究表明,当20世纪30年代前期美国政府采取现代的农业保护政策时,美国经济发展所表现出来的基本特征是:农业在国民生产总值中的份额已降到12%以下,农业就业人数在社会总就业人数中的份额已降至25%以下,工业与农业的产值份额比例已变为80∶20,城市人口在全国总人口中的份额已超过了50%,人均国民生产总值按1967年的美元价格计算已超过了1800美元[①]。据日本学者速水佑次郎和南亮进提供的资料,日本在20世纪50年代后期至60年代初期加大了对农业的保护力度,当时日本经济的发展表现出如下特征:农业在国内生产总值中所占的比重已降至13%左右,农业就业人数占社会总就业人数的比重已降至13%左右,工业与农业的产值份额比例大约为76∶24,城市人口占全国人口的比重已达63%,人均实际国内生产总值按1980年美元价格计算已达2600多美元[②]。澳大利亚学者基姆·安德森(Kym Anderson)等利用计量经济模型所作的定量分析表明,判别农业政策转向最根本的标准是农业比较优势的大小,也就是说,一个国家农业保护水平的高低,决定于该国的农业比较优势的大小:农业比较优势越大,其农业的保护水平就越低;反之,农业的比较优势越小,农业保护水平就越高,即农业比较优势程度与农业保护水平之间存在负相关关系。

这说明在经济发展的不同阶段,农业在整个国民经济中的地位有相当大的不同,因而农业政策所制定的目标也应该有所不同。

[①] B. F. Johnston:《Agriculture and Structure Transformation》,Oxford University Press,1984;西蒙·库兹涅茨:《各国的经济增长》,商务印书馆,1985。

[②] Yujiro Hayami:《Japanese Agriculture Under Siege》,Macmillan Press,1988;南亮进:《日本经济的发展》,1989。

第三节 农业政策目标的确定

一、保护农业,提高农民收入

农业是整个国民经济的基础,在工业化初期,农业要为工业的发展提供资本积累,但由此所转移的农业经济利益绝不能超过农业剩余,要保护农业具有进一步扩大再生产、为社会提供更多农业剩余的能力。随着经济的发展,产业不断分化,产业结构不断升级,但农业是天生的弱质产业,农产品的需求弹性越来越小,农业技术进步相对缓慢,资源调整较难,农产品是很典型的"均质"产品,不易"创新",内部不像二、三产业那样容易分化,造成农业的贸易条件不断恶化,比较利益下降。因此,在工业化后期,对农业实行真正意义上的保护政策,即使经济利益向农业净流入,缩小农业与非农产业就业人员的收入差距,成为政府对农业宏观调控的重要目标。

市场经济的运行不断地追求着效率的最大化,在这一过程中,如果没有外力在维护收入分配公平的话,那么,效率与公平的矛盾,以及其外部的表现形态——社会的贫富差别将会变得严重起来直到危及社会的稳定。农民收入低于在非农产业就业的人员,这是世界各国农业中的一个普遍性问题。恩格尔定律的存在和农业剩余劳动力向外转移速度的缓慢,是造成农民收入水平低下的经济原因。市场本身不能够保证农业与非农产业之间就业人员的收入公平,这一社会问题的解决,必须通过政府行为来加以协调。应该说农业与非农产业就业者存在一定的收入差距,有利于整个产业结构的调整,有利于农业人口的向外转移。但即使农民和非农产业就业者存在着收入差距,农民由于素质和机会等方面的原因也无力走出农田,或者非农产业不具有吸纳如此众多农业人口的能力,并且双方的收入差距又较大,如果对这种收入差距置之不顾,就会有悖于社会的基本道德准则,不仅会产生农业与非农产业、乡村与城市不协调发展等经济问题,而且会产生一系列社会问题。因此,必须把收入的公平分配纳入到政府的政策行为。

二、提高农业生产率,满足社会对农产品质与量的需求

提高农业生产率,是世界各国政府确定农业政策的重要目标之一。一方面,农业生产率的提高是其他农业政策目标得以实现的前提,如在农业人口和耕地面积增长停滞,甚至下降的情况下,要实现农产品市场的稳定和农产品供应的可靠,就必须不断地提高农业生产率水平;而且也只有当农产品产量的增加建立在农业生产率提高的基础上,农民收入增加的目标才比较容易实现。另一方面,农业生产率水平的提高也是增强农产品国际竞争力的重要保证和农业现代化的根本标志。

随着人口的增加和人们收入水平的提高,社会对农产品的需求也将不断地增加,但由于耕地减少、土地荒漠化、水资源短缺以及其他水旱病虫等自然灾害,使得中国等许多发展中国家农产品的供给能力面临着挑战,从量上来满足社会对农产品的需求,仍然是像中国这样一些发展中国家的重要任务。在农产品总量平衡的同时,农产品的结构平衡也成为政府必须关注的问题。在农业满足了社会对农产品量的需求的情况下,农产品质量问题变得更加重要。这是因为,一方面,农产品事关人们的身心健康,在解决了温饱问题以后,农产品的质量在市场竞争力中所占的权重越来越大,甚至成为第一重要的因素,因而提高农产品质量有利于增加农民收入;另一方面,由于农产品市场上生产者与需求者有关产品质量信息的严重不对称,因而农产品的质量安全与卫生问题就成为政府必须承担的重要任务。政府不仅要制定相关的质量与卫生标准,而且要建立检疫检验队伍,使农民和加工营销商所生产的农产品和食品符合安全与卫生标准的要求。

三、培育农业市场机制,稳定农产品市场

政府所确定的农业政策目标的实现,必须建在市场机制充分发挥作用的基础之上。如果市场机制不完善,势必要增加政府对农业政策调控的力度、范围和难度,而政府行为的失灵又会造成更大的效率损失。因此政府必须首先培育农业市场机制,让市场充分发挥配置资源的基础性作用,政府只对农业市场失灵的部分进行政策调控。对于像中国这样原来实行计划经济制度的发展中国家,市场机制发育相对不足,表现为市场主体缺乏或错位,市场体系不健全,市场运作法规不完善。为此政府要让农户和企业成为真正的市场主体,改变政企不分和政府行为与企业行为扭曲的现象;政府要培育农产品市场和农业要素市场,以便形成一个完整的农业市场体系;政府要制订完善的农业市场规则,维护市场秩序,使各个市场主体能够按照市场规则合理运作、公平竞争。

培育农业市场机制,有利于农产品的供求平衡,但不能保证农产品市场的稳定。农业生产是自然再生产与经济再生产交织的过程,并且受自然因素的影响较大。由于土地等自然条件的限制和动植物本身生物学特性的制约,使得农产品的短期供给弹性比较小,但由于人们对农产品的需求刚性,价格对供给量的反应却非常敏感;同时,农产品的需求弹性更小,难以实现农产品市场均衡。当某些因素导致价格和产量一定程度波动时,会产生蛛网效应。另外,农产品价格与供给间的互动关系还受动植物生理机能的影响,由于生产周期较长,人们对市场价格的反应又具有滞后性,市场的自行调节难以使农产品供给及时追随市场价格的变化,会造成农产品短缺和过剩的效应放大,使农业生产产生更大的波动性。

四、保护农业资源,改善生态环境

农业是与自然资源和生态环境的关系最为密切的产业,一方面,农业的发展离不开良好的生态环境,离不开自然资源的支撑;另一方面,农业生产活动对自然资源和生态环境产生很大的影响,不当的生产方式,会损害生态系统的平衡,造成自然资源的破坏和浪费。自然资源及生态环境系统的损害,则会影响农业的可持续发展。良好的生态环境是一种稀缺资源,具有巨大的正外部效应。因此,政府确定农业政策的另一个重要目标是,必须十分注意保护各种农业资源,如土地资源、水资源、林业资源、海洋资源、各种生物资源等,保护环境,维护生态平衡,实现资源的可持续利用和农业的可持续发展。以自然资源的可持续利用和农业的可持续发展为内容的生态环境目标,应该是政府确定农业政策基本目标之一。

一般来说,这些农业政策目标应该成为各国政府农业政策的主要目标。但由于各国的国情不同,经济发展阶段不同,农业政策目标的侧重点可能有所不同。特别是在不同的地方政府之间,由于所面对的具体问题不同,其农业政策目标不应该是国家总目标的照搬,而应该加以具体化,使本级政府的农业政策目标成为上级政府农业政策目标的子目标或实现总目标的手段与措施。

关键词

　　农业政策目标　价值判断　具体性　合理可行性　相互依存关系　相互促进关系　相互冲突关系　层次性　整体协调性　农业的外部性　农业的公共产品性　农业的弱质性　农业的不稳定性

思考题

1. 农业政策目标与价值判断是一种怎样的关系？
2. 你如何理解农业政策目标的基本特征？
3. 确定农业政策目标的理论依据有哪些？
4. 在市场经济条件下，你认为政府应该确定哪些主要农业政策目标？为什么？

第四章 农产品市场与价格政策

农产品市场与价格政策是非常重要的一类农业政策措施,它是市场经济体制下农业政策的核心。本章首先介绍农产品市场与价格政策的目标及分类,而后对国内价格政策、对外贸易政策和市场结构政策中的各个具体政策措施从基本原理和作用效果等角度进行详细分析。

第一节 农产品市场与价格政策的目标及分类

一、农产品市场与价格政策的重要性

农产品市场与价格政策在市场经济体制和计划经济体制下的重要性是不一样的。在市场经济体制下,农产品市场与价格政策是整个农业政策的核心。按照市场经济体制的价值准则,农民在农业生产活动中享有完全的自主权,生产什么、生产多少和怎样生产完全由农民根据市场的变化自己做出决策,政府不能以行政命令的方式来制约农民的生产活动和经济行为,使其向着政府所期望的方向发展。政府只能通过运用各种政策手段,来影响市场与价格的发展,通过市场与价格的变化来引导农民,使农民的生产活动和经济行为朝着政府所希望的方向发展。在市场经济体制下,农产品市场与价格政策是政府实现农业政策目标最重要的政策措施。

在计划经济体制下,政府通常以直接的行政命令和各种计划指标来制约农民的农业生产活动和经济行为,虽然市场与价格政策也作为整个农业政策的重要组成部分,但它的作用是处于次要和从属的地位。在我国,在旧的高度集权的计划经济体制下,市场发育极不完善,市场与价格政策发挥作用的余地也很有限,人们不善于应用市场与价格政策手段来影响农业生产过程,并且对市场与价格政策的运用也相当简单化,大多表现为一些禁令,如不准进行自由市场交易,不准私商长途贩运等。1978年,我国开始实行经

济体制改革后,高度集权的中央计划经济体制逐步瓦解,市场经济体制逐步确立和完善。1985年,取消了在我国实行了长达30多年的粮食统购统销制度,实行了计划购销与市场交易并存的"双轨制",而对水果等农产品则完全放开了控制。1992年,党的"十四大"明确提出,我国经济体制改革的总目标是建立有中国特色的社会主义市场经济体制,特别是在我国加入世界贸易组织后,以市场化为取向的经济改革进程明显加快,目前我国市场经济体制基本确立,正处于不断完善的过程中。在目前的背景下,农产品市场与价格政策在我国整个农业政策体系中已占有核心性的地位。

二、农产品市场与价格政策的目标

不同国家由于经济发展水平不同,面临的农业政策背景各异,因而政府农产品市场与价格政策所要实现的目标也不完全相同。发达国家较为注重保护生产者的利益,而发展中国家则较为关注消费者的利益。但综合来看,各国政府农产品市场与价格政策的目标主要有:保证农民收入,确保粮食安全,稳定农产品市场(包括稳定农产品供给量和市场价格),保护消费者利益,提高市场营销效率,保护农业环境,控制外来竞争、保护本国利益等。

在各个单项目标之间,也存在着复杂的关系。有的是相互促进关系,即一个目标的实现有助于另一个目标的实现;有的是相互矛盾关系,即一个目标的实现将有损于另一个目标的实现;也有的是相互独立关系,即一个目标的实现对另一个目标的实现无显著影响。对于决策者来说,最常见和最难处理的是目标的矛盾关系,其中,消费者利益目标、生产者利益目标和国家财政目标之间的此消彼长关系,是最基本和最典型的矛盾关系。现实社会中农产品市场与价格政策体系之所以极为复杂,主要原因就在于:为了实现其中的某一单项目标而又不损害其他目标,不得不在采取某项措施的同时还采取其他种种"配套"措施,环环相套,形成了一个极其复杂的系统。

三、农产品市场与价格政策的分类

农产品市场与价格政策一般分为两大部分,即价格政策和市场结构政策。价格政策是指那些直接影响价格水平高低的各种政策措施,而市场结构政策是指那些不直接影响价格水平的高低,而是制约市场参与者的竞争关系和竞争状态,关系到市场的组织与技术设施建设,影响市场透明度,旨在提高市场宏观运行效率的各种措施。

为了分析方便,这里将农产品对外贸易政策独立出来加以阐述,即下面按国内价格政策措施、对外贸易政策措施和市场结构政策措施三大部分予以介绍。农产品市场与价格政策体系所包含的具体政策手段如图4.1所示:

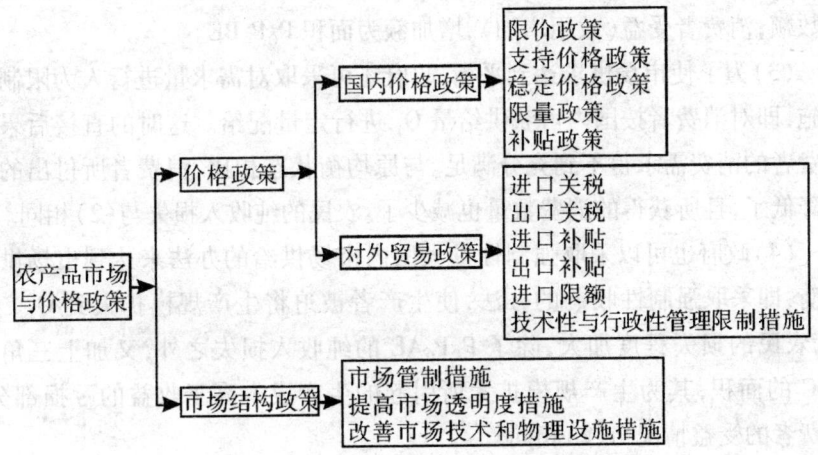

图4.1 农产品市场与价格政策体系

第二节 国内价格政策

一、限价政策

所谓限价政策就是对价格实行直接的限制和控制。限价政策是计划经济国家所普遍采用的农业政策措施,共有三种表现形式:固定价格、上限价格和浮动价格。限价政策在本质上是将价格控制在均衡价格水平之下。例如,原来我国国营粮食部门的定购价格和定量供应价格、某些城市农贸市场上对猪肉的最高限价、对某些蔬菜的浮动价格等,均属于这类价格政策。限价政策的目的在于使农产品价格低廉而稳定。限价政策的特点是在计划经济体制下,简便易行,便于行政干预,且有急功近利之效。

限价政策措施的作用效果可以借助图4.2来加以说明。在采取限价措施且限定价格为 P_0 时,会发生以下作用:

(1)供给量将减少,从 Q_C 减为 Q_1;而需求量将增加,从 Q_C 增至 Q_2。供求相互偏离,形成了一个供求差额 $Q_2 - Q_1$,使得市场出现了供不应求的不平衡现象。

(2）为了使市场供求达到平衡,政府可以采取进口的办法来填补国内供给的缺口。进口需求量为 $Q_2 - Q_1$,这时,若世界市场价格 P_w 高于限价 P_0,则政府需要进行补贴,补贴额（不考虑营销费用）为 $(P_w - P_0) \times (Q_2 - Q_1)$。与原均衡状态相比,国内农民的纯收入减少,减少额为面积 P_cP_0AE 所代表的数额;消费者受益（效用增加）,增加额为面积 P_cP_0BE。

(3）为了使市场供求达到平衡,政府还可采取对需求量进行人为限制的措施,即对消费者按国内可获供给量 Q_1 进行定量配给。这时的直接后果是消费者的消费需求得不到充分满足。与原均衡状态相比,消费者所付出的价格降低了,且所获得的消费数量也减少了。农民的纯收入损失与(2)相同。

(4）政府也可以采取强制性扩大国内市场供给的办法来达到市场供求平衡,即采取强制性收购的办法,使生产者被迫将生产规模扩大到 Q_2。这时,农民的损失程度加大,除了 P_cP_0AE 的纯收入损失之外,又加上三角形 ABC 的面积,其为生产规模扩大所引起的生产成本高于收益的亏损部分。消费者的受益情况与(2)相同。

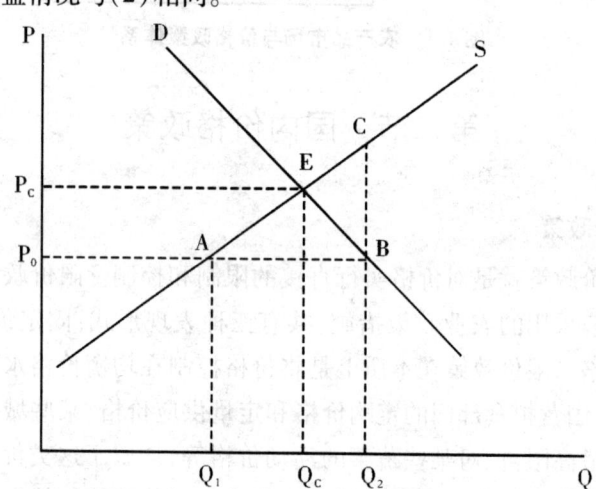

S:供给曲线　D:需求曲线　P_c:均衡价格　Q_c:均衡数量
P_0:限定价格　Q_1:限定价格下的供给数量
Q_2:限定价格下的需求数量

图 4.2　限价政策措施的作用效果

在实际生活中,上述三种平衡市场的办法经常是同时并用的。限价政策措施造成了市场的不平衡,而进口措施、定量配给措施和强制性收购政策则是针对这种不平衡所采取的配套措施。

从福利得失来看,当定量配给数量小于 Q_c 时,消费者有失有得:失在消费量变小了,得在支出价格降低了。当定量配给量大于 Q_c 时,消费者只受益而无损。对于生产者来说,在上述任一情况下,均受损失。这种损失或者仅仅表现为所获纯收入的减少,或者是在此基础之上再加上边际收益低于边际成本所造成的边际亏损。

二、支持价格政策

支持价格政策又称为保证价格政策、干预收购价格政策、最低收购价格政策等,其原理是:政府对实行这种措施的农产品规定一个政策价格,如果市场价格高于这个政策价格,则政府对市场活动不加干预;如果市场价格降低到这个价格水平,则政府就按这个价格进行收购,从而使得市场价格不会降低到这个价格之下。这个价格就称为支持价格或保证价格、干预价格、最低收购价格,这种收购称为干预性收购。实行支持价格政策的目的在于使市场价格不低于某一水平,从而保证农民的收入,并稳定农产品市场。

在实施技术上,支持价格政策可以采用各种不同的形式:政府相关部门可以直接进行实物收购,并进行储藏;也可以采取"委托代储"的方式,付费委托其他所有制的仓储企业进行实物储藏。支持性收购(或干预性收购)一般均规定最低质量标准。

支持价格政策的作用效果如图 4.3 所示。

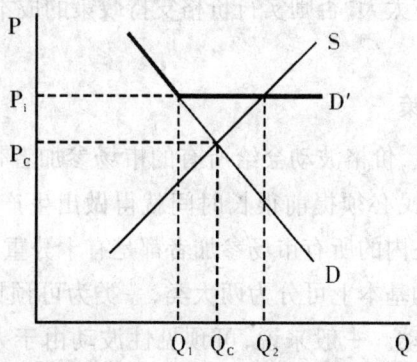

P_c:市场均衡价格,Q_c:市场均衡数量,P_i:支持价格
Q_1:实行支持价格时的需求量,Q_2:实行支持价格时的供给量

图 4.3 支持价格政策的作用效果

为保证农民收入,支持价格水平 P_i 一般定得高于市场均衡价格(如欧盟在其共同农业政策改革前的情况),这时需求曲线由 D 变为一条折线 D′,D′ 的上半部分与 D 相重合,而下半部分在到达支持价格水平 P_i 后变为一条向右水平延伸的直线。具体作用效果有以下几点:

第一,造成结构性过剩。所谓结构性过剩是指非季节性和非偶然性的过剩,是由于农业部门的生产能力太大所决定的长期性过剩。过剩数量为供求数量之差 $Q_2 - Q_1$。

第二,农民获益。农民的净收入增加量为纵轴、P_i 线、P_C 线和 S 线之间的面积,就单个的农民来说,谁的生产量越多,谁获得的净收入增量就越大。

第三,消费者受到不利影响。表现为支出价格的提高和消费数量的减少两个方面。

第四,政府要付出财政补贴,以处理过剩问题。在各国的政策实践中,采用过的处理过剩问题的措施有多种,具体包括:实行出口补贴,将过剩农产品出口;将过剩农产品用于国内和国外无偿援助项目;将过剩农产品降级使用;销毁过剩农产品等。

支持价格政策的有效实行要有以下几个前提条件或配套措施:①必须实施必要的边境保护措施,从而使得实施支持价格政策所带来的好处只为国内生产者所得。②需求价格弹性要很小,乃至近似无弹性。因为只有在这个条件下,从市场上取出一个数量不大的供给,就可以引起价格有一个较大幅度的上升。③支持价格与出口价格之差或者支持价格与降级使用所能取得的价格之差不应太大,否则实行价格支持政策的成本将太大。

三、稳定价格政策

在农产品市场上,价格波动会给所有的市场参加者带来风险,尤其是农民首当其冲,因为农民必须提前很长时间就得做出生产决策。因而稳定价格政策对包括农民在内的所有市场参加者都是有十分重要的意义。

农产品价格波动基本上可分为两大类,一类为可预见性波动,如季节波动,另一类为随机波动。一般来说,可预见性波动由于人们事先可以预知,因而对市场参加者来说没有太大的市场风险。还应指出,正常的季节差价是由供货成本(生产成本加上储藏成本)所决定的,如果采取干预措施来平抑价格的季节波动,则生产与营销企业均将减少其季节性储藏,于是会使价格的季节波动变得更强。所以一般来说,对有规律的农产品价格季节波动不使用市场干预手段进行平抑。

农产品价格的随机波动,由于它的不可预见性,会给市场参与者带来很大的市场风险。所以对这种波动必须予以平抑,平抑农产品价格随机波动的政策措施有以下三种:

第一,干预收购结合储藏。对那些可在较长时间内储藏的农产品来说,可用干预收购结合储藏的方法来平抑价格的随机波动。如果市场价格降到政府事先确定的最低价格(一般为支持价格)时,则政府相关机构便以购买者的身份出现,以最低价格收购并储藏过剩的农产品;如果市场价格升高到政府所确定的最高目标价格之上时,则政府相关机构将储藏的农产品在市场上抛售;这样市场价格的波动就被限定在政府所确定的最高与最低价格范围之内。对于储藏期较短的农产品,无法用干预收购结合储藏的办法来平抑价格的随机波动,因为它最终不能阻止价格的下跌,只不过是以高昂的代价将之推后一段时间而已。但在许多情况下,可以将储藏期较短的或易腐农产品加工成耐储藏的产品,但这时必须仔细分析,收益与加工成本相比是否合适。

第二,干预收购结合补贴性进出口。农产品市场价格的随机波动也可以通过干预收购结合补贴性进出口的办法来平抑。当市场价格降低到政府事先确定的最低价格(一般为支持价格)时,则政府相关机构就按这个价格进行收购并出口农产品,这时如果国际市场价格低于收购价格,则政府需要付出补贴;如果市场价格上升到政府事先确定的最高目标价格之上时,则政府就进口农产品并在市场上抛售,这时如果进口价格高于抛售价格,政府也需付出补贴。通过政府干预收购和补贴性进出口措施的结合,市场价格的波动就被限定在政府所允许的最高与最低价格之内。不过只有当国内价格与世界市场价格之差不是很大时,这种方法才是合适的。另外这种方法还要求农产品的耐储藏性更强,而且农产品的价值与其运输成本的比例关系也要合适,同时外部市场也必须要足够大,也即从国际市场进口或向国际市场出口一部分农产品不会对国际市场产生巨大影响。

第三,干预收购结合降级使用和销毁过剩农产品。对于那些不太耐储藏、又不能合算地进行加工并且也不具有出口可能性的农产品来说,要想使其价格达到稳定,可采取干预收购结合降级使用和销毁过剩农产品的办法。当市场价格低于政府事先确定的最低价格时,政府相关机构按这个价格进行收购,同时将收购上来的农产品降级使用(如加工成饲料)或干脆销毁。不过利用这种措施,并不能完全达到平抑价格波动的目的,因为其仅仅能对市场供给量进行"削峰"而不能"填谷",只能阻止供给过剩时的价格下跌,而不能阻止供给不足时的价格上升。

四、限量政策

限量政策是农产品市场与价格政策的又一重要领域。限量政策可划分为对生产要素(主要是土地和牲畜)投入量的限制、对市场供给量的限制和对消费量的限制,这种限量既可能是规定上限,也可能是规定下限。

1. 对生产要素投入量的限制

在农产品过剩的发达国家中,往往对生产要素投入实行上限限制。例如,欧盟规定,耕地在一定规模之上的农场必须要休耕一部分土地。在我国,有些地区对有些农产品的种植也实行上限限制,例如,对各种经济作物如烟草、蔬菜和水果的种植面积进行限制。不过,这样做的目的往往是为保证粮棉油等产品的种植面积,对粮棉油等产品,则往往倾向于规定最低种植面积,实行下限限制。

当然,这种对生产要素投入的限制措施,在实际执行时并不容易。农户的生产规模越小,数量越多,执行起来难度越大。在我国,在原来人民公社统一经营体制下,实行这种限制措施较为容易,而在家庭承包分散经营体制下,这种限制措施的执行代价很大,实际效果很低或者几乎没有什么效果。

2. 对市场供给量的限制

(1)上限限制。在农产品过剩的发达国家中,一般对农产品市场的供给量实行上限限制,其作用原理与作用效果如图4.4所示。

在没有实行市场供给量上限限制之前的供给曲线为S,在对供给实行上限限制、且限额数量为$q'(q'<q)$时,供给曲线在达到限额数量点q'之后便向上折成一条垂直线,因而新的供给曲线为S'。由图可以看出,市场价格将升到原来的均衡价格水平之上。需求的价格弹性越小,价格升高的幅度越大。假定图中的需求曲线D以E为支点按顺时针方向旋转(价格弹性变小),则市场价格升高的幅度将增大;反之如果需求曲线D按逆时针方向旋转(价格弹性增大),则市场价格升高的幅度将减小。在新供给曲线的垂直部分,当需求由于非价格因素的影响而发生改变时(需求曲线向左或右移

动),将对市场价格发生很大的影响,因为此时供给是完全无弹性的。

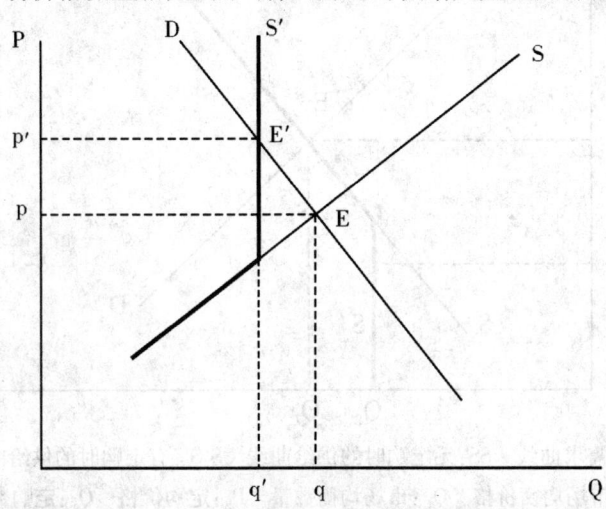

图4.4 对市场供给量实行上限限制

对于需求弹性很小的农产品来说,对市场供给量实行上限限制还可提高农民收入。如果对市场供给量实行上限限制的目的在于使价格保持在一定的水平上(即以稳定价格为目标),必须在需求发生变化时不断对限额数量 q' 进行调整,就是说在需求曲线左移或右移时,限额量必须相应地改变。

(2)下限限制。在农产品供给不足的国家中,一般对市场供给量实行下限限制。我国实行过的粮食定购政策,就是对供给量实行下限限制的一个特例。粮食定购政策是一种带有义务性和强制性的低价收购措施。关键是低价,如果价格不低的话,也就无须做出义务性和强制性的规定了。定购政策在本质上相当于一种税收,税额为(市场价 – 定购价) × 定购数量。在双轨制条件下,定购数量和定购价格的边际变化并不对市场均衡价格发生直接的制约作用,如图4.5 所示。

3. 对消费量的限制

(1)上限限制。如果对某种农产品的需求量实行上限限制,则其需求曲线在达到了所确定限额之后的部分为一垂直线。如图4.6 所示,在未实行需求上限限制之前的需求曲线为 DD,在实行需求上限限制之后的需求曲线为 DD'。对需求实行上限限制的结果是使得均衡价格降低,由 p 降到 p'。供给的价格弹性越小,均衡价格下降的幅度就越大。

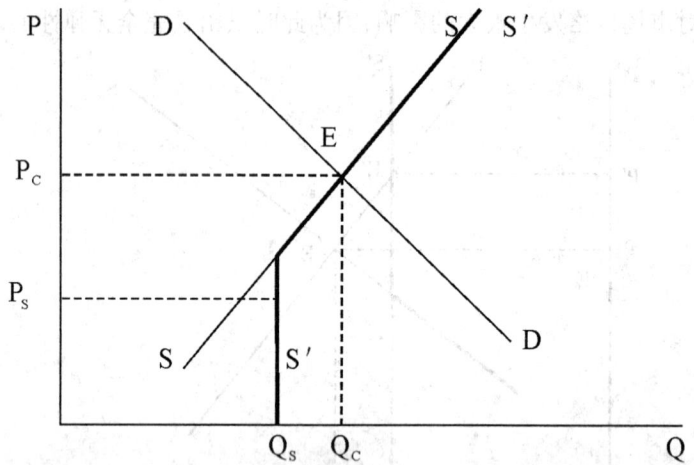

DD:需求曲线　SS:无定购时的供给曲线　S'S':有定购时的供给曲线
P_C:市场均衡价格　Q_C:市场均衡数量　P_S:定购价格　Q_S:定购数量

图4.5　双轨制下的市场均衡

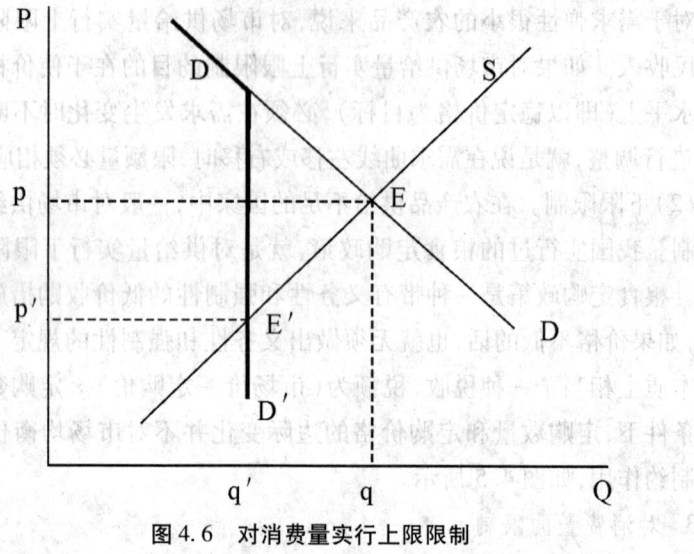

图4.6　对消费量实行上限限制

我国原来实行过的食品定量配给制度就是对消费量实行上限限制的一个实际例子。食品定量配给制度实行于食品供给量小于需求量的时候。由于食品的需求价格弹性本来就很小，在生理需要未获得满足的情况下就更小，而对那些维持生存所必需的食品来说几乎为零，在这种情况下，如果不实行定量配给则价格将大幅度上升。价格的大幅度上升将导致消费者之间食品分配的极不平均,即高收入者消费充足或过量,而低收入者消费量严重不足,这将不利于社会安定。因此就有必要采取措施,对这些稀缺必需品按人头进行平均分配,使得收入高低不同者的生理需要都能得到大致相同程度的满足,从而保障社会的公平和安定。

在食品内含有补贴的情况下,对食品的平均分配也含有平均分配补贴的作用效果。不过这种平均分配补贴却并不一定是公平的,因为这种内含的补贴使得收入高低不同的人都获得同等的补贴。只是,与不平均分配的情况相比较起来,不公平的程度要轻一些:如果食品中含有补贴而又不实行配给的话,则收入高的人实际得到的补贴也多一些,因为他们的消费量多。

(2)下限限制。在农产品过剩和实行贸易保护主义政策的国家中,有时候也对消费量实行下限限制。例如,对饲料加工厂做出规定,在其所购入和使用的谷物原料中,必须至少有多大的比例为来自本国生产。不过,严格来说,这种限量只是对中间消费而不是对最终消费的限量。一般来讲,对最终消费者,不存在消费量的下限限制。

五、补贴政策

补贴政策是农产品市场与价格政策体系中一个非常重要的政策领域。世界上几乎没有哪个国家不对农业采取补贴政策措施,只不过是补贴的对象和具体方式不同罢了。按照补贴对象的不同,农业补贴政策可以分为对农用品的补贴、对营销部门的补贴、对生产者的补贴和对消费者的补贴四大类。

(一)对农用品的补贴

为了降低农业生产成本、增加农产品产量,一些国家对农用品如化肥、农药、塑料薄膜、农机等提供补贴。具体补贴表现形式有:对农用品的出厂价实行限价,对生产农用品的企业给予各种形式的补贴,包括减免税收,直接实行定额补贴或者全额亏损补贴等;对农用品的营销部门给予补贴,农业生产者以低于市场价格的价格购买农用品。

从理论上讲,对农用品的补贴会降低农业生产成本,从而使农产品的供给曲线下移,从 S 变为 S',下移的幅度等于单位农产品成本的降低额,如图 4.7 所示。

这时均衡数量将增加,从 Q 增至 Q';而农民的净收入却不一定增加,这是由于农产品的需求价格弹性一般较小,农民从增产中获得的净收入不足以弥补由于价格降低所造成的净收入损失。

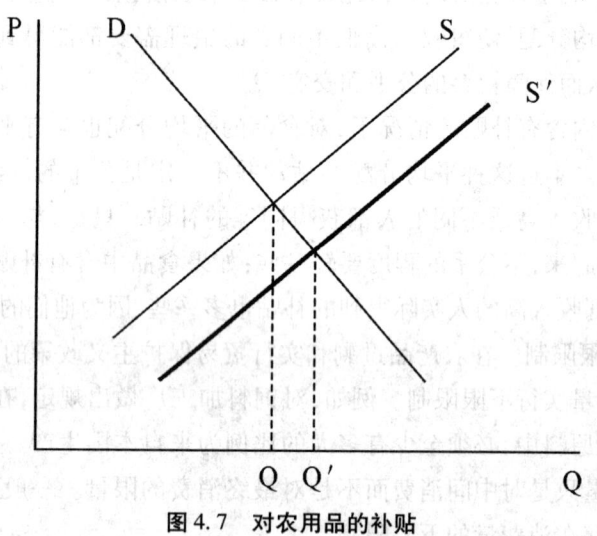

图 4.7 对农用品的补贴

(二)对营销部门的补贴

对营销部门的补贴分为两种,一是对所有营销部门的补贴,二是对部分营销部门的补贴。

对所有营销部门的补贴是指:不管营销部门的所有制形式如何,只要是从事某一农产品营销的部门,均能获得相应的补贴。对所有营销部门的补贴政策不影响各个经营单位之间的市场地位和竞争格局,其主要目的是:在不提高或少提高消费者价格的条件下,提高生产者价格,从而提高农民收入或农产品产量。

对部分营销部门的补贴是指仅对符合政府规定条件的营销部门给予补贴,如我国原来对国营粮食部门的补贴政策。

(三)对生产者的补贴

对生产者的补贴分为直接补贴和间接补贴两类。对生产者直接补贴的具体形式有差价补贴、休耕补贴、削减限额补贴等多种,对生产者间接补贴的具体形式也有多种,如补贴投入品、补贴利息(为生产者提供优惠贷款)等。这里主要介绍差价补贴的概念及其作用效果。

差价补贴政策:是指政府每年定出一个目标价格,其高于市场价格,农民每出售一个单位的农产品,便相应地从国家获得一笔补贴,其为目标价格与市场价格之差。

在实行这种政策措施时,计算补贴额所依照的是市场平均价格,而不是单个农民出卖农产品所得到的实际价格,也就是说,补贴额度与每个农民所得到的实际价格无直接关系。因此,农民仍然希望在市场上得到一个尽可能高的价格。差价补贴的作用效果可用图 4.8 来说明。

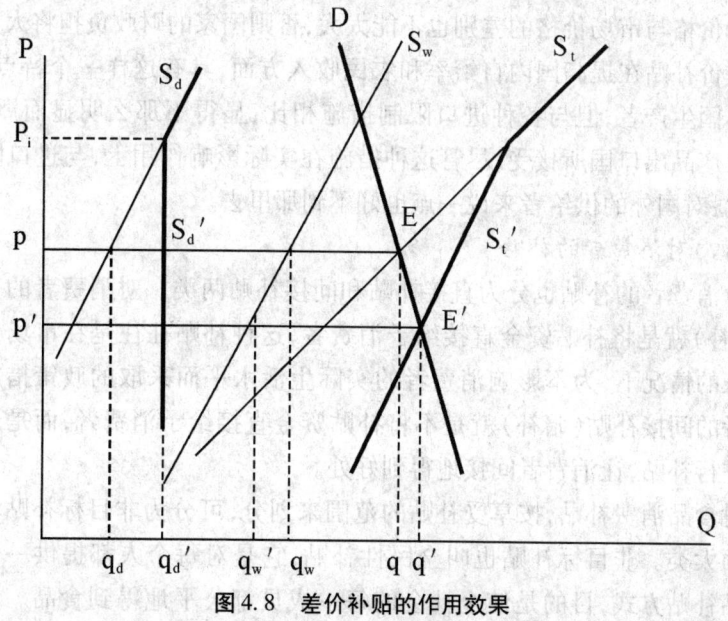

图 4.8 差价补贴的作用效果

国内供给曲线 S_d 与来源于国外的供给曲线 S_w 之和为总供给曲线 S_t。总供给曲线与需求曲线的交点为 E,由其确定出均衡价格 p 与均衡数量 q。如果政府对国内某种农产品实行差价补贴政策,制定出一个高于 p 的目标价格 P_i,则新的国内供给曲线在目标价格以下的价格区间内变为一条垂直线,新的国内供给曲线为 $S_d{}'$,新的总供给曲线为 $S_t{}'$,$S_t{}'$ 与需求曲线 D 相交形成新的均衡点 E'。

由图 4.8 我们可以看出,差价补贴有以下的作用效果:①均衡数量增加,均衡价格降低;②来自国外的供给量减少;③来自国内的供给量增加,且国内供给量增加的幅度大于均衡数量增加的幅度,因而自给率提高了;④国内农民所获得的生产者价格(包括补贴在内)升高,再加上国内供给量的增加,因而农民的收入提高了;⑤生产者价格完全稳定。在目标价格之下,不论市场价格如何变动,农民所获得的实际价格均为目标价格。

要想成功地运用差价补贴,必须具备一定的前提条件。这些前提条件主要有:①必须能够准确地掌握每个生产者所销售的产品的数量和质量。这要求对销售渠道进行严密的控制,在农业企业规模小、数量多和直接销售(生产者与消费者直接见面)很普遍时,是很难做到的。实施差价补贴的政策成本是比较高的;②农产品的自给水平应较低,否则会造成过剩问题;③目标价格与市场价格的差别也不能太大,否则国家的财政负担将太重。

差价补贴在提高国内自给率和农民收入方面,具有这样一个特点,其保护了本国生产者,但与各种进口限制措施相比,显得不那么明显而严厉,较易为农产品出口国所接受,尽管这种措施在实际影响作用上,与进口限制措施相比,对国外的供给者来说一点也好不到那里去。

(四)对消费者的补贴

对消费者的补贴也分为直接补贴和间接补贴两类。对消费者的直接补贴(明补)就是将补贴资金直接给予消费者,这种补贴往往是在市场价格大幅上涨的情况下,为不影响消费者的实际生活水平而采取的政策措施。对消费者的间接补贴(暗补)就是不将补贴资金直接给予消费者,而是通过对食品进行补贴,让消费者间接地得到好处。

对食品消费补贴,按享受补贴的范围来划分,可分为非目标补贴和目标补贴两大类。非目标补贴也叫全民性补贴,它是对每个人都提供一份补贴的食品补贴方式,目的是使全社会的每一成员都公平地得到食品。具体形式是政府完全垄断食品的销售分配,或者是政府通过专门设立的食品出售政府收购或进口的含有补贴的食品。

目标补贴是仅对社会中某一特定的群体(易受营养不良危害的人群,如儿童、孕妇、老人、失业人口和贫困人口)而进行的食品补贴,其目的是使这部分人能够得到足够的食品保障。按照确定补贴目标的方法和实施目的不同,目标补贴可分为以下四种具体形式:

(1)目标区域法,即将目标群体集中的区域划分为目标区域,在此区域内销售含有补贴的食品。

(2)目标食品法,即补贴那些收入弹性很低的所谓"低档"食品,其支出在低收入者的生活消费支出占有较大比重,而高收入者不消费或较少消费这类食品。因而,当低收入者消费这类食品时,他们也就享受到了其中的补贴。或者说,这类食品会"自动地"寻找目标群体。

(3)食品券制度,即向应当享受食品补贴的人提供一定数额的含有补贴的食品券,享受者凭此券在指定的商店里以低于市价的价格购买或免费得到一定数额的食品。这种食品券由政府统一印制,并由某个官方机构发给受益者。受益者即补贴目标的确定有两种方法,一是根据收入水平来确定,二是根据健康状况来确定。

(4)特别营养保证项目,即向目标群体直接提供食品。它把目标高度集中于极度食品不足或极易受食品不足威胁的那部分人。它又有两类:一是定点消费的方式,如:利用学校为小学生提供免费午餐,在存在严重营养不良现象的村向村民提供特殊营养食品;二是受益者将食品领取回家食用。

上述几种对食品进行补贴的方法在实践中根据具体情况,可以使用其中某一种,也可几种方法结合起来使用,还可在不同的地区采用不同的方法。

实行食品补贴政策需要有一系列的条件。一是政府要有一定的财力,要掌握一定量的食品。二是要有一套组织系统去执行这种制度。这套组织系统既可以是政府相关机构,也可以是其他机构,如医疗保健体系、商业系统等。三是在实行目标补贴时,要设立一些指标体系并进行调查,以确立实行食品补贴的目标。这是一项基础性的工作,包括诸如对不同地区人口的收入状况、健康水平、年龄构成以及不同收入层次群体消费习惯的调查。

六、我国新出台的几项农业政策措施

2004年中央一号文件发布以后,为了确保我国粮食等农产品的有效供给,提高农民收入,促进农业可持续发展,我国政府陆续出台了一系列含金量较高的强农惠农政策措施,如粮食最低收购价格政策、农作物良种补贴政策、农机购置补贴政策、农资综合直接补贴政策、粮食直接补贴政策等,这些政策措施均属于国内价格政策措施领域,所以就将这些政策措施放在这里予以介绍。

(一)粮食最低收购价格政策

粮食最低收购价格政策就是前面所述的支持价格政策。我国对粮食实行支持价格政策实际上从20世纪90年代初就开始了,该项政策原来称作粮食保护价格政策,2004年后称为粮食最低收购价格政策。粮食最低收购价格政策的目的就是保证种粮农民能够得到一个最低价格,提高农民的种粮

积极性,从而确保我国的粮食安全。

1. 最低收购价格(保护价格)水平的确定

粮食最低收购价格(保护价格)水平到底确定为多高,是该项政策在操作层面的一个重要问题。1998年以前,粮食保护价格水平是由各省参考定购价格水平来确定;1998—2004年,粮食保护价格水平由省级政府按照能够补偿生产成本并使农民可以得到略低于正常年景的适当收益,同时兼顾财政承受能力的原则确定;2004年以后,粮食最低收购价格由国家发改委等部门联合制定,考虑的原则也是能够补偿生产成本并使农民可以得到略低于正常年景的适当收益,同时兼顾政府的财政承受能力。

2. 保护范围

保护范围是指当市场价格低于政府事先规定的最低收购价格(保护价格)时,政府相关机构是收购农民要出售粮食的全部呢,还是只收购其中符合条件的部分。自20世纪90年代初以来,我国粮食保护价格政策的保护范围变化大致经历了以下三个阶段:①1999年以前,实行全面保护。即当市场价格低于保护价格水平时,政府相关机构收购农民要出售粮食的全部。②1999—2004年,实行限量保护(限品种)。即只有符合政府事先规定的粮食品种,在市场价格低于保护价时,政府相关机构提供保护性收购,质量差的品种退出保护价收购范围。③2004年以后,实行限量保护(限品种、限区域)。即仅对政府确定的重点粮食品种,在其主产区执行最低收购价格政策(表4.1)。

表4.1 2005—2010年稻谷、小麦最低收购价标准及执行区域

年份	品种	最低收购价格(元/市斤)	执行省份
2005	稻谷	0.7(早籼稻)	湖南、湖北、江西、安徽
		0.72(中晚籼稻)	安徽、江西、湖北、湖南、四川
		0.75(粳稻)	黑龙江、吉林
2006	稻谷	0.7(早籼稻)	安徽、江西、湖北、湖南
		0.72(中晚籼稻)	安徽、江西、湖北、湖南、四川
		0.75(粳稻)	黑龙江、吉林
	小麦	0.72(白小麦)	河北、江苏、安徽、山东、河南、湖北
		0.69(红小麦、混合麦)	

续表

年份	品种	最低收购价格(元/市斤)	执行省份
2007	稻谷	0.7(早籼稻)	安徽、江西、湖北、湖南
		0.72(中晚籼稻)	安徽、江西、湖北、湖南、四川
		0.75(粳稻)	黑龙江、吉林
	小麦	0.72(白小麦)	河北、江苏、安徽、山东、河南、湖北
		0.69(红小麦、混合麦)	
2008	稻谷	0.77(早籼稻)	安徽、江西、湖北、湖南、广西
		0.79(中晚籼稻)	江苏、安徽、江西、河南、湖北、湖南、广西、四川
		0.82(粳稻)	黑龙江、吉林、辽宁
	小麦	0.77(白小麦)	河北、江苏、安徽、山东、河南、湖北
		0.72(红小麦、混合麦)	
2009	稻谷	0.9(早籼稻)	安徽、江西、湖北、湖南、广西
		0.92(中晚籼稻)	江苏、安徽、江西、河南、湖北、湖南、广西、四川
		0.95(粳稻)	黑龙江、吉林、辽宁
	小麦	0.87(白小麦)	河北、江苏、安徽、山东、河南、湖北
		0.83(红小麦、混合麦)	
2010	稻谷	0.93(早籼稻)	安徽、江西、湖北、湖南、广西
		0.97(中晚籼稻)	江苏、安徽、江西、河南、湖北、湖南、广西、四川
		1.05(粳稻)	黑龙江、吉林、辽宁
	小麦	0.9(白小麦)	河北、江苏、安徽、山东、河南、湖北
		0.86(红小麦、混合麦)	

资料来源：根据中国农业信息网(http://www.agri.gov.cn)、国家粮食局网站(http://www.chinagrain.gov.cn)以及各省区人民政府网站资料整理。

3. 执行机构

2004年以前，政府委托国有粮食收储企业执行粮食保护价格政策。当市场粮价降低到保护价格水平时，政府要求国有粮食收储企业按保护价敞开收购，对超正常周转库存部分由粮食风险基金给予费用与利息补贴，粮权属企业，并要求企业顺价销售粮食。在这种运行机制下，政府与粮食收储企业的委托代理关系不完善,降低了粮食保护价格政策的执行效率。

2004年以后,粮食最低收购价格政策由中储粮总公司及分公司和省级地方储备公司执行。根据历年稻谷、小麦最低收购价格执行预案的规定,在最低收购价格预案执行期间,中储粮有关分公司要按照"有利于保护农民利益、有利于粮食安全储存、有利于监管、有利于销售"的原则,合理确定执行最低收购价格政策的委托收储库点(含中储粮直属库)。委托收储库点应具有农发行贷款资格,有一定的规模和库容量,仓储条件符合《粮油储藏技术规范》要求,具有较高管理水平和良好信誉。委托收储库点由中储粮有关分公司负责提出,同省级粮食行政管理部门和农业发展银行省分行协商后,报中储粮总公司审核确定,并报国家有关部门和省级人民政府备案后对外公布。

地方储备粮管理公司(或单位)也要根据实际需要,设定一定数量的委托收储库点,并积极入市收购,充实地方储备。地方储备粮管理公司(或单位)设定的委托收储库点要与中储粮分公司设定的委托收储库点相互衔接。

委托收储库点可根据需要设点延伸收购,在不增加国家费用补贴的前提下,自行负责将延伸收购点收购的粮食汇集到委托收储库点或指定库点储存。

委托收储库点确定后,由中储粮分公司和地方储备粮管理公司(或单位)分别与其委托收储库点签订委托收购合同,明确有关政策及双方权利、义务等。委托收储库点要严格按照国家有关规定进行收购,中储粮总公司及相关分公司、地方储备粮管理公司要加强对收购入库粮食质量的监管。委托收储库点按最低收购价收购粮食所需贷款(含收购费用)由农业发展银行提供,农业发展银行要按照国家规定的最低收购价格和合理收购费用及时足额供应收购资金。

(二)农作物良种补贴政策

农作物良种补贴是指国家通过建立良种推广示范区,对农民选用农作物良种进行的资金补贴。其目的是支持农民积极使用优良作物种子,提高良种覆盖率,增加农产品产量,改善产品品质。2002年,中央财政设立大豆良种补贴;2003年设立了小麦良种补贴;2004年设立了水稻、玉米良种补贴;2007年良种补贴的品种扩大到棉花、油菜;2010年又设立了青稞良种补贴。

1. 补贴范围及标准

(1)水稻良种补贴。2004年设立,从2004年至2007年按照以计税水田为基数的实际种植面积补贴。2004—2006年,补贴区域为湖南、湖北、江西、安徽、辽宁、吉林、黑龙江7省,补贴标准为早稻10元/亩,中稻、粳稻15元/亩,晚稻7元/亩。2007年,国务院决定补贴区域增加四川、广西、重庆3省区。从2008年开始,国务院决定对全国31个省(市、区)4.4亿亩水稻全部实施补贴,同时将晚稻补贴标准由7元/亩提高到15元/亩,执行早稻10元/亩,中稻、粳稻、晚稻15元/亩的补贴标准,按照实际种植面积进行补贴。

(2)小麦良种补贴。2003年设立,补贴标准为10元/亩,补贴品种主要为优质强筋和弱筋小麦品种,兼顾优质中筋小麦品种。2003—2004年,每年安排1亿元,补贴面积1000万亩,补贴区域为河北、河南、山东、江苏、安徽5省。2005—2007年,补贴规模增加到每年10亿元,补贴面积1亿亩,补贴区域扩大到河北、山西、江苏、安徽、山东、河南、湖北、四川、陕西、甘肃、新疆11个省区。2008年,国务院决定将补贴规模增加到20亿元,补贴面积2亿亩,占全国小麦播种面积(3.44亿亩)的58%,补贴区域增加内蒙古、宁夏2省区,扩大到13个省区。从2009年开始,小麦良种补贴在全国31个省(区、市)全覆盖,对生产中使用小麦良种的农民(含农场职工)给予补贴,补贴标准为10元/亩。

(3)玉米良种补贴。2004年设立,补贴标准为10元/亩,补贴品种为青贮玉米、高淀粉、高油等专用玉米。2004—2005年,每年分别安排1亿元,补贴面积1000万亩,补贴区域为内蒙古、辽宁、吉林、黑龙江、河北、河南、山东和四川8省区。2006—2007年,补贴规模扩大到3亿元,补贴面积增加到3000万亩,继续在原有8省区实施。2008年,国务院决定将补贴规模扩大到20亿元,补贴面积2亿亩,占全国玉米播种面积(4.3亿亩)的46.5%,补贴区域扩大到玉米种植面积1000万亩的省份,包括河北、山西、内蒙古、辽宁、吉林、黑龙江、安徽、山东、河南、四川、贵州、云南、陕西13个省区。从2009年起,补贴范围扩大到全国31个省(市、区),对生产中使用玉米良种的农民给予补贴,补贴标准为10元/亩。

(4)大豆良种补贴。2002年设立,补贴区域为东三省和内蒙古,补贴标准为10元/亩,补贴品种主要为高油大豆(高油大豆是指含油率21%以上、蛋白质含量不低于38%,主要用于榨油的大豆)。2002年安排1亿元,补贴面积1000万亩。2003年补贴规模增加到2亿元,补贴面积2000万亩。2008年年初,国务院决定将补贴规模扩大到4亿元,补贴面积增加到4000万亩,占全国大豆播种面积(1.29亿亩)的31%。从2009年开始,在辽宁、吉林、黑龙江、内蒙古4个省(区)实行良种补贴全覆盖,对生产中使用大豆良种的农民(含农场职工)给予补贴,补贴标准仍为10元/亩。

(5)棉花良种补贴。2007年设立,补贴区域为黄淮海地区、长江流域、新疆三大棉花主产区,补贴省份为河北、山东、河南、江苏、安徽、湖南、湖北、新疆8个省区;补贴规模5亿元,补贴面积3333万亩,补贴标准为15元/亩。从2009年起,棉花在全国31个省(区、市)实行良种补贴全覆盖,补贴标准为15元/亩。

(6)油菜良种补贴。2007年设立,补贴区域为长江流域油菜优势区,包括江苏、浙江、安徽、江西、湖北、湖南、重庆、四川、贵州、云南省(市)以及河南的信阳地区;补贴面积1亿亩,补贴标准10元/亩。2010年,油菜良种补贴在上述地区以及陕西汉中、安康地区实行全覆盖,补贴标准为10元/亩。

(7)青稞良种补贴。2010年设立,在四川、云南、西藏、甘肃、青海等省(区)的藏区实行全覆盖,对生产中使用农作物良种的农民(含农场职工)给予补贴,补贴标准为10元/亩。

2. 良种补贴政策的实施

良种补贴政策的实施一般由省农业厅牵头,省农业技术推广总站为项目技术依托单位,负责项目的落实;省种子站负责良种的质量监督。在供种环节则由省级农业主管部门负责,采用招标方式,确定供种企业。根据当地实际情况,良种补贴款可以采取补贴供种单位,由其按照合同供种量向农民提供优惠价格良种的形式,也可以按照实际补贴面积将良种补贴款直接发到农户。

(三)农机购置补贴政策

农机购置补贴政策是指国家对农民个人、农场职工、农机专业户和直接从事农业生产的农机作业服务组织在购置和更新大型农机具时给予一定的补贴。农机购置补贴政策的目的在于鼓励和支持农业生产者使用先进适用的农业机械,加快推进农业机械化进程,提高农业综合生产能力,促进农业增产增效、农民节本增收。

1. 补贴规模

2004年,中央财政设立了农业机械购置补贴专项资金,到2007年补贴资金已经增加到20亿元,实施范围也由2004年的66个县扩大到1716个县(场)。2008年,中央财政进一步加大农机购置补贴的支持力度,安排补贴资金40亿元,比2007年增长了一倍,将全部农业县纳入补贴范围。2009年,农业机械购置补贴覆盖全国所有农牧业县,中央财政安排补贴资金130亿元,比2008年增加了90亿元。2010年,要求补贴资金向粮棉油种植大县等适当倾斜。

2. 补贴标准

2004—2005年,补贴率不超过机具价格的30%,且单机补贴额不超过3万元。2006年,在南方血吸虫重灾区县实施"以机代牛"时,将该地区的补贴比例提高到不超过机具价格的50%。2007年将单机补贴限额提高到不超过5万元。2008年将大型拖拉和青贮机械的补贴限额提高到8万元,将新疆大型采棉机的补贴限额提高到20万元。从2009年开始,各省(区、市)和兵团可以根据地方农业及农业机械化发展需要,对本地重点推广的机具品种,在使用中央财政补贴资金的基础上,利用地方财政资金给予适当累加补贴。是否实行累加补贴,累加补贴的补贴率和补贴额度等由地方自行确定。但必须对目录内所有同一类别的产品实行统一的补贴政策,不允许对省内外企业生产的同类产品实行差别对待。一户农民年度内享受补贴的购机数量原则上不超过1套(4台),即1台主机和与其匹配的3台作业机具;直接从事植保工作的植保作业服务队年度内享受补贴购置植保机械的数量原则上不超过10台套;一个生鲜乳收购站年度内享受补贴的购机数量不超过1套(3台),即1台挤奶机、1个储奶(冷藏)罐、1个运输奶罐;一户农民(渔民)年度内补贴购置增氧机、投饵机、清淤机的数量分别不超过6台、6台和1台。

3. 农机购置补贴政策的实施

根据农业部办公厅、财政部办公厅印发的《2010年农业机械购置补贴实施指导意见》的规定,农业部根据全国农业发展需要和国家产业政策确定补贴机具种类范围;各省(区、市)结合本地实际情况,确定具体补贴机具范围。各农机生产企业根据各省(区、市)确定的补贴机具范围,提出补贴产品机型,省级农机主管部门汇总并进行分类分档,确定具体补贴额,形成补贴产品目录向社会发布并报农业部备案。补贴机具经销商应具备资质条件并由农机生产企业自主提出,报省级农机主管部门统一公布,供农民自主选择。农机主管部门和生产企业应加强对补贴产品经销商的监督管理。农民可以在省域内跨县自主购机。农民在购机时只需交纳扣除补贴金额后的差价款就可以提货。供货方出具购机发票,由省级农机主管部门统一与供货方结算。在申请补贴人数超过计划指标时,补贴对象的优选条件是:农民专业合作组织;农机大户、种粮大户;乳品生产企业参股经营的生鲜乳收购站、奶农专业合作社、奶畜养殖场所办生鲜乳收购站;列入农业部科技入户工程中的科技示范户。同时,对报废更新农业机械、购置主机并同时购置配套农具的要优先补贴。申请人员的条件相同或不易认定时,按照公平公正公开的原则,采取农民易于接受的方式确定。

(四)农资综合直接补贴政策

农资综合直接补贴是指政府对农民购买农业生产资料(包括化肥、柴油、农膜、农药等)实行的一种直接补贴制度。其目的在于通过农资综合直补及其他各种补贴政策,来保证农民种粮收益的相对稳定,鼓励农民发展粮食生产,保证国家粮食安全。

1. 补贴方式及标准

农资综合直接补贴的补贴方式和补贴标准因各省实际情况而存在明显差异。综合各省的情况来看,主要存在以下四种补贴方式。

(1)以第二轮土地承包面积作为农资综合直补资金计算和发放的依据,第二轮土地承包尚未完成的地区,以及尚未实行土地承包的国有农场,以原计税面积为依据进行补贴(如辽宁省)。根据《辽宁省2007年农资综合直补工作的实施意见》,2007年全省农资综合直补资金规模为100193万元。省对市核定的农资综合直补资金规模包括两部分:一是存量规模,保持上年水平不变;二是增量规模,按可供分配的增量资金和第二轮土地承包面积及国有农场耕地面积,按照统一标准核定各市增量规模。市对所属各县(市、区)农资综合直补规模的核定,原则上参照省对市的办法进行。县到户的补贴核算方式按照各县(市、区)的补贴总规模,根据公示面积以县(市、区)为单位计算统一的补贴标准,对种粮农民发放。

(2)按原计税面积进行补贴(如河南省)。2009年河南省全省农资综合直补资金规模为63.25亿元,按原计税的9489万亩进行分配,补贴标准为66.7元/亩;2010年补贴标准上升为每亩82元。

(3)按实际种植面积为依据进行补贴(如北京市、江西、江苏等省)。根据《关于2010年北京市粮食直补和农资综合补贴的意见》的规定,2010年北京市坚持农资综合补贴标准按照化肥、柴油等农资价格上涨变动进行动态调整,只增不减。对本市农户及农场在耕地内种植的小麦、玉米实施农资综合补贴政策,补贴标准均为每亩45元。江西省2010年农资综合补贴总额3.40亿元,以省农业厅、省财政厅联合审核确认的2009年早中晚稻实际种植面积736.7万亩为基数,补贴标准为每亩46.2元。江苏省水稻综合补贴面积与粮食直接补贴面积一致,均按照实际种植面积对水稻进行补贴,2010年补贴标准为每亩69元。

(4)综合考虑种植面积、生产技术等因素进行补贴(如安徽等省)。根据安徽省《2010年对种粮农民农资综合直补工作方案》要求,2010年安徽省农资综合直补面积必须以2009年水稻、小麦实际播种面积和2009年度水稻良种示范户播种面积为依据。2010年的补贴标准为50元/亩,对水稻良种良法示范户示范面积部分,补贴标准须比一般农户每亩高10元。农户之间转包耕地的,按照合同约定的补贴对象发放补贴。

2. 资金来源及补贴发放方式

农资综合直接补贴资金全部由中央财政预算安排,纳入粮食风险基金专户管理。中央财政对各省、直辖市的资金分配时从存量和增量两个角度进行考虑。各地存量资金分配原则上稳定不变;增量资金分配,原则上主要考虑各省(区、市)粮食播种面积、产量、商品量等因素分配到省(区、市),并适当考虑地区农资价格差异等因素,补贴资金分配向粮食主产省(区)倾斜。

补贴资金分解落实到每个农户后,每个农户的补贴依据、标准和补贴数额必须张榜公示,群众无异议后,发放补贴通知书。通过中国农民补贴网,采取"一卡通"或"一折通"的形式,将补贴资金一次性全部直接兑付到农户。

(五)粮食直接补贴政策

在2004年之后,我国政府新出台的几项农业政策中,粮食直接补贴政策是最具影响力的政策之一。我国粮食直接补贴政策的出台背景主要有以下三个:一是为提高农民的种粮积极性,二是为提高补贴效率,三是为符合WTO规则的需要。我国粮食直接补贴政策2002年在安徽、吉林两地试点,2003年在全国13个粮食主产省(区)实行,从2004年中央一号文件出台后在全国实行。

1. 补贴方式及标准

粮食直接补贴政策的补贴方式和补贴标准因各省实际情况不同而存在明显差异,综合各省的情况来看,目前主要有以下四种补贴方式。

(1)按原计税面积对农民进行粮食直接补贴(如安徽、黑龙江等省)。根据2010年3月《中共安徽省委、安徽省人民政府发出〈致全省广大农民朋友的一封信〉》的规定,2010年安徽省粮食直接补贴以原计税面积为依据,对农民发放粮食直接补贴,每亩补贴最低不少于10元;对种植小麦、稻谷的耕地面积达到100亩及以上的种粮大户,每亩增加10元,即补贴标准为20元/亩;小麦高产攻关和水稻产业提升行动核心示范区农户,每亩增加10元良种良法配套补贴,即为20元/亩;玉米振兴计划核心示范区农户,每亩增加8元良种良法配套补贴,即补贴标准为18元/亩。该种补贴方式原则上属于不挂钩补贴。

(2)按实际种植面积对农民进行直接补贴(如北京市、江苏、山东、广东、江西、湖南、河北等省)。根据《关于2010年北京市粮食直补和农资综合补贴的意见》的规定,2010年北京市对该市农户及农场在耕地内种植的小麦、玉米继续实施粮食直补政策。补贴标准为小麦为70元/亩,玉米为32元/亩。江苏省2010年粮食直接补贴的对象为水稻,补贴标准为每亩20元。江西省原来发放粮食直补资金是以原计税面积为依据,计税面积以外的不补,虽然争议少,易操作,但会造成部分农户种了粮却得不到补贴,挫伤实际种粮农民的积极性。2009年,江西省将早中晚稻粮食直接补贴改为按上一年度农户水稻实际种植面积补,补贴标准为11.8元/亩。该种补贴为挂钩补贴。

(3)按第二轮土地承包面积对农民进行直接补贴(如辽宁省)。《辽宁省2007年对种粮农民直接补贴的实施意见》规定,以第二轮土地承包面积作为对农户粮食直补资金的计算、发放依据;第二轮土地承包尚未完成的地区,以及尚未实行土地承包的国有农场,以原计税面积为依据;各县要按照全县粮食直补资金总规模和第二轮土地承包面积,计算全县统一亩均补贴标准(不得低于6.7元/亩),并在补贴发放开始前在全县公布。该种补贴方式属于不挂钩补贴。

(4)按农户向国有粮食收购企业交售的商品粮数量进行补贴(如福建省)。根据福建省财政厅《粮食直接补贴政策》规定,福建省从2004年起实施储备订单粮食直接补贴政策。储备订单粮食直接补贴标准:2008年以前,储备订单粮食在市场收购价的基础上,给予每50公斤5元的直接补贴;2009年,省级储备订单粮食在市场收购价的基础上,给予每50公斤10元的直接补贴;市、县(区)储备订单粮食补贴标准由当地政府自行确定。该种方式补贴属于挂钩补贴。

2. 补贴资金支付方式

粮食直接补贴补资金的兑付方式,主要实行"一卡通"或"一折通"的方式,向农户发放储蓄存折或储蓄卡。具体兑现方式,由省级人民政府根据当地实际,结合农民意愿自行确定。直补资金的兑付要做到公开、公平、公正,每个农户的补贴面积、补贴标准、补贴金额等要张榜公示,接受群众监督,公示时间由当地政府根据具体情况确定。地方各级财政部门要加强对粮食直补资金的监管,确保直补资金及时兑付到种粮农民手中,禁止集体代领。

第三节 对外贸易政策

各国农产品对外贸易政策均表现出鼓励出口、限制进口的特征,这是由其所要实现的政策目标决定的。这些政策目标主要包括:保护本国生产者,解决国内过剩问题,换取外汇,稳定国内市场,既利用国际市场来平抑国内市场的波动,同时又避免遭受国际市场波动的不利影响。下面介绍几种主要的农产品对外贸易政策措施。

一、进口关税

对进口农产品征收关税,是一种使用最为广泛的外贸政策措施。按关税计征方式的不同,进口关税可分为从量关税、从值关税、调节关税和差价关税(撇油关税)。

(一)从量关税

从量关税是指对进口的农产品按单位实物量计征关税,税额只与实物多少有关与价格高低无关。

我们借助图4.9来说明对某种农产品进口征收从量关税时的作用效果。国内市场中来自国外的供给曲线 S_w 由于征收从量关税而向上移动至 S_w',移动的垂直距离为单位产品所缴纳的固定关税额 z。相应地总供给曲线 S_t 也向上移动至 S_t'。总供给曲线与需求曲线 D 的交点 E 向左上方移至 E'。市场均衡价格从 p 升至 p',同时均衡数量从 q 减少为 q'。

这时国内生产者获得较高的市场价格 p',其供给量从 q_d 增加至 q_d',增加幅度取决于国内供给价格弹性的大小,国内供给的价格弹性越大,增加的幅度就越大。

来自国外的供给这时在国内市场上虽然也取得了较高的市场价格 p',但其供给数量却由 q_w 减少至 q_w',降低幅度取决于国外供给价格弹性的大小,国外供给的价格弹性越大,来自国外供给量降低的幅度就越大。

由此我们可以看出：对进口农产品征收从量关税能够提高该种农产品的自给水平和农民生产该种农产品的收入。对提高某种农产品自给水平而言，如果国内需求的价格弹性越大，来自国内和国外的供给价格弹性越大，则征收从量关税的作用效果就越大。当然，要想通过用对某种农产品的进口征收从量关税的办法来提高国内农产品整体的自给水平，还必须满足这样一个前提条件，即该种农产品国内生产的增加不是以减少那些同样需要进口的农产品生产为代价。

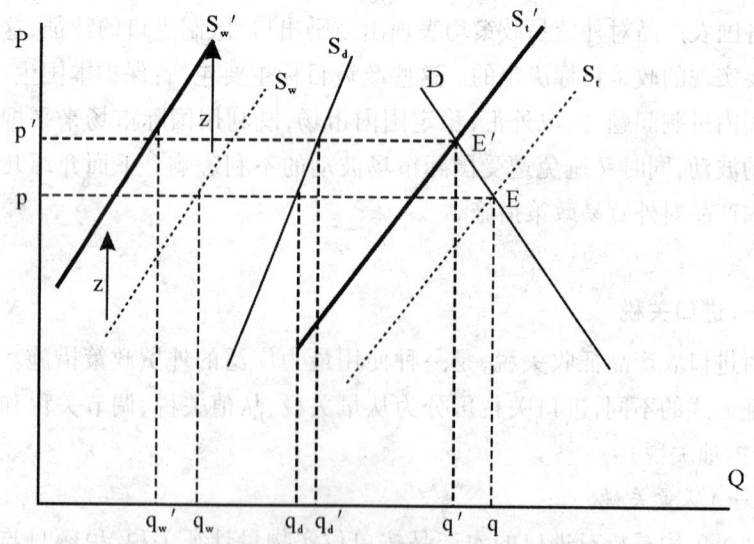

图4.9　对某种农产品进口征收从量关税的作用效果

对增加农民生产某种农产品的收入而言，如果来自国外供给的价格弹性越大，而国内供给和需求的价格弹性越小，则征收从量关税的作用效果就越大。由于几乎所有主要的国内能生产出的农产品按单项看，其长期供给均不是缺乏弹性的，所以国内农民收入无法通过对单一农产品进口征收关税而获得明显提高。只有当对所有可在国内生产出来的农产品及其替代品的进口全部征收关税，而农产品价格水平是在国内生产结构没有发生改变的情况下总体提高时，征收关税才会对增加国内农民收入具有显著影响。

（二）从值关税

从值关税是指对进口农产品按到岸价格进行征税，关税为到岸价格的一个固定百分比。这时，农产品的到岸价格越高，则每单位农产品缴纳的绝对关税额也就越多。

与征收从量关税时的情形相似(图4.9),征收从值关税也使来自国外的供给曲线 S_w 向上移动。不过在征收从量关税时,供给曲线 S_w 上各点向上移动的距离相同,即新的供给曲线 S_w' 平行于 S_w;而在征收从值关税时,供给曲线 S_w 上各点向上移动的距离是不同的,价格越高的点,向上移动的距离越大。征收从值关税的作用效果与征收从量关税的作用效果一样,也可提高农产品的自给水平和农民收入。

(三)调节关税

如果在征税时实行的是这样的办法:农产品的到岸价格越低,对其单位产品所征收的绝对关税额就越高;反之,农产品的到岸价格越高,对其单位产品征收的绝对关税额就越低,这种关税就称为调节关税。这时与征收从量关税和从值关税类似,新的国外供给曲线也向上移动,并且曲线上的各点向上移动的距离也不相同,但是与征收从值关税的情况相反,价格越低的点向上移动的距离越大,价格越高的点向上移动的距离越小。在实际执行中调节关税既可以表现为一种按价格高低分档、税率递减的从值关税,也可以表现为一种按价格高低分档,税额递减的从量关税。对进口农产品征收调节关税的作用效果与征收从量关税和从值关税一样,即能够提高农产品的自给水平和农民收入。

(四)差价关税(撇油关税)

差价关税或称撇油关税,曾经是欧盟农产品对外贸易政策中最重要的贸易保护措施。其原理是:政府规定一个"门槛价格",其通常高于国际市场价格,对进口产品按这个门槛价格与世界市场价格之差征收关税。这样做的目的是使得进口产品不可能以低于门槛价格的价格进入国内市场。差价关税(撇油关税)可以视为调节关税的一种特殊情况,即当世界市场价格越高,对进口农产品所征税额越低,反之则越高。

差价关税的作用效果可用图4.10来说明。在该图中,S_w 为来自国外的供给曲线,S_d 为国内的供给曲线,二者之和为总供给曲线 S_t。如果不征收差价关税,则均衡价格 p 与均衡数量 q 由总供给曲线 S_t 与需求曲线 D 的交点 E 所确定。p_z 是国内市场的目标价格。如果对进口农产品征收关税,并且征收的关税额为目标价格(p_z)与当时世界价格(以到岸价格计)之差,即差价关税,则进口农产品不可能以低于目标价格的水平在国内市场上出售。这时新的来自国外的供给曲线 S_w' 由两部分组成:前一部分为一水平线,其高度与目标价格相等,后一部分与原供给曲线 S_w 重合。新的总供给曲线 S_t' 由三部分组成:在市场价格低于目标价格时,与国内供给曲线 S_d 重合;在市场价格等于目标价格时为一水平线,其高度与目标价格相等;在市场价格高于目标价格时,与原总供给曲线 S_w 重合。新的总供给曲线 S_t' 与需求曲线 D 的交点 E′位于 S_t' 的水平线区间内。由图我们可以看出,对进口农产品征收差价关税有以下几个方面的作用效果:

(1)提高国内农产品的自给水平。在征收差价关税后,均衡数量由 q 减少到 q′,而同时国内供给量由 q_d 增加到 q_d',因而国内农产品的自给率提高了,并且当国内供给与需求的价格弹性越大,征收差价关税对提高国内自给水平的作用效果就越大。

(2)提高农民收入。在征收差价关税后,均衡价格由 p 提高到 p′,同时国内供给量由 q_d 增加到 q_d',因而农民收入增加,并且当国内供给与需求的价格弹性越小时,征收差价关税对提高农民收入的作用效果就越大。

(3)稳定价格。在图 4.10 中,如果 S_d 向左移动(如在歉收时)或向右移动(如在丰收时),则价格弹性无穷大的来自国外的供给就会相应地自动增加或减少,从而使国内市场的价格保持不变。同样,如果需求曲线 D 向左移动(需求减少)或向右移动(需求增加),则国内市场价格也会保持不变。这样国内供给与需求的波动就被转移到国外市场上去了。这时的价格保持在目标价格水平上。只有当 S_d 向右移动或 D 向左移动而使新的供给曲线 S_t' 与需求曲线 D 的交点 E′位于 S_t' 的第一部分(与 S_d 重合的部分)时,国内市场价格 p′才低于目标价格 P_z。

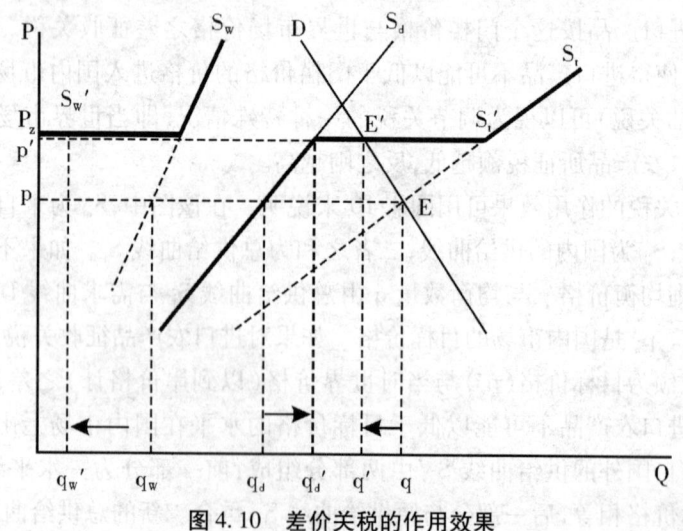

图 4.10 差价关税的作用效果

实施差价关税政策,要满足以下几个前提条件:

一是所定国内市场的目标价格应高于国际市场价格,并且必须低于 S_d 与 D 的交点。只有这样才能有进口及差价关税的存在。

二是国外市场必须很大。这样国内市场上的供给与需求的波动在转移到国外市场上去之后,就不会对国外市场发生太大的影响。

三是产品标准等级的到岸价格必须较易确定。因为只有这样,差价关税才比较容易确定。

二、进口限额

进口限额是指一国政府在一定时期内,对于某种农产品的进口数量进行直接限制。进口限额是一种非常重要的非关税壁垒措施。这种措施的作用原理与效果如图 4.11 所示。

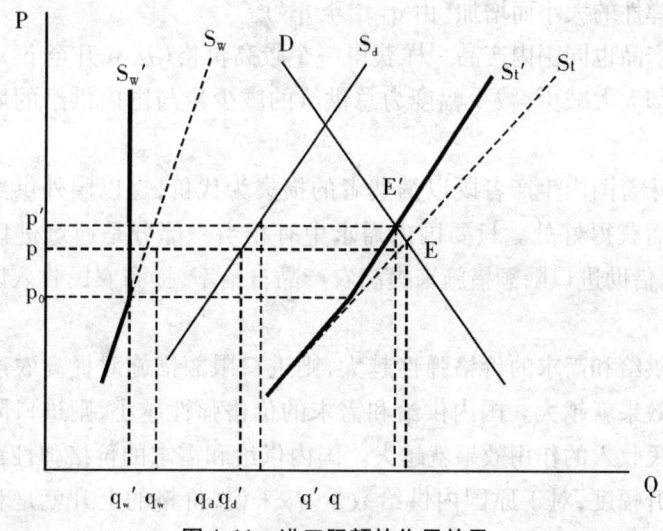

图 4.11 进口限额的作用效果

在图 4.11 中,S_d 为国内供给曲线,S_w 为国外供给曲线,二者之和为总供给曲线 S_t。总供给曲线 S_t 与需求曲线 D 的交点 E 确定均衡价格 p 与均衡数量 q。均衡数量 q 为来自国内的供给数量 q_d 与来自国外的供给数量 q_w 之和。

如果将进口数量限定为 q_w',则当市场价格高于 p_0 时,来自国外的供给对价格完全无弹性。新的供给曲线 S_w' 由两部分组成,在 p_0 之下与原供给曲线 S_w 重合,在 p_0 之上为一垂直线。总供给曲线也因此而发生了变化,其中 p_0 之上变得更陡一些,与国内供给曲线 S_d 平行。新的总供给曲线 S_t' 与需求曲线 D 的交点为 E',其位于 E 的左上方。新的均衡价格 p' 高于原均衡价格 p,而新的均衡数量 q' 小于原均衡数量 q。均衡价格与均衡数量各自的变化程度如何,取决于需求价格弹性与国内供给价格弹性。需求价格弹性越大,价格升高的幅度就越小,均衡数量减少的幅度就越大。国内供给价格弹性越大,价格升高的幅度就越小,均衡数量的减少的幅度就越小。

在对进口实行限额,且限额低于原均衡时的进口数量 q_w 的情况下,不同市场参加者所受到的影响如下:

消费者必须支付较高的价格(由 p 变至 p'),而消费数量却相应于需求价格弹性的大小而减少(由 q 减至 q')。

国内供给者获得较高的价格(由 p 升至 p'),并且供给数量相应于国内供给价格弹性的大小而增加(由 q_d 增至 q_d')。

进口产品也同国内产品一样获得一个较高价格(从 p 升至 p'),但是其进口数量却大大减少,减少幅度为总供给的减少量与国内供给的增加量之和。

这意味着国内生产者既以消费者的损失为代价,也以国外供给者的损失为代价而获得好处。只要国内需求中有相当一部分是通过进口来满足的,就可以借助进口限额措施来提高农产品自给率,提高农民收入以及稳定价格。

国内供给和需求的价格弹性越大,则进口限额措施对提高农产品自给率的作用效果就越大。国内供给和需求的价格弹性越小,则进口限额措施对提高农民收入的作用效果就越大。国内供给和需求的价格弹性都影响到价格的上升幅度,对于原国内供给数量 q_d 来说,价格的上升就是利润的上升;而对于国内生产者所增加的销售数量来说,其收益中仅有一部分是利润,即扣除成本之后的部分。

这里必须指出,同其他有关措施的作用效果一样,进口限额能够使实施该措施的农产品的进口减少,但并不一定意味着国内农产品总自给率或农民总收入的显著增加。这些措施往往仅具有这样的作用效果,即使得国内生产结构发生改变,其他农产品的生产减少,而实施这类措施农产品的生产增加;进口结构则发生相反的改变,即实施这类措施的农产品的进口减少,而其他农产品的进口增加。就进口限额措施而言，只有当对所有国内可以生产的农产品及其替代品均实行进口限额，从而使总的农产品生产水平在不改变原各单项农产品比例关系的情况下获得提高时，国内农产品总自给水平和农民总收入才有可能获得显著增加。

如果想借助进口限额措施来稳定国内市场价格，只有根据需求与国内供给的变化不断调整进口限额数量才有可能做到这一点。这就必须不断地预测出目标价格水平上的需求量与国内供给量，以便预先确定出所需要的进口数量。这种预测难免发生错误，尤其是在缺乏可靠统计资料的情况下。所以从理论上讲，进口限额措施有稳定价格的作用效果，但在实际上操作难度很大。

同其他贸易保护措施相比，进口限额措施的缺陷较为明显。第一，对国际贸易关系损害较为突出。进口限额措施会使得国外供给者觉得受到了十分专横的对待，尤其是当限额的数量经常变化不定时就更是如此。第二，限额的实行，会形成一种超额利润，谁具有额度，谁就拥有了获取这种超额利润的机会。在这种情况下，无论是限额的享受者还是限额的分配者，都存在着营私舞弊的危险。

三、技术与管理方面的限制措施

技术与管理方面的限制是贸易保护主义所实行的"非关税壁垒"中非常重要的一类措施，主要包括技术标准规定、卫生检疫规定以及商品包装和标签规定。随着各国争夺世界市场斗争的激化，不少国家往往以保护消费者健康、保护环境等为借口，广泛采用复杂的技术标准、卫生检疫及商品包装和标签规定。这些规定十分复杂，有的还十分不合理，而且还经常变化，以致使出口国难以很快适应，从而达到其限制进口的目的。

在技术标准方面，不少国家对许多农产品的技术安全标准的要求越来越严，进口农产品必须符合规定极为严格的技术标准，才能进口，否则不能进口。例如，为阻止美国食品的进口，法国禁止含葡萄糖果汁食品的进口。在卫生检疫方面，要求进行卫生检疫的商品越来越多，且卫生检疫的规定也越来越严。例如，美国规定，其他国家或地区输入美国的食品、饮料、药品及化妆品，必须符合美国的"联邦食品、药品及化妆品法"的规定。在商品包装和标签方面，不少国家对于在国内市场上销售的商品，规定了许多有关包装和标签的条例,而且这些条例或规定不断在变化。这就使国外农产品一时难以适应而不能进口,或不得不重新包装和更换标签,从而增加成本,削弱进口产品的竞争力。如日本禁止用聚氯乙烯的塑料包装食品。

四、出口补贴

实行出口补贴的目的在于鼓励出口,以消除国内农产品过剩或者换取外汇。一般是当国内市场价格高于国际市场价格时所采取的措施。

出口补贴可以表现为三种形式:①出口差价补贴。按国内市场的平均价格与世界市场平均价格之差额进行补贴。如欧盟原来对谷物所实行的出口补贴就属于这种类型。②退还增值税。增值税是许多国家的重要税种之一,其征收的对象是新增的价值。实行退还增值税措施时,出口的产品将享受退税待遇,退税后的出口产品,其离岸价格就低于国内市场价格了,差额为退税额,也相当于补贴额。③统包补贴。这是我国在外贸体制改革之前所采取过的方法,即对外贸部门的亏损实行全额补贴。这里衡量外贸企业出口活动经济效益的一个常用的指标是换汇率,其含义为:

换汇率 = 离岸价格(外币单位)/全部成本(本币单位) = 1:X

X 值越小,经济效益越高,反之就越低。当 X 值大于汇率时,就出现亏损。

五、出口关税

一般来说,"奖出限入"是各国农产品对外贸易的基本特征。但在某些情况下,一些国家也采取限制出口的政策。出口关税则是限制出口的最重要的政策手段之一。出口关税措施是指对出口的农产品征收关税。具体可以选择的方法与进口关税相同,即可以采取从值关税、从量关税、调节关税或差价关税等不同方法。

出口关税措施一般很少采用,如采用,则其目的一般是通过限制出口来避免国内市场的大幅度波动,防止国内市场价格的大幅度暴涨,或者是为了保护某种国内稀缺资源。

这方面有一个实例:1972—1973 年期间,由于石油危机使得世界谷物市场的价格暴涨,大大超过欧共体的内部价格水平,欧共体为了稳定内部市场价格,对出口农产品按世界市场价格与内部市场价格之差征收了出口差价关税,从而限制了谷物的出口,保证了内部市场的稳定。这种出口差价关税的原理与进口差价关税相似,只是作用方向相反。

第四节 市场结构政策

一、市场管制措施

市场管制措施可分为垄断措施和反垄断措施。

(一) 垄断措施

垄断是一种市场行为,是指某一个或几个市场参与者通过控制大部分市场份额的办法,直接左右、控制市场价格的高低,从而获取超额利润。垄断地位与垄断行为是既有联系又有区别的两个概念。垄断地位是指市场份额大到足以控制价格,有了实行垄断的前提和可能性,而垄断行为则是这种可能性的实现。垄断行为意味着低效率,但垄断地位并不一定意味着低效率。例如,大规模的农产品加工企业会由于规模经济应具有较高的效率,成本会较低。这时,如果大规模的具有垄断地位的企业不表现出垄断行为,则会大大有利于生产者和消费者。

垄断措施是指政府为了特定的目的,对某一或某些农产品实行垄断经营,只有某些指定的国营商业部门才有权对这些农产品实行收购、批发和零售,禁止其他部门和个人参与经营。垄断措施一般是计划经济国家中所采取的措施。实行垄断经营的一般目标为:体现国民经济的计划特征;有效地控制(冻结)价格;较为平均地分配稀缺产品或资源。我国以前实行过的对粮食、棉花和油料的统购统销政策就是国家垄断经营的一个实例。实行垄断经营可能产生的副作用是:由于缺乏竞争,经营部门的效率很低;供求关系的变化不能得到及时的反映,供给可能在数量上和质量上不能适应需求的发展,从而导致供求在数量上和质量上的不平衡。

(二) 反垄断措施

反垄断措施是市场管制措施的另一极,是市场经济国家普遍采用的措施。其具体的实现手段是制定和执行反垄断法,一般表现为限制大企业的合并,使得任一个企业在市场上的份额都不超过某一百分比,并且禁止几个少数市场份额较大的企业(公开地或秘密地)联合议定价格。反垄断法通用于各个产业部门,在农业方面并没有专门的反垄断法。

在农产品市场上,单个生产者和最终消费者都由于规模太小而不可能形成垄断。可能形成垄断地位的只有经营部门。经营部门的垄断,可能给生产者和消费者带来损失。这种损失包括两部分:一部分是由营销部门的超额利润所造成的;另一部分是由于营销部门缺乏竞争而导致经营效率低所引起的。

市场规模(空间跨度和交易量)大小不同,形成垄断的难易程度也不同。在经济发达地区,市场规模较大,形成垄断也不易;在经济不发达地区,市场规模较小,从而垄断的形成也较易。在交通不发达的情况下,每一个集市都可能是一个经济学上的独立市场。在这种狭小的市场上,很容易形成程度不等的垄断现象。农产品市场总体上大规模垄断不易形成(国家垄断除外),但是地区性、局部性的垄断却随时可能发生。例如,在我国城乡农贸市场上,就有一些较突出的例子。对这些情况,往往无法直接运用宏观的反垄断法,这时制订出一些微观的市场管理规定,来制止"欺行霸市"行为,就显得十分重要。

二、发展农业合作

在农产品运销中,只有当各个运销环节中均有充分竞争,并且前后相连的运销环节之间市场地位大致平等时,这个运销系统才是有效率的,才是理想的。但在实践中,由于农产品生产者和消费者的数量庞大,而其规模却很小,因而一般无法与营销者相抗衡,这就可能会导致营销部门的垄断,而营销部门的垄断会给生产者和消费者带来利润损失。为了解决这个问题,世界各国都从发展农业合作出发,即国家通过一系列优惠政策来鼓励和支持生产者成立供销合作社,消费者成立消费者合作社,使生产者与消费者组织起来,扩大经营规模,从而提高农产品生产者和消费者的市场地位与谈判能力,使其能够同农产品与农用品的营销部门相竞争,以提高整个农产品营销系统的效率。

三、提高市场透明度措施

市场透明度是指市场活动参加者对市场行情,即对供求数量、质量和价格的了解程度,也可理解为市场行情对各类市场参与者的明了程度。市场透明度是市场参加者的属性而不是市场的属性,同一市场对不同市场参加者的市场透明度可能是很不相同的,谁掌握的市场信息越多,谁的市场透明度就越高。

市场透明度包括数量透明度、质量透明度和价格透明度三个方面。数量透明度是指市场参与者对供求数量的了解程度。它主要包括以下几个方面的信息:①被考察产品的供求数量;②替代产品的供求数量;③其他地区的供求数量;④贮藏方面的信息;⑤未来供求数量的变化。

质量透明度是指市场参加者对产品质量的了解程度。它主要包括以下几个方面的信息:①产品的等级;②基础质量标准之上再加上重要质量因素的偏差;③商标。

价格透明度是指市场参加者对产品价格的了解程度。它主要包括以下几个方面的信息:①最低进口价格;②干预价格(支持价格);③生产者价格;④批发市场价格;⑤消费者价格;⑥生产资料价格。对以上所有价格种类还要了解质量差价、季节差价和地区差价方面的信息。

对某一农产品市场来说,为了获得充分的市场透明度所需要掌握的信息量,取决于该农产品质量等级及替代品种类的多少、运输可行性及其经济合理性和可储藏性。农产品的替代产品种类和质量等级越多,可运输性越强、可储藏性越大,则需要掌握的信息量也就越大。

在市场经济条件下,较好的市场透明度对生产者、营销者、消费者以及国家行政管理机关都有很重要的意义。对生产者来说,一个较好的市场透明度是利润最大化的重要前提条件;对消费者来说,一个好的市场透明度是使消费者的需求得到最充分满足的必要条件;对营销者来说,一个好的市场透明度是赢利极大化的重要条件。如果没有一个较好的市场透明度,国家对市场的有效干预就是不可能的。

提高市场透明度的措施主要有以下几个方面:

1. 质量分等分级标准化

按统一的标准对农产品的质量等级进行划分,是改善市场透明度的主要措施之一。原因有:①只有统一分等分级标准,才有可能对同种农产品的价格进行比较;②价格通报一般不可能包括所有等级而只可能通报标准等级的价格;③质量分等分级标准化浓缩了信息量,从而大大地方便了信息的传递和商品的交易活动。例如,只要知道了一批冬小麦的等级为三等,则就可以知道其一系列质量特征,包括水分含量、容量、不完善粒比重以及杂质含量等。

2. 产品标识与广告规范化

随着经济的发展,越来越多的农产品经加工和半加工后以包装品的形式与消费者见面,消费者已经不能再凭借自己的感官直接判断出农产品的质量状况。因此,政府对各种农产品的包装需做出统一规定,使得消费者从包装的文字说明上便可以获知产品的各种质量特征。这些规定包括:①必须在包装上说明所含成分;②必须说明各种成分的百分比;③必须注明各种食品的营养成分及含量;④必须注明商品的等级;⑤对于易腐食品,必须按统一标准,注明有效期(可食用期)等。此外,还需对广告实行严格管理。例如,规定只有当某种有益成分的含量超过一定的百分比之后,才可在广告中提及。严禁广告给消费者带来虚假信息。

3. 举办有组织的市场活动

集市活动是一种最古老的改善市场透明度的方式。这种市场活动的组织方式是:按照事先规定的时间和地点,大量想要进行交易的买方和卖方来到一起,卖方带着其所要出售的产品,所有市场参加者均可以通过亲眼巡视和彼此攀谈的方法,对市场上的供求数量和质量等情况获得清晰的了解。

政府在这种市场活动中所采取的措施主要包括:提供场地,进行秩序与卫生管理;提供技术服务,如设置公平秤等;收集和提供信息;协助交易活动,如组织产品拍卖等。在现代社会中,这种有组织的市场活动已经变得形式多样了,不仅可以表现为现货市场,也可以表现为期货市场,在这种市场上,政府的职能也更广泛一些,包括一系列市场的组织与管理。

4. 市场行情通报

进行定期的市场行情通报,对改善市场透明度有着十分重要的意义。生产规模越大,市场空间半径越大,交通运输越发达,市场行情通报的意义也就越大。时间间隔越短,市场通报的价值就越大。完整的市场行情通报,应当既包含价格情况,又包含交易数量情况,既包含加权平均价格和数量,又包含最高和最低价格及其对应的交易数量。

5. 市场研究与预测

市场研究与预测所要解决的是未来的市场透明度问题。市场预测包括对生产和供给数量的预测、对消费者需求的预测以及在此基础上对价格的预测三个方面。实际上,每一个市场参加者,都无不进行着市场的研究和预测,只是所使用的方法和规模不同而已。政府采取措施对市场进行研究和预测,不仅可以为市场参加者提供信息,改善其市场透明度,而且对改善政府本身的市场透明度也有重要意义,使政府可以及时采用相应的政策手段来调控市场。

四、改善市场基础设施

市场基础设施是指为市场活动服务的各种物质技术装备条件。随着经济的发展,对市场基础设施的要求也越来越高。为了提高农产品的营销效率,必须对市场基础设施中一些薄弱的环节进行改善。而这些设施的改进和提高,往往需要较大额度的投资,有时可能会超过一个企业的承受能力,在这种情况下,就需要政府资助。

政府在提供这种资助时,常常引起市场竞争状况的变化。例如,政府的资助只提供给生产者合作社,则会加强生产者的市场地位;如果只提供给已经占据垄断地位的国营部门,则会进一步加强这种垄断地位;如果只是提供给个体经营者(如改善其市场设施),则会加强个体经营者的市场地位。

我国农业市场基础设施较差,改善市场基础设施是一项长期任务。目前一方面要加强市场设施建设,另一方面要提高现有设施的利用率。

关键词

市场与价格政策 限价政策 支持价格政策 限量政策 补贴政策 进口关税 差价关税 进口限额 出口补贴 出口关税 市场结构政策 市场透明度

思考题

1. 农产品市场与价格政策具体包括的政策措施有哪些?
2. 支持价格政策的目的、作用原理和作用效果是什么?
3. 食品消费补贴的类型有哪些?
4. 2004年后我国新出台的主要农业政策措施有哪些?其主要内容是什么?
5. 市场结构政策的具体政策措施有哪些?
6. 如何提高农产品市场的透明度?

第五章　农业结构政策

结构是指组成事物的各种要素及其相互之间的关系。任何一个事物都有其内部结构,同时又在更大的范围内是其所从属事物的组成部分。事物的结构在很大程度上决定事物的属性,随着事物结构的变化,事物的属性也在发生着变化。自然物质是这样,社会经济现象也是如此。当人们需要理想中的物质或事物时,改变其组成要素及其相互关系是非常重要的方法。

农业结构是指农业生产过程中形成的地区、产业(产品)、经营规模等的构成及其比例。农业是国民经济的基础产业部门,也是国民经济的重要组成部分。因此,农业本身有其特殊的结构,并且随着农业和国民经济的发展而变化。同时,农业在整个国民经济结构体系中处于特殊的位置,一方面受国民经济结构变化的影响,另一方面又影响着国民经济结构的发展变化。

农业总是表现在一定的空间范围内进行,一国的农业是世界农业的组成部分,一方面受世界农业结构体系影响,同时又影响世界农业结构的变化,特别是像中国、美国这样巨大的国家。一国农业本身也具有一定的区域分布性,区域的差异性形成了一国农业的空间结构。除空间结构之外,还有农林牧渔的结构和农业经营规模结构等。农业结构是多层次的,主要考虑以下三方面,即农业区域结构、农业部门结构和农业经营规模结构。本章对这三类农业结构政策目标、手段进行详细讲解,在每节最后,联系我国农业政策实际,对正在执行的农业结构政策的背景、目标以及政策措施加以介绍。

第一节　农业区域结构政策

一、区域的概念及区域经济理论

(一)区域的概念

区域最早是地理学上的一个概念,后来逐步地引用到了政治学、行政学、社会学和经济学中。《简明不列颠百科全书》中区域的定义是:"区域是指内聚力的地区。根据一定标准,区域本身具有同质性,并以同样标准而与相邻诸地区诸区域相区别。区域是一种学术概念,是通过选择与特定问题相关的特征并排除不相关的特征而划定的"。由此可以看出,区域具有一系列的特征。首先,区域具有空间性。不论从那一学科的角度出发,区域总是表现为一定的地理单元;其次,区域具有同质性。区域在自然、社会、经济、文化等方面都具有同质性;最后,区域具有相对性。任何区域都不是绝对的,都不可能具体地找到边界(除非人为地规定其边界)。区域的范围不是固定不变的,而是根据社会经济的发展而变化的。

区域与地区、地带是有区别的。区域是一个界限比较模糊的具有自然经济含义的概念。而地区则是一个边界比较清楚的、具有行政定义的概念。当然,地区的划分在很大程度上要考虑到自然经济区域的状况。但地区的划分还要考虑行政管理的方便以及历史习惯等方面的因素。地带是一个特殊的技术名词,更多的是以某一社会经济现象为标准从边缘区分割出来的线状空间,它具有很大的具体性、单一性,不像区域那样具有很大的复合性或交叉性。

现实生活中有各种各样的区域。一般常见的有自然区域、行政区域和经济区域三大类型。经济区域是根据经济状况在空间上的分布差异性而划分出来的。一般可根据经济特征划分为各种不同类型的经济区域,如发达经济区域、落后经济区域,东北经济区域、西南经济区域等。就农业领域来说,人们可以根据农业的自然条件、生产特征、经济水平等划分为各种不同的农业区域。农业区域是经济区域的子系统。对区域的划分是为了更好地在空间上认识经济或农业,从而为政府制定经济或农业在空间上的发展政策服务。

(二)区域经济理论

长期以来,人们对区域经济进行了深入的研究,逐步形成了一系列区域经济理论。概括起来讲,主要有区位理论、地域分工理论和区域发展理论。

1. 区位理论

区位理论是关于人类社会经济活动的空间及其空间中相互关系的学说。德国著名学者屠能的《孤立国对于农业及国民经济的关系》1826年问世,标志着区位理论的诞生;德国科学家韦伯的《工业区位论》的发表(1909年),标志着经典区位理论的建立。后经克里斯塔勒、廖什以及第二次世界大战后伊萨德等人的努力,现已形成了比较完整的理论体系。区位理论为区域发展以及国土开发与整修、城乡建设的研究与规划提供了科学的方法论基础。区位理论的主要内容包括农业区位论、工业区位论、中心地理论(城市区位论)和市场区位论几个方面。农业区位论是研究农业生产类型随着农业区位变化的特点和规律的理论。德国农业经济学家屠能是该理论的创始人,他的"孤立国"原理,即"屠能圈"理论(图5.1)最具有代表性。这一理论对农业集约经营及农业布局的实践都有重大的指导作用。

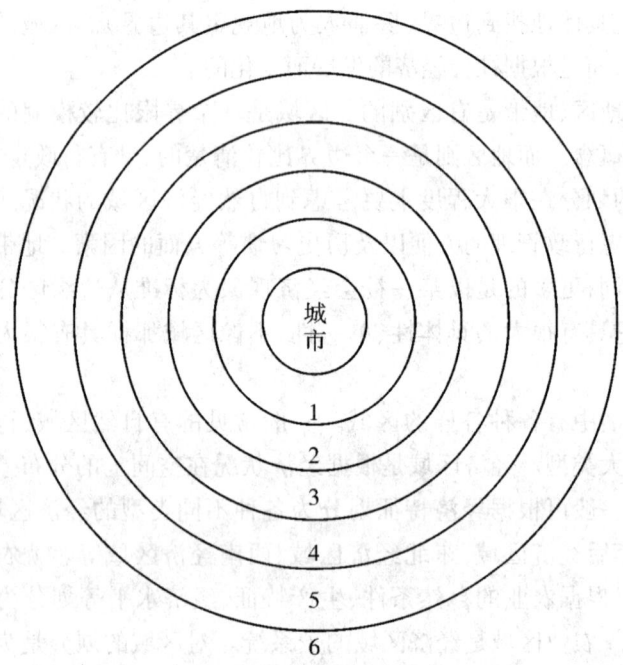

1. 蔬菜 2. 薪炭林 3. 乳牛 4. 谷类
5. 放牧牲畜 6. 灌木林——未开垦的地区

图5.1　屠能的农业土地利用圈

工业区位论是研究工业企业区位选择原理和方法的理论。德国科学家韦伯是此理论的奠基者,韦伯认为,工业的地区分布应遵循"生产费用最小,节约费用最大"的原则。区位因子(指对工业定点和生产起到有利作用的因素)决定生产场所。区位因子可分为一般区位因子和特殊区位因子。一般区位因子主要指运费、劳动力费用和聚集力;特殊区位因子则根据特定工业部门来确定。韦伯的理论和方法对工业布局非常具有指导意义。

中心地理论是关于一定区域(国家)内城市等级、规模、职能及其空间结构的理论,亦简称城市的"等级——规模"理论。德国地理学家克里斯塔勒是该理论的创始人,他于1933年发表了著名的《德国南部的中心地》一书,首次从城市或中心居民点的供应、行政、管理、交通等主要职能的角度,论述了城市居民点与地域体系,后人概括为"中心地理论"或"城市区位论"。该理论较为深刻地揭示了城市、中心居民点发展的区域基础及等级规模的空间关系,为区域规划和城市规划提供了重要的方法理论依据。市场区位论是关于市场区位的一种理论。德国学者廖什1940年发表了他的名作《区位经济学》,成为市场区位理论的创始人。

2. 地域分工理论

地域分工理论是区域经济理论的重要组成部分。人类社会生产力发展的历史进程清楚地表明,随着生产力的发展,社会分工越来越细,分工的加深又反过来进一步促进生产力的发展。劳动地域分工是社会分工在地域空间上的反映,它的发展必然形成区域生产的专业化,而区域生产的专业化是劳动地域分工的集中体现。劳动地域分工是以区域间大规模商品交换为前提的,而它反过来又促进区域间商品生产和商品交换的进一步发展。劳动地域分工的实现要求区域间组成一个开放的系统,加强协作和横向经济联系。地域分工理论首先应是亚当·斯密的"绝对利益论";其次是大卫·李嘉图的"比较利益论";再次是俄林的"价格差异学说";最后是苏联著名经济地理学家巴朗斯基的"地理分工论"。这些经典理论解释了区域分工及区域贸易的根本原因,对指导区域分工协作以及国际分工和贸易具有理论和实践意义。

3. 区域发展理论

区域发展理论是内容广泛的区域经济理论的重要分支。一般认为现代区域发展理论的主要创始人是缪尔达尔和赫尔希曼。他们的代表作分别是《经济理论和不发达地区》(1957年)、《经济发展战略》(1958年)。现代区域发展理论的主要内容有:区域经济增长模型、不平衡区域发展理论、内源式乡村发展理论、区域发展阶段理论等。区域经济增长模型中首推"哈罗德——多马模型",其模型表述为 $G = S/K$,其中 G 为经济增长率,S 为积累率,K 为边际资本产出率;其次是"出口基地模型",该模型认为"出口基地的成功是影响区域经济增长的决定因素";再次是"要素输出模型"。不平衡区域发展理论是针对早期发展理论中的平衡发展理论提出来的。这一理论被各国政府用来作为区域经济发展的主要政策工具。该理论主要包括区域差异理论、增长极理论和梯度推移理论。内源式乡村发展理论认为必须使外围区域（农村或发展中国家等）与核心区域（城市或发达国家等）脱离联系，建立自力更生的经济体系，选择自下而上的发展战略，避免穷者愈穷、富者越富的"马太效应"现象。区域发展阶段理论是对区域发展动态过程中产业结构和空间结构演变规律的总结。主要内容有：胡佛和费希尔的区域发展阶段理论，他们在1949年发表的《区域经济增长研究》中指出一个区域发展一般要经过自给自足、乡村工业崛起、农业生产结构变迁、工业化、服务业输出五个阶段。罗斯托的经济成长阶段理论认为：一个社会的成长一般要经历传统社会、为起飞创造前提、起飞、向成熟推进、高额群众消费、追求生活质量六个阶段。弗里德曼的空间演化阶段模型认为空间经济发展过程可分为相对稳定、工业化、中心点、一体化四个阶段。

二、中国的农业区域划分

(一) 行政区域

从大区来看，习惯上把全国划分为东北、华北、西北、西南、华中、华东、华南7个大的区域。并且曾经有大区的行政建制。

我国目前有34个省市区（包括台湾省、香港特区和澳门特区）。2010年年底全国有333个地级建制，其中有283个地级市（不包括台湾省、香港特区、澳门特区，下同）；有2856个县级单位，其中有370个县级市；有镇19410个，街道办事处6923个，村民委员会681715个。

(二) 经济区域

我国经济区域有多种划分方法。首先是两分法，即把全国以600毫米等雨线为标准划分为东南和西北两大块；其次是四分法，即在综合考虑发展的基本条件与潜力、现有生产力发展水平、地理位置特点，适当考虑现行行政区划的完整性，把全国划分为东、中、西和东北四大经济地带（表5.1）；再次是六分法，即东北经济区、黄河流域经济区、长江流域经济区、南方经济区、新疆区、西藏区。另外还有七分法，即东南黄金海岸区、长江大流域、陇海兰新大铁路经济带、黄河流域经济带、环渤海经济区、东北区、西南区。

表5.1 2010年中国四大经济地带基本情况

地区	省市区	面积(万平方公里)	面积占全国的比例(%)	人口(万人)	人口占全国的比例(%)	国内生产总值(亿元)	国内生产总值占全国的比例(%)
东部	北京、天津、河北、山东、江苏、上海、浙江、福建、广东、海南、(香港特区、台湾省不计在内)	91.6	9.55	50663.7	37.98	232030.7	53.09
中部	山西、河南、安徽、湖北、湖南、江西	102.8	10.70	35696.6	26.76	86109.4	19.70
西部	陕西、甘肃、宁夏、青海、西藏、云南、贵州、新疆、四川、重庆、内蒙古、广西	686.7	71.54	36069.3	27.04	81408.5	18.63
东北	黑龙江、吉林、辽宁	78.8	8.21	10954.9	8.21	37493.5	8.58

资料来源 中华人民共和国国家统计局:《中国统计年鉴(2011)》,中国统计出版社,2011年。

(三)农业区域

根据区域划分的理论和方法,中国曾进行过四次全国性的农业区划。20世纪50年代中期,我国曾把农业区域划分为16个农业区和8个农业经济区;80年代初划分为10个农业区及38个二级区(表5.2)。2006年,我国按照自然资源条件、产业基础以及发展潜力,将农业区域又分成优势开发区、重点开发区、适度开发区三类区域(表5.3)。优势开发区依靠自身自然条件好、生产规模大、区位优势明显、产业化基础强的优势,做大做强优势农产品产业带,使之成为我国农产品主要生产基地,带动农业整体素质提高和生产布局优化。重点开发区立足区域资源潜力,通过改善生产条件、缓解制约因素,提高农业综合生产能力和农产品竞争力,使之成为我国农产品生产的战略基地。适度开发区针对区域内农业生态脆弱、易毁难复和农村经济发展相对滞后的特点,在充分考虑国家和区域生态安全,确保不破坏自然生态的前提下,立足当地优势资源,适度发展畜牧业和特色农业,努力改善生产条件,转变生产方式,提高当地农业和农村经济发展水平。

表5.2 20世纪80年代初期的中国农业区域划分

一级区	二级区
Ⅰ东北区	Ⅰ1. 兴安岭林农区 Ⅰ2. 松嫩三江平原农业区 Ⅰ3. 长白山地林农区 Ⅰ4. 辽宁平原丘陵农林区
Ⅱ内蒙古及长城沿线区	Ⅱ1. 内蒙古北部牧区 Ⅱ2. 内蒙古中南部牧农区 Ⅱ3. 长城沿线农林牧区
Ⅲ黄淮海区	Ⅲ1. 燕山太行山山麓平原农业区 Ⅲ2. 冀鲁豫低洼平原农业区 Ⅲ3. 黄淮平原农业区 Ⅲ4. 山东丘陵农牧区
Ⅳ黄土高原区	Ⅳ1. 晋东豫西丘陵山地农林牧区 Ⅳ2. 汾渭谷地农业区 Ⅳ3. 晋陕甘黄土丘陵沟谷牧林农区 Ⅳ4. 陇中青东丘陵农牧区
Ⅴ长江中下游区	Ⅴ1. 长江下游平原丘陵农林立产区 Ⅴ2. 豫鄂皖平原山地农林区 Ⅴ3. 长江中游平原农业水产区 Ⅴ4. 江南丘陵山地林农区 Ⅴ5. 浙闽丘陵山地农林区 Ⅴ6. 南岭丘陵山地林农区
Ⅵ西南区	Ⅵ1. 秦岭大巴山林农区 Ⅵ2. 四川盆地农林区 Ⅵ3. 川鄂湘黔边境山地林农区 Ⅵ4. 黔桂高原山地农林牧区 Ⅵ5. 川滇高原山地农林牧区
Ⅶ华南区	Ⅶ1. 闽南中农林水产区 Ⅶ2. 西湘南农林区 Ⅶ3. 滇南农林区 Ⅶ4. 琼雷及南海诸岛农林区 Ⅶ5. 台湾农林区
Ⅷ甘新区	Ⅷ1. 蒙宁甘农牧区 Ⅷ2. 北疆农牧林区 Ⅷ3. 南疆农牧区

续表

一级区	二级区
Ⅸ青藏区	Ⅸ1. 藏南农牧区 Ⅸ2. 川藏林农牧区 Ⅸ3. 青甘牧农区 Ⅸ4. 青藏高寒牧区
Ⅹ海洋水产区	

资料来源:《农业区划》,农业出版社,1992年10月。

表5.3 第十一个五年规划中的中国农业区域划分

一级区域	二级区域
优势开发区	水稻、小麦、玉米、大豆、棉花、甘蔗、苹果、柑橘、肉牛、肉羊、奶牛、生猪和出口水产品等13种优势农产品的41个优势区域
重点开发区	新疆北部地区 东北中低产田地区 黄淮海旱作地区 华南热作地区 海峡西岸地区 南方草山草坡地区
适度开发区	农牧交错区 青藏高原区 黄土高原区 西南岩溶区 西北荒漠化地区 东北湿地区

2011年,在《全国农业和农村经济发展第十二个五年规划》中,我国又提出了加快构建以东北平原、黄淮海平原、长江流域、汾渭平原、河套灌区、华南、甘肃新疆农产品主产区为主体,以基本农田为基础,以其他农业地区为重要组成的"七区二十三带"农业战略格局。其中,在东北平原农产品主产区,建设优质水稻、专用玉米、大豆和畜产品产业带;在黄淮海平原农产品主产区,建设优质专用小麦、优质棉花、专用玉米、大豆和畜产品产业带;在长江流域农产品主产区,建设优质水稻、优质专用小麦、优质棉花、油菜、畜产品和水产品产业带;在汾渭平原农产品主产区,建设优质专用小麦和专用玉米产业带;在河套灌区农产品主产区,建设优质专用小麦产业带;在华南农产品主产区,建设优质水稻、甘蔗和水产品产业带;在甘肃新疆农产品主产区,建设优质专用小麦和优质棉花产业带。在重点建设好农产品主产区的

同时,积极支持其他农业地区和其他优势特色农产品的发展。

三、农业区域结构政策目标

一国政府农业区域结构政策的目标是多样的,主要包括以下几个目标:

1. 保证本国农业处在世界农业结构体系中的合理位置,或者说在本国农业参与世界农业贸易过程中处于有利地位

世界经济逐步走向一体化,每一个国家的农业都程度不同地加入了世界农业体系之中,并且这种世界农业一体化的趋势正在进一步加强。政府首先要把本国的食物安全放在首要地位,因为食物安全问题不仅是一个农业问题或经济问题,更重要的是一个政治问题和社会问题。然后要根据世界农产品需求状况、本国农业生产的条件以及自身的农业生产优势进行生产。每一个国家的生产优势都是相对的,并且不可能永远不变。中国是一个人多地少的国家,我国在保证粮食等重要食物基本自给的前提下,要积极参与世界农业的分工协作。对中国来说,集中生产劳动密集型的农产品是有利的。特别是在中国加入WTO后,这种结构的调整是必然的。总之,发挥本国优势,参与世界农业分工协作,获取尽可能多的农业利益是政府农业结构政策的基本目标。

2. 充分发挥国内各区域的优势,促进农业生产的区域专业化

自由贸易理论同样适用于国内各区域之间的关系。每个地区都有自己特定的农业生产条件和优势,如果能使每个区域都充分发挥自己的优势,进行区域专业化生产,那么就会提高整个农业生产水平和农业经济效益。

3. 追求区域之间的相互促进及协作,促进国内统一市场的不断完善

区域的专业化生产必然要求各区域之间相互协作,因此,建立和完善统一的国内市场是至关重要的事情。如果各区域之间的关系协调了,就表明全部农业生产处于充分合理的状态;如果有一个统一高效的国内市场,就表明农业生产要素、产品等在交易费用最低的条件下达到空间上和时间上的最佳配置。

4. 促进落后区域农业经济增长和发展,缩小地区之间的经济差别

农业经济及国民经济的发展在各区域之间表现出明显的差距,对那些竞争不力和自然条件较差的地区,政府必须给予扶持,促进其经济结构的调整,提高其经济增长的质量和速度,以保证落后地区的居民收入水平不是大

幅度低于其他地区。若任其自然发展下去,落后地区的人口将大规模迁移到发达地区,这从整个国民经济发展及社会稳定来说都是不利的。因此,促进落后地区农业及经济的发展,缩小各地区的差别是政府农业结构政策的一个重要目标。

5. 不断促进各区域结构的调整,以适应整个社会、经济和技术的发展变化

前面几点都是静态地考虑问题,实际中必须动态地、发展地考虑问题。每个区域内的结构及各区域之间的结构关系都是处在变化之中的,政府的职责是保证其合理的演变或发展,以适应整个社会、经济和技术的发展变化。

四、农业区域结构政策措施

从一般意义上来讲,政府农业区域结构政策有三种选择:一是自由发展政策。即政府不进行任何干预,任凭市场的力量来创造一种和谐的农业及社会经济空间分布。这是一种自由主义的发展政策。相信市场的力量,相信自然选择。二是政府完全干预政策。即政府利用经济、行政、法律等手段不断调整农业的空间分布。这是一种计划经济的发展战略,相信计划的作用,相信人定胜天。三是混合政策,即政府同时利用市场与计划两种手段,有目的地使农业区域结构朝着政府认为合理的方向发展。这是一种混合的政策措施。现实生活中,没有一个国家采取前两种极端的政策措施,几乎所有的国家都是采取混合的政策措施。实际中的区别仅在于混合的比例不同而已。

具体来讲,农业区域结构政策主要有以下几个方面:

1. 制订农业区域发展规划

政府首要的任务是做好整个国家农业的区域发展规划,即按一定的目标和标准把整个农业分布划分成若干个区域,以便政府能够针对不同区域的特点,确定不同的发展目标,采取不同的政策措施。第二次世界大战后,西方发达国家都先后进行了大规模的农业区域规划,在农业区域发展规划的基础上有目的地采取政策措施。中国也作过多种发展规划,比如粮食发展规划,在全国范围内选择若干个商品粮基地,从而为政府支持这些区域发展粮食生产,以便解决中国的粮食问题打下良好的基础。

2. 扶持农业商品基地

在一个国家中总是存在一些特定的区域,它们的生产条件及技术、经济环境都比较优越,政府可以确定这样的区域为重点扶持基地,从而较大规模地增加农产品商品量。同时,这样做可以发挥规模经济的优势,获得较高的经济效益。商品基地可以是粮食商品基地、棉花商品基地、生猪商品基地;也可以是出口创汇基地,还可以是育种基地、新技术推广基地等。

3. 扶贫措施

由于历史及自然原因,总有一些地区处于严重的贫困状态。政府一般都会制订一些标准,来划分一些贫困地区。中国就有国家级贫困县的提法。这些地区的农业及其他方面都严重地处于落后状态,如果政府不予以支持和干预,这些地区的人们很难维持文明社会的基本生活,资源环境会不断地恶化。因此,政府一般都必须在财政、税收、投资、科技引进等方面给予倾斜,对他们予以扶持,以便能消除贫困,逐步走向可持续发展的道路。

4. 政府直接投资

政府可以直接对某一地区进行大规模的投资,以改变该地区的农业生产状况。政府的投资一般都是农业的基础设施投资,如土壤改良、水利设施、交通条件等。一般明显盈利的投资应由民间来进行,除非是政府已预测到很有发展潜力,而民间又很难有投资能力的情况下,政府可以给予投资,以启动该地区的农业发展。政府的投资一般以项目的形式出现,这样可以加强管理,提高效益。为了鼓励地方和民间的投资,政府可以按比例投资,也就是说,如果地方投资不到位,政府将不予投资。

5. 其他政策手段

为了调整农业区域结构,还有许多其他手段可使用。如税收手段,对需要扶持的区域给予税收优惠;信贷手段,对需要支持的地区给予优惠贷款,包括一些国际金融机构的优惠贷款项目;行政手段,调整不同区域的行政规划,建立"特区",制定禁止区域之间人为封锁的规则,协调区域之间经济合作的关系等。

五、我国的农业区域结构政策

(一)我国现行农业区域结构政策的出台背景

我国农业发展进入新阶段,农产品供求关系发生了重大变化,农业的发展必须适应市场需求,调整生产结构,优化生产力布局。加入世界贸易组织,给我国农业带来了新的发展机遇,也使我国农业面临着前所未有的严峻挑战。进口农产品的增加对我国农业的冲击是不可低估的,同时我国农产品出口形势也不容乐观。如果不能抵御进口农产品的冲击,扩大农产品的出口,势必导致国内农产品的"卖难",影响农业发展、农民增收乃至国民经济发展的大局。要在国内、国际两个市场的激烈竞争中取得主动权,保持我国农业的稳定发展,最根本、最关键的措施就是要提高我国农业的国际竞争力。

我国是农业大国,农业资源和农产品丰富多样,农业市场具有多方面的优势,在国际竞争中的回旋余地较大。充分发挥比较优势,实施扶优扶强战略,重点培育优势农产品和优势产区,是尽快提高我国农业的国际竞争力和生产力水平、促进我国农业发展的重要战略措施。

实行农产品区域化和专业化生产,形成优势产区,是一些发达国家增强农业国际竞争力、扩大农产品出口的重要经验。如美国已经形成了有竞争力的专用小麦、专用玉米和柑橘产业带,法国形成了世界著名的酿酒葡萄优势产区。我国也应选择一些优势农产品,在一些最能发挥自然资源和社会经济优势的地区,进行集中生产,这样能够达到较高的生产水平,降低成本,在较短的时间内提高我国农业的国际竞争力。对于有效抵御国外农产品冲击、扩大农产品出口,在国际竞争中争取主动权具有重大的现实意义。

（二）我国农业区域结构调整的目标与基本原则

我国农业区域结构调整的目标是:构筑具有较强国际竞争力的农业产业体系,形成科学合理的农业生产力布局,提高农业的整体素质和效益,实现农民收入的持续稳定增长,加快优势产区农业现代化的步伐。

我国调整种植业区域布局的主要任务是:东部沿海地区和大中城市郊区,要适当调整种植结构,着重发展资金和技术密集、附加值高的经济作物和特色出口农产品生产,建设优质农产品出口基地,并率先实现农业现代化;中部地区要以改造中低产田为重点,增强农业综合生产能力,发挥粮食和经济作物的生产优势,建立优质高产高效的大型商品粮、加工专用粮、饲料粮和经济作物基地,发展粮食和饲料加工业;西部地区要以农业生态环境建设为中心,把过去迫于生存压力而过度开垦的荒坡地,有计划、有步骤地退耕还林还草还湖,发挥气候、品种多样性的优势,大力发展生态农业、旱作节水农业和特色农业。

我国调整畜牧业布局的主要任务是：引导东部地区和大城市郊区走规模化、集约化和产销一体化的路子，加快实现畜牧业养殖生产现代化；引导中西部地区实现养殖方式的突破，努力降低生产成本，提高生产效率和经济效益。

　　我国在进行农业区域结构调整的过程中要坚持以下六个原则：一要坚持以市场为导向的原则。即要考虑国内市场，更要着眼国际市场；既要瞄准现实需求，也要着眼潜在需求。二要坚持发挥比较优势的原则。综合考虑资源条件、生产基础、市场环境以及资金、技术等方面的因素，扬长避短，优先发展具有一定基础和竞争力的产品和产区，尽快形成规模优势。三要坚持产业整体开发的原则。发展优势农产品，要着眼于提高产业的竞争力，立足开发整个产业，打造名牌产品，构建优势产业群体，延伸产业链条，提高产业的整体素质和效益。四要坚持以质取胜的原则。适应市场竞争和消费水平提高的要求，大力优化品种和品质结构，提高优势农产品内在品质，进一步提高产品的分级、包装、储藏、保鲜和加工水平。五要坚持突出重点的原则。选择优势农产品要根据参与国际竞争的需要，扶优扶壮，不能面面俱到；选择优势产区要相对集中，优中选优，不能到处布点。六要坚持尊重农民意愿的原则。实行区域化布局，规模化生产，必须稳定家庭承包经营制度，切实尊重和保障农民的市场主体地位和生产经营自主权。

(三) 我国农业区域结构调整的政策措施

　　农业区域结构调整是一项长期的战略性任务，需要多方面的政策措施配合。为此，应该做好以下几方面工作：

　　第一，加速全国农产品统一市场的形成，促进地区比较优势发挥。进一步完善农产品流通体系，加速全国农产品统一市场的形成是推进农业和农村经济结构战略调整的制度保障。只有进一步加强粮食和其他农产品市场体系建设，促进农产品全国统一市场的形成，才能为充分利用地区比较优势增加农业生产、增加农民收入创造条件和提供可能。

　　第二，增加对优势农产品和优势产区建设投资。加大国家投资力度，调整投资结构，集中必要的资金，有针对性地扶持优势产区。要增加国家用于农业建设的投资总量，将《优势农产品区域布局规划》所提出的主要建设项目列入国家基本建设投资计划。另外，增加对交通运输、水利电讯等基础设施建设方面的投资。其中，建立农产品市场信息体系和农产品信息传送网络体系，并支持建立信息咨询服务机构，为农民提供市场信息服务尤其重要。

第三，实行对优势农产品和优势产区的财政扶持政策。各地区可以多方面采用财政政策引导和推进本区农业区域结构的调整。运用税收优惠政策引导农业生产者转向生产高收益同时具有较高风险的产品。通过信贷优惠政策，为积极进行生产调整、有好项目而又缺乏资金投入的农业生产经营单位提供信贷扶持。

第四，加大科技投入，加强农业科技推广和科技服务工作。农业科技关系到我国农业的长远发展，政府责无旁贷地应当承担起对农业科研的投资。可通过组织力量研究确定农业科研投入的增长并通过立法使其制度化。与此同时，农业科技的发展方向和战略也应当做重大调整，应更多地把降低农业生产成本、提高农产品效益、提高农民收入和农产品的品质为主要目标。

第二节　农业部门结构政策

一、农业部门结构的概念

农业部门结构是指农业内部各部门之间的比例关系。农业部门结构可用各部门产值、增加值、各部门产品的比例等指标来表示。植物产品生产与动物产品生产是农业的两大基本部门。农业部门结构是一个大的系统，系统是多层次的。为了使问题分析能够具体化，往往需要把子系统的结构也表示出来。各个国家情况及条件不同，农业部门结构的差异性也就很大。同一国家由于条件的变化，农业部门结构也会发生变化，农业部门结构是一个动态的系统。

表5.4是根据种植、林、牧、渔四业产值表述的中国农业部门结构。从表中可以看出，种植业所占比重较大，但在逐步下降；林业所占比重较低，变化不大；牧业所占比重在急剧增加；渔业比重总体也表现为增加趋势。这种结构的变化与近年来人们收入水平的提高对动物性食品需求量急剧增加密切相关。中国农业部门结构的这种变化趋势还将继续下去。

表5.4　中国种植、林、牧、渔业总产值及结构

年份	种植业		林业		牧业		渔业	
	亿元	%	亿元	%	亿元	%	亿元	%
1980	1454.1	75.63	81.4	4.23	354.2	18.42	32.9	1.71

续表

年份	种植业		林业		牧业		渔业	
	亿元	%	亿元	%	亿元	%	亿元	%
1985	2506.4	69.25	188.7	5.21	798.3	22.06	126.1	3.48
1990	4954.3	64.66	330.3	4.31	1967	25.67	410.6	5.36
1995	11885	58.43	709.9	3.49	6045	29.72	1701.3	8.36
2000	13873.6	55.68	936.5	3.76	7393.1	29.67	2712.6	10.89
2001	14462.8	55.24	938.8	3.59	7963.1	30.42	2815.0	10.75
2002	14931.5	54.51	1033.5	3.77	8454.6	30.87	2971.1	10.85
2003	14870.1	51.66	1239.9	4.31	9538.8	33.14	3137.6	10.90
2004	18138.4	51.46	1327.1	3.77	12173.8	34.54	3605.6	10.23
2005	19613.4	51.12	1425.5	3.72	13310.8	34.69	4016.1	10.47
2006	21522.3	54.92	1610.8	4.11	12083.9	30.84	3970.5	10.13
2007	24658.1	52.35	1861.6	3.95	16124.9	34.23	4457.5	9.46
2008	28044.2	50.09	2152.9	3.85	20583.6	36.77	5203.4	9.29
2009	30611.1	52.72	2359.4	4.06	19468.4	33.53	5626.4	9.69
2010	36941.1	55.31	2595.5	3.89	20825.7	31.18	6422.4	9.62

资料来源　中华人民共和国国家统计局:《中国统计年鉴》,中国统计出版社,历年。

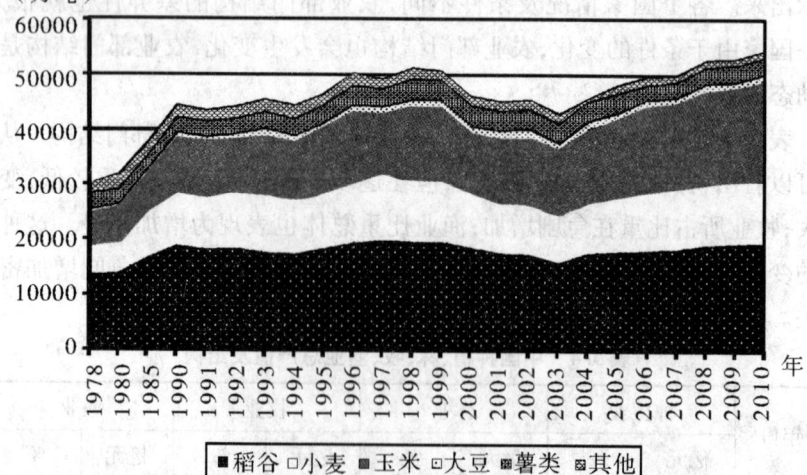

资料来源　中华人民共和国国家统计局:《中国统计年鉴》,中国统计出版社,历年。

图5.2　中国粮食产量结构

为了进一步分析农业部门结构,还可以在更低的层次上分析农业部门子系统的结构状况。图 5.2 是中国的粮食产量结构,表 5.5 是中国肉类产量结构。它们可以清楚地表明中国粮食产量结构和畜产品产量结构,这种结构是农业部门结构的重要组成部分,是农业部门结构政策手段作用的客观对象。

表 5.5 中国肉类产量及结构

年份	肉类总产量		猪肉		牛肉		羊肉		禽肉		兔肉		其他肉类	
	万吨	%	万吨	%	万吨	%	万吨	%	万吨	%	万吨	%	万吨	%
1985	1926.5	100	1654.7	85.89	46.7	2.42	59.3	3.08	160.2	8.32	5.6	0.29		
1990	2857.0	100	2281.1	79.84	125.6	4.40	106.8	3.74	322.9	11.30	9.6	0.34	11.0	0.39
1995	5260.1	100	3648.4	69.36	415.4	7.90	201.5	3.83	724.3	13.77	20.7	0.39	249.8	4.75
2000	6125.4	100	4031.1	65.81	532.8	8.70	274.0	4.47	1191.1	19.45	37.0	0.60	59.1	0.96
2001	6333.9	100	4184.5	66.07	548.8	8.66	292.7	4.62	1176.1	18.57	40.6	0.64	91.2	1.44
2002	6586.5	100	4326.6	65.69	584.6	8.88	316.7	4.81	1197.1	18.18	42.3	0.64	119.2	1.81
2003	6932.9	100	4518.6	65.18	630.4	9.09	357.2	5.15	1239.0	17.87	43.8	0.63	143.9	2.08
2004	6608.7	100	4341.0	65.69	560.4	8.48	332.9	5.04	1257.8	19.03	46.7	0.71	69.9	1.06
2005	6938.9	100	4555.3	65.65	568.1	8.19	350.1	5.04	1344.2	19.37	51.1	0.74	70.1	1.01
2006	7089.0	100	4650.5	65.60	576.7	8.13	363.8	5.13	1363.1	19.23	54.4	0.77	80.6	1.14
2007	6865.7	100	4287.8	62.45	613.4	8.93	382.6	5.57	1447.6	21.08	60.2	0.88	74.1	1.08
2008	7278.7	100	4620.5	63.48	613.2	8.42	380.3	5.23	1533.6	21.07	60.7	0.88	72.4	0.99
2009	7649.7	100	4890.8	63.93	635.5	8.31	389.4	5.09	1594.9	20.85	63.6	0.83	75.5	0.99
2010	7925.8	100	5071.2	63.98	653.1	8.24	398.9	5.03	1656.1	20.89	69.0	0.87	77.6	0.98

资料来源 中华人民共和国国家统计局:《中国统计年鉴》,中国统计出版社,历年。

二、农业部门结构政策的目标

政府农业部门结构政策的目标主要包括以下几个方面:

1. 根据农产品的消费需求状况提供充足优质的各种农产品

合理的农业部门结构应该与消费需求结构相一致。消费需求结构是一个广义的概念,它包括食用消费需求、非食用消费需求以及出口需求等。政府的目标是要经常地保持产品生产结构与消费需求结构相吻合,这样就可以保证市场上各种农产品趋于既不短缺,也不过剩。

2. 保证农业部门结构能充分合理地利用各种农业资源

农业资源包括自然资源和经济资源,自然资源包括土地资源、水利资源、气候资源和生物资源等;经济资源包括劳动力、资本、技术、各种基础设施等。充分利用是指各种农业资源都能正常地投入农业生产活动,合理的农业生产部门结构不应造成大量的农业资源浪费。合理利用一方面要求农业资源利用的经济效益要高,另一方面资源的利用要走可持续发展的道路,不能破坏资源。

3. 保证农业内部各部门相互促进、协调发展

植物生产部门内部和动物生产部门内部各品种生产相互之间都有一种竞争关系。多种植了粮食作物,经济作物的播种面就会下降;多饲养了生猪,其他畜种饲养量也许会减少。在这种关系条件下,保证各部门之间的最佳配置是非常重要的。农业生产经济学中的部门配置理论与方法在实际中是非常有用的。种植业和畜牧业之间有着传统的协调关系,植物产品多了,动物生产就有了保证,动植物生产之间总是可以相互促进的,但现代化的动物生产业已经打破了传统的农牧结合型的生产配置模式。在实际中要把握情况的变化,保证他们相互之间的协调发展。

三、农业部门结构政策措施

第一,价格政策。总体上来说要有一个合理的价格体系,包括工农产品比价、农产品内部比价,保证合理的价格比例关系,就可以保证产品结构及部门结构的基本合理。在部门结构处于不合理的情况下,政府可以采取相关措施把过剩产品的价格降低,提高短缺产品的价格,如把过剩产品的支持价格水平降低,提高短缺产品的支持价格水平。价格是非常重要的指挥棒,它可以在很大程度上调整农业部门生产结构。

第二,税收政策。对生产过热的品种课以重税;对生产经济效益较差,新型品种或政府拟以扶持的品种给予减税或免税,以刺激其发展。

第三,信贷政策。对重点扶持发展的生产部门给予信贷优惠,对拟限制的生产部门给予限制贷款。

第四,政府直接投资或补贴投资。对一些新型的发展速度较慢或民间难以承担的项目,政府可以给予直接投资或补贴投资。

第五,行政措施。主要是对一些过剩的产品或生产部门,或者严重影响环境的生产部门予以行政限制。

四、我国的农业部门结构政策

1978年以前,我国农业一直把解决温饱问题作为基本目标,其主要任务就是想尽办法提高农产品产量,特别是粮食产量。因此,农业生产结构比较单一,农业生产以种植业为主,种植业生产又以粮食为主。20世纪70年代末80年代初,我国农村开始实行一系列改革,其中最为重要的有两项:一是实行家庭承包经营责任制,二是大幅度提高农副产品收购价格。这两项改革措施极大地调动了广大农民的生产积极性,再加上优良品种的推广和化肥的大量使用,农产品产量大幅度增长,农业结构调整被提上议事日程。

自1978年以来,我国农业结构进行了三次大的调整。第一次农业结构调整发生在20世纪80年代中期,其背景是部分地区的个别农产品主要是早籼稻和棉花卖难。为缓解粮棉"卖难"问题,中央提出了"决不放松粮食生产,积极发展多种经营"的方针,同时改革农产品购销体制,给农民更多的生产经营自主权,鼓励发展多种经营。第二次农业结构调整发生在20世纪90年代初期,其主要背景是市场需求发生了变化,对优质农产品的需求量增加。为此,国务院于1992年做出了"发展高产、优质、高效农业"的决定,提出农业应当在重视产品数量的基础上,转向高产优质并重,提高经济效益,鼓励农民根据市场需求,发展高附加值农产品。第三次农业结构调整是目前正在进行的农业结构的战略性调整,是针对我国农业和农村经济发展进入新阶段的实际情况提出来的。主要任务是促进农业向提高质量、增加效益、满足国内外市场需求方向转化,促进农民收入增长,实现农业的可持续发展。

(一)我国新阶段农业部门结构调整政策出台的背景

经过30余年的改革和发展,我国农业已经进入了一个新的发展阶段。由于农业综合生产能力的提高,主要农产品供给由长期短缺变为总量基本平衡、丰年有余;由于农产品市场化程度的提高,农业的发展由受资源约束转变为受资源和市场双重约束;由于人民生活水平的提高,农业由解决温饱需要转向适应进入小康的要求;由于对外开放和城乡一体化进程的加快,农业和农村经济与国民经济乃至世界经济的关系更加密切。

农业发展进入新阶段不仅对农业结构进行战略性调整提出了新的要求，也为农业结构的战略性调整创造了新的条件和机遇。一是过去为解决温饱问题而主要追求产量增长的农业生产，现在可以在保持总量平衡的基础上突出质量和效益，向多样化、优质化方向发展，促进人民生活质量的提高；二是过去由于短缺而以提供初级农产品为主的农业，现在可以将更多的农产品用于发展畜牧业、水产业和各类加工业，更大规模地实现转化增值，使农业成为有活力的现代产业；三是过去迫于生存压力而过度开垦的土地，现在可以有计划、分步骤地实行退耕还林、还草、还湖，逐步恢复生态的良性循环，创造更加适合于人民生存与发展的自然环境，实现农业的可持续发展。

正是基于上述背景，2001年1月，中央召开农村工作会议，明确提出推进农业和农村经济结构战略性调整。这次结构调整不是一般的适应性调整，而是具有全局意义的战略性调整。它不仅要解决农民增收困难的问题，而且要立足于农业和农村经济的长远发展；不仅要着眼于农业和农村经济发展本身，而且要考虑国民经济发展全局。它是面向农业现代化、面向整个国民经济、面向世界农业的一次农业结构的深刻变革。

(二)我国农业部门结构调整政策的目标与任务

在当前和今后一个时期内，我国农业结构战略性调整的基本目标是：提高农产品质量和市场竞争力，提高农业效益，促进农民收入较快增长，加快农业现代化进程，实现农业的可持续发展。

围绕上述目标，我国农业结构战略性调整的主要任务是：

第一，全面提高农产品质量，优化农产品结构。种植业结构调整是这次农业结构战略性调整的重点之一，主要任务是调整作物结构和品种结构。逐步减少与市场需求不相适应的劣质滞销粮食作物播种面积，适当增加适应市场需求的价值高的优质粮食作物。加快发展优质棉，满足纺织业对多档次棉纤维的需求。增加蔬菜花色品种，发展无公害蔬菜。加强农产品生产和加工的环境监测，加强对农业投入品生产和使用的管理，大力发展无公害、绿色和有机食品，提高农产品的安全性。

第二，加快发展畜牧业，优化农业生产结构。适应市场需求，调整畜种畜群结构，逐步降低猪肉比重，扩大耗粮少、转化率高的畜禽生产，大力发展草食性动物，加快发展牛、羊生产，大力发展奶类和羊毛加工。改革养殖方式，提高生产效率。

第三,发展农产品加工业,促进农产品转化增值。发展农产品加工业,要以市场为导向,立足于现有生产能力的结构调整、技术改造和资产重组。农产品加工企业要向农产品主产区集中,鼓励主产区发挥资源优势,发展农产品初加工和精深加工,逐步使农产品从以销售初级农产品为主转向更多地生产加工品,把农业优势转换为经济优势。

(三)我国农业部门结构调整的政策措施

1. 进一步完善农产品价格形成机制,规范税费管理政策

进一步完善粮食等主要农产品主要由市场形成价格的机制,实行优质优价政策,进一步拉开品种、质量差价,实行合理的等级、季节、地区差价。促进生产者按照市场需要加快结构调整的步伐,改善粮食等主要农产品的质量和效益。进一步规范税费管理政策,坚决制止违反现行税收法规及国务院有关规定向农民乱收、摊派税费的现象。

2. 加强优质农产品商品基地建设和加工转化

加强优质、专用粮棉油生产基地、绿色食品生产基地、出口创汇基地建设。加大旱作节水农业示范基地、种植业和养殖业结构调整示范基地建设力度。以市场为导向,大力发展农产品加工业特别是精深加工业,提高农产品附加值,创造新的消费需求。

3. 加强农产品市场体系建设

通过进一步深化农产品流通体制改革,搞活农产品流通,解决好农产品生产与市场脱节、销售不畅的问题。统一规划,合理布局,完善配套设施,提高农产品市场体系建设和管理水平。规范批发市场,积极培育代理商、批发商等中介组织,改进交易方式,逐步向公开竞价拍卖、样品交易等方式过渡。努力开拓国际市场,进一步完善农产品出口政策,鼓励具有国际比较优势的农产品出口。

4. 加强信息体系建设

制订和实施农村经济信息体系建设与信息服务规划,加大信息基础设施建设力度。因地制宜,采取多种形式向农民及时传播有效的信息。加强信息预测、收集和发布工作;依托县以下农业部门和供销合作社及其他农民合作组织开展信息服务。

5. 加大资金投入

各级政府和有关部门要按照事权划分,加大对调整农业生产结构的投

入力度。国家各项农业建设资金,要调整投向和建设重点,积极扶持优质高产高效农产品生产和加工转化。加快农业利用外资的步伐。

第三节 农业经营规模结构政策

一、农业经营规模结构的概念

农业经营规模结构是指一国(或地区)所有农业经营单位在各种不同规模下的比例关系。世界大多数国家称为农场规模结构。一般来说,随着经济的发展,农业人口的减少,农业经营单位的规模必然扩大。随着技术进步和农业生产现代化水平的不断提高,从经济效益的角度来讲,也要求农场规模扩大,以获得规模经济效益。

中国的耕地基本上是按人口平均地分配到各户的,因此,同一地区内农户经营规模的差异实质就是家庭人口数量的不同。但是,中国地域辽阔,各地的人地比例关系有很大不同,因此,各地农户人均经营耕地规模的差异还是较大的(表5.6)。

表5.6 2010年中国各省农户人均耕地经营数量(亩)

地区	人均耕地面积	地区	人均耕地面积	地区	人均耕地面积
北京	0.53	安徽	1.87	重庆	1.19
天津	1.49	福建	0.88	四川	1.08
河北	1.98	江西	1.61	贵州	1.10
山西	2.43	山东	1.56	云南	1.50
内蒙古	9.65	河南	1.68	西藏	2.02
辽宁	3.50	湖北	1.69	陕西	1.94
吉林	7.75	湖南	1.25	甘肃	2.68
黑龙江	11.68	广东	0.65	青海	2.09
上海	0.28	广西	1.43	宁夏	4.75
江苏	1.12	海南	1.28	新疆	4.76
浙江	0.60			全国	2.28

资料来源 中华人民共和国国家统计局:《中国统计年鉴》,中国统计出版社,2011年。

由表5.6可以看出,农户人均耕地面积小于1亩的省份有5个;1—2亩的有16个;2—3亩的有4个;3—6亩的有3个;6亩以上的有3个。根据

2011年《中国统计年鉴》中的农村居民家庭基本情况数据,2010年农村居民家庭平均每户的常住人口为3.95人。按此计算,人均经营耕地面积最大的黑龙江省户均也仅有46.1亩,而人均经营耕地面积最少的上海市户均仅经营1.1亩,全国平均每个农户经营耕地面积为9.0亩。

二、农业经营规模结构政策的目标

农业经营规模结构政策的基本目标是:在技术既定的条件下,使农场经营规模达到经济效益最大化。根据投入产出的经济原理,总是从规模最小到规模最大的过渡规模中找到一个规模点,即在此规模条件下,农场的经济效益最高。政府的目的在于采取各种措施,使各种规模条件的农场尽可能靠近政府认为经济效益最大的规模水平。

另外,政府在考虑经营规模结构时,必须考虑生产力的水平、本国农业的基本环境、人口、耕地、自然条件、经济结构等多方面因素。一方面使规模达到最优,同时另一方面也要考虑其他社会经济的各个方面,如社会稳定等,也就是说在追求经济发展目标的同时,不能超越社会的承受力,不能造成较大的社会或环境问题。

总体而言,各国政府都是在追求农业经营规模的不断扩大。但确实也有例外,原东德的农场规模是比较大的,但过大的农场规模造成了一系列的社会经济问题。因此,在德国统一后,德国政府对东德的农场进行了改造,其中一个重要的改造内容就是把原来的大农场分解成若干个小农场,以提高经济效益。中国广大农村地区农业经营规模结构政策的目标应该是不断扩大规模,但对一些国营农场的改革也许正好相反。

三、农业经营规模结构政策措施

首先是土地制度改革。土地制度包括土地占有和土地使用两个方面。确定合理的土地制度是前提,世界上的土地制度基本上分为两大类,一类私有,一类公有(或国家所有)。实际上在土地基本私有的国家里公有的比重也是存在的。合理的土地制度可以促进土地的合理使用,土地使用方式直接影响着土地的利用效果。由于土地是一种自然资源,特别是一些丘陵、山区的土地,地块零碎是一个很普遍的现象。因此,政府必须采取各种措施,使土地经营规模逐步扩大。主要措施有,允许土地流转,鼓励农户之间进行土地交换。政府也可以利用各种大的工程项目活动,对周围的土地进行统一规划,然后在出售或转让给农户,以便使农户经营的规模能够扩大。欧盟各国从20世纪50年代就采取了"土地整理"的措施,鼓励农户交换零散的地块,但由于土地问题的复杂性,交换过程的补差比较难确定以及涉及一系列社会习惯等问题,这项措施的效果并不明显。日本、中国台湾省等地也试图扩大其经营规模,但由于各种原因,他们的经营规模不但没有扩大,甚至有缩小的现象。中国也存在着严重的规模偏小问题,政府也试图通过建立土流转机制来扩大经营规模,但也没有收到明显效果。

其次是补贴政策。政府可以设立一项基金,对一些大的农业经营规模予以补贴,需要强调的是,不是对所有的项目都补贴,而是对政府认为项目规模合理且在其他方面符合政府农业发展目标的项目予以补贴。补贴方式可以是直接补贴,也可以从发展银行中给予优惠贷款等方式。

再次是价格政策。多数发达国家对主要农产品都有价格支持政策。但具体操作时,有的国家不是对所有的农场都给予价格支持,而是只对达到一定规模的农场给予价格支持,这样对那些小农场来说,就享受不到支持价格政策,这样就可以刺激农户扩大生产规模。

四、我国的农业经营规模结构政策

20世纪70年代末期,我国开始了大规模的农村经济体制改革,家庭联产承包责任制在全国推行。虽然家庭联产承包责任制确实发挥了制度优势,对于我国农业经济的发展起到了巨大的促进作用。但不可否认的是,由此带来的农户土地经营规模过小、地块过于分散对农业生产率的提升和农民收入的增长具有较大的不利影响。同时,随着我国农村工业化和市场经济的不断发展,特别是随着农业劳动力向非农产业的不断转移,我国部分地区曾出现过不同程度的农地撂荒现象,导致了农村耕地资源的浪费。在这种情况下,各地积极探索农村土地使用权流转的模式,实行农地的规模经营,这对于提高资源配置效率和农地规模经营效率以及促进农村劳动力的转移都发挥了积极作用。

(一)我国农村土地使用权流转的形式

我国尝试农地规模经营首先是从沿海地区和大中城市郊区开始的,从20世纪80年代中期开始,农民就开始将农地使用权进行流转,使农地集中,实行规模经营。各地实行的农村土地使用权流转的形式主要有以下几种：

(1) 两田制。这种形式产生于1986年，以山东省平度县为代表。其基本做法是将农田分为口粮田和商品田，口粮田用于保证农民口粮之用，按人均分，商品田比较集中，一般采取公开发包或招标、租赁的形式，本村成员有优先承包权，无人揭标的向社会公开招标。

(2) 南海模式。以广州南海市为代表。其基本做法是土地以政府规定的征地价为依据折股或以政府规定的征地价和当地土地的纯收益加权平均计算的价格为依据折股，将原来农民承包的土地折价、折股，量化成等额股份，配置给农民占有，土地归集体统一规划、开发和使用。

(3) 反租倒包。村集体在征得农民同意的情况下，将土地集中，并付租费给农民，然后再将土地承包给专业户、农业公司等。

(4) 土地投资入股。农户以土地使用权作价入股，按照自愿原则，组成利益共享、风险共担的股份合作制农业企业，由企业统一经营农民的土地，农民既可按股分红，又可在企业工作，按劳取酬。

(5) 转包。主要是在同一个村内部的农户之间进行，且土地承包经营权保持不变。

(6) 互换。农户之间为方便耕作或各自需要，交换土地承包经营权。

(7) 出租。农户将土地承包经营权在一定期限内租赁给他人从事农业生产经营活动。

(8) 有偿转让。将土地承包经营权转让给其他农户，并与发包方变更原土地承包合同。

(二) 我国农村土地使用权流转中存在的问题

从全国各地的实际情况来看，我国农村土地使用权流转中存在的主要问题有以下几个方面：

第一，农地流转中强制现象仍然存在。农村土地使用权的流转属于市场行为，交易双方应遵守自愿互利的原则。但在实际工作中，有的地方基层组织急于推进土地流转，扩大经营规模，不尊重农民的农地承包权主体地位，工作过于简单、粗暴，用行政手段强迫农民出让土地使用权，强行流转。有的地方甚至截留、挪用农村土地流转收益，损害了农民的利益。在我国现行农村土地使用权的流转过程中，市场因素发挥的作用还不大。

第二，农地流转空间封闭及流转方式简单。目前农村土地使用权流转一般仅限于集体经济组织的内部成员，流向集体经济组织外部成员在有些地方要受到严格的限制,例如:必须要得到村民委员会多数成员的同意,才能流转。尽管我国已出现了多种形式的农村土地使用权流转方式,但在大多数地区,土地使用权的流转更多的是采用转包、互换等一些简单流转方式。

第三,农地流转中还存在着很多制约因素。首先,农村土地流转市场发育水平不高,流转中介组织不健全。农村土地流转基本上还是一种自发行为,这会造成农村土地流转价格的不确定和土地流转的操作程序不规范,农民往往得不到应有的土地流转收益,影响了农村土地使用权的流转。其次,农村社会保障体系还不完善,保障水平低。尽管近年来我国农村社会保障体系建设有了快速发展,但从整体来看,保障体系还有需要进一步完善的地方,同时保障水平较低,导致农村土地仍然承载着农民的社会保障功能,农民仍然将土地作为生活的最后保障。有些农民虽然已经长期在外务工,但是仍将土地看作是自己日后的退路,所以不愿进行流转,应付种田甚至撂荒的现象仍然存在。最后,农村土地地块零散、农村仍然存在着较多的剩余劳动力等,也是制约农村土地流转的重要因素。

(三)加快我国农村土地使用权流转的对策

综合考虑我国各方面的实际情况,我国农业经营规模结构政策的基本原则是:促进土地使用权的流转,实行适度规模经营。加快我国农村土地使用权流转的对策主要有以下几个:

第一,进一步完善和落实党的农村土地政策,切实保障农民的土地权益。在30年承包期内,无论农民是否从事农业生产,或是否仍以农业为生,除非主动放弃土地的承包权,否则任何组织或个人都不得通过任何手段迫使农民失去其承包的土地。在明确"承包期再延长30年不变,30年之后更没有必要变"的基础上,把目前的定期承包制改为永包制。

第二,健全有关农村土地流转的法律法规。为保障农村土地流转有法可依,国家要加速建设与健全我国农村土地流转相关的法律法规。如在民事法中,要确立农村土地使用权流转的主体。一要明确农村土地使用权的出让人只能是农村土地承包人;二要明确规定受让人可以再转让,但不能改变土地的农业用途。在有关财产法中,确立农村承包经营权或使用权是一种财产权,并明确农村土地使用权转让是一种物权行为。制定土地流转格式合同,明确双方当事人的权利和义务。

第三,切实保障农户作为农村土地流转的主体地位。农村土地流转应当主要在农户之间进行,不提倡工商企业长期、大面积地租赁经营农户承包地。在农业剩余劳动力尚未完全转移之前,必须避免农村出现大农户排挤小农户,避免出现土地的大规模兼并,避免大批农户丧失经营主体地位而沦为雇农的现象。

第四,建立完善的农村土地流转市场。培育和发展各种类型的、为土地使用权流转提供中介服务的市场组织;健全土地使用权市场运作的立法、执行和仲裁机构;通过市场机制,形成合理的土地转让价格;建立调节机制,防止土地使用权过于集中,以调节土地流转过程中的垄断和不公平现象。

第五,有效发挥政府和村集体的职能。首先政府要加强对土地流转的调控。以农用土地转让许可证的办法来加强对基本农田的保护,建立科学的农地资产评估体系,合理评价农村土地价值。其次要建立约束政府行为过度干预的机制。还要加强宣传力度,增加农民对有关土地法规和政策的了解。最后,发挥村集体组织的作用,管理土地流转登记,组织协调土地流转中的具体程序和问题。

第六,为农村土地流转创造良好的外部环境。进一步加快农村劳动力的转移和城市化进程;进一步完善农村社会保障机制,逐步提高社会保障水平,弱化农地的社会保障功能。这些都是加强农业土地流转所需要的外部环境。

关键词

结构　农业结构政策　农业区域结构政策　农业部门结构政策　农业经营规模结构政策

思考题

1. 区域经济理论主要有哪几个?
2. 农业区域结构政策的目标和手段有哪些?
3. 农业部门结构政策的目标和手段有哪些?
4. 农业经营规模结构政策的目标和手段有哪些?
5. 联系实际论述我国农业结构战略性调整的必要性和具体措施。
6. 我国农村土地使用权流转的方式有哪些?如何促进我国农村土地使用权的流转,以实现适度规模经营?

第六章　农村社会政策

农村人口政策、农村劳动力就业政策和农村社会保障政策是农村社会政策的三个主要领域。本章将介绍人口政策的概念、目标以及政策措施体系,分析我国农村人口政策的历史演变过程;介绍农村劳动力转移的一般理论,分析我国农村劳动力转移政策的历史演变过程和提高我国农村劳动力就业水平的政策选择;介绍农村社会保障政策的目标与政策措施体系,分析我国农村社会保障制度的历史变迁过程以及进一步完善我国农村社会保障制度的政策选择。

第一节　农村人口政策

一、人口政策的概念与目标

(一)人口政策的概念

人口政策是一国政府所制定的关于本国人口问题的行为准则。人口政策有狭义和广义之分。从狭义上讲,人口政策是一国政府针对本国人口自身再生产制定的行为准则,从广义上讲,人口政策是一切与人口发展有关的活动所应遵循的准则。显而易见,狭义人口政策是广义人口政策的重要组成部分,它具体涉及人的婚姻、家庭、生育、死亡等方面,直接影响到人口数量和素质的变化。

一个国家,究竟是实行狭义的人口政策,还是广义的人口政策,不是由人们主观愿望决定的,而是直接取决于这个国家的经济发展水平、科学文化水平、人口发展趋势和所面临的主要人口问题。一般而言,经济发展水平低、科学文化不发达、人口增长过快阻碍了经济和社会发展的国家,实行的往往是狭义的人口政策,即注重对人口自身再生产进行调节和干预。而经济发达、科学技术已实现现代化、人口增长与经济发展基本协调的国家,则往往实行广义的人口政策,偏重于人口迁移、分布的合理化和调整人口的职业结构等。随着社会经济的发展,人口再生产向低出生、低死亡、低增长的类型过渡,是一种客观趋势。因此,一国政府除了对人口自身再生产进行调节外,对人口的迁移、分布、职业结构的调整显得日益重要,所以实行广义的人口政策是人口政策的发展趋势。

狭义的人口政策,仅就其对人口再生产的调节和指导活动来说,又可分为两种:一种属于鼓励早婚、早育、多生子女的政策,即鼓励增殖的人口政策;另一种属于鼓励晚婚、晚育、少生子女的政策,即限制增殖的人口政策。

按照各国政府对人口发展进行调节和干预的态度,人口政策又可分为公开的人口政策和倾向性的人口政策两种。公开的人口政策也叫积极的人口政策,它表现为一国政府对人口发展调节和干预的态度明朗,措施直接坚定。如法国、德国等国家公开提出鼓励人口增长,中国、印度等国则公开提出控制人口增长。倾向性的人口政策是指一国政府没有提出明确的人口政策,或者说实行的是消极的人口政策,但政府通过各种措施间接地影响人口的发展。如日本政府从20世纪50年代初就支持民众家庭开展节育活动,并已收到控制人口数量增长的显著效果,可日本政府并未公开声称它所实行的是限制人口增殖的政策。

(二)农村人口政策的重要性

农村人口政策既是农村社会政策的重要组成部分,又是国家人口政策的重要组成部分,农村人口政策在国家人口政策中占有非常重要的地位,特别是在像我国这样农村人口还占较大比例的国家中(2011年,我国有13.47亿人,其中48.7%的人在农村)。农村人口政策在我国整个人口政策中占有特殊的地位。控制人口增长,提高人口素质是我国的一项基本国策,也是我国目前人口政策的中心内容。在我国,人口增长主要是农村人口的增长,控制人口增长的重点、难点在农村。我国人口素质整体较差,其中最主要是农村人口素质较差,如果农村人口素质有了较大的提高,整个中华民族的人口素质就会大大提高。

农村人口政策的有效执行对于我国农村社会经济的发展有着十分重要的意义。没有农村人口的适度增长和人口素质的提高,就很难有农业劳动生产率的提高、农村社会经济的快速发展和农民收入水平、生活水平的大幅度提高。

(三)我国人口政策的目标

我国是世界上人口最多的发展中国家,面临着人口控制、环境保护和经济发展的艰巨任务。目前我国人口增长过快的势头已得到有效控制,人口再生产类型由高出生率、低死亡率、高自然增长率向低出生率、低死亡率、低自然增长率的转变已实现。尽管我国在人口政策上走过一段弯路,但从20世纪70年代以来,政府对人口问题给予了高度重视,不仅把计划生育作为一项基本国策,而且把人口问题提高到关系我国经济社会发展全局的高度来认识。

中共第十三届八中全会决定强调指出:"严格实行计划生育,推行优生优育,控制人口数量增长,提高人口素质,这是关系到我国经济发展、社会进步和民族振兴的重大问题,计划生育的重点在农村。"1994年3月25日国务院第十六次常务会议讨论通过的中国21世纪人口、环境与发展白皮书——《中国21世纪议程》又指出:"妥善处理人口、资源、环境和发展之间的相互关系,为社会主义现代化建设提供一个相对宽松的人口环境,是实现社会、经济可持续发展的一个重要方面。"2001年12月29日颁布的《中华人民共和国人口与计划生育法》又强调,"实行计划生育是我国的基本国策"、"我国要稳定现行生育政策"。2006年12月17日公布的《中共中央国务院关于全面加强人口和计划生育工作统筹解决人口问题的决定》提出,"人口问题始终是制约我国全面协调可持续发展的重大问题","我国人口发展呈现出前所未有的复杂局面,低生育水平面临反弹的风险"。

尽管中国政府所采取的各项人口控制政策已取得了举世瞩目的成就,但人口规模庞大、人口素质较低、人口结构不尽合理,人口低增长率与高增长量还将长期存在,这些问题的解决需要一个相当长的时期。因此,我国人口政策的目标是:严格控制人口数量,大力提高人口质量,逐步调整人口结构。这一政策目标也适用于农村,并且在相当长的时间内不会改变。

根据2011年11月23日中华人民共和国国务院办公厅(以下简称"国务院办公厅")发布的《国家人口发展"十二五"规划》,"十二五"期间我国人口发展的目标为:人口总量控制在13.9亿人以内;教育普及水平进一步提高,15岁以上国民平均受教育年限达到9.3年,新增劳动力平均受教育年限达到13.3年;严重多发致残的出生缺陷发生率降低,婴儿死亡率降到12‰,孕产妇死亡率降到22/10万;出生人口性别结构有效改善,全国出生人口性别比降至115以下;城镇化率提高约4个百分点,人口空间分布趋于合理;社会就业更加充分,城镇登记失业率控制在5%以内,社会养老服务体系基本建立,贫困人口显著减少,残疾人社会保障体系和服务体系框架基本建立,生活状况进一步改善①。根据2007年1月5日国务院办公厅发布的《我国人口发展"十一五"和2020年规划》,2020年人口发展的目标为:人口总量控制在14.5亿人左右;群众普遍享有较好的医疗保健服务,出生缺陷发生率、婴儿死亡率、孕产妇死亡率持续下降;出生人口性别比趋于正常;人口素质大幅度提高;基本普及高中阶段教育,国民平均受教育年限达11年左右;就业充分;基本建立覆盖城乡居民的社会保障体系②。

二、人口政策措施体系

为了实现人口政策目标,必须采取一整套相互联系、相互配合的综合性政策措施。人口政策的综合性措施由影响人口再生产活动各个方面的措施所组成,主要包括:思想教育措施、行政组织措施、法律措施、经济措施和技术措施。人口政策的实施,只有同时采用了各种措施,并使它们之间相互密切配合,互为补充,才能收到预期的效果。如果只采取一种或两种措施,或采取的各种措施之间不协调,人口政策都不会取得令人满意的效果。另外所采取的综合性措施必须要有持续性,特别是在人口再生产处于高出生率、高自然增长率阶段而采取限制人口增长政策的国家中,人口政策措施的持续性尤为重要,因为一个国家人口再生产由高出生率、高自然增长率模式转向低出生率、低自然增长率模式是要经过很长时间才能实现。

1. 思想教育措施

思想教育措施是从思想上、心理上来影响、劝导、教育人们正确对待婚姻生育活动,从而有助于实现既定人口政策目标的一些办法。一个国家的人口政策如果是鼓励人口增殖,它就会在人民群众中竭力宣传早婚、早育和建立多子女家庭的好处;一个国家的人口政策如果是限制人口增长,它就会大力宣传适当晚婚、晚育、少生子女、利国益民的道理。思想教育措施如果使用得当,可以起到让人们从心灵深处接受某种人口政策并愿意付诸实行的作用。而一旦人们心悦诚服地接受某种人口政策,效果一定显著。因此,

---

① 中华人民共和国国务院办公厅:《国家人口发展"十二五"规划》,2011年11月23日。
② 中华人民共和国国务院办公厅:《我国人口发展"十一五"和2020年规划》,2007年1月5日。

思想教育措施在人口政策措施体系中占有非常重要的位置。

思想教育措施形式繁多,主要包括:电影、电视、广播、书报刊物、讲演、座谈、戏剧、正规和非正规学校教育和理论宣传等。但概括起来不外两类:一类是属于逻辑思维的思想教育措施,如人口学教育、法学教育、社会学教育、医疗卫生教育、优生学教育、环境保护教育等,侧重于用同人口再生产有密切关系的理论知识,教育人民群众接受这种或那种人口政策。这类政策措施主要应用于正规和非正规教育系统,向各类学校的学生灌输。另一类是属于形象思维的宣传教育措施,它们是有文学艺术色彩,通过文学手段和艺术形象潜移默化地影响人们接受这种或那种人口政策。这类政策措施具有广泛性、群众性和动之以情的特点,往往更容易收到预期效果。

思想教育措施在我国计划生育政策的执行过程中有着特殊的重要性,历来为我国各级政府所重视。这是因为,封建制度在我国统治的历史比世界上其他任何国家都长,达数千年,封建的生育观念如"重男轻女"、"多子多福"、"传宗接代"等对人民群众,尤其是对农村居民的影响根深蒂固。可以说,封建的生育观念是影响我国计划生育政策得以顺利执行的主要障碍。因此,如何教育广大人民群众,特别是农村居民,使其认识我国的基本国情,了解人口与资源、环境和经济发展的关系,算清人口增长对资源、环境、经济影响的账,懂得控制人口增长的必要性,从而促使由封建生育观念向现代生育观念的转变,是我国顺利推行计划生育政策的主要措施之一。

2. 行政组织措施

行政组织措施就是一个国家采取颁布有关人口发展的指示、命令、规定和决议的方式,使公民接受这样或那样人口政策的办法。对国家各级政府机构的工作人员来讲,人口政策一经颁布,任务就是着手执行并督促其实现,若无一定的行政命令和可靠的组织保证,再完善的人口政策也都推行不了,实现不了。与其他措施相比,行政组织措施简单易行,收效较快,但容易造成政策执行者和政策接受者之间的矛盾。

行政组织措施,具体来说包括以下几个方面:①建立专门的人口机构,对人口政策的贯彻执行进行领导、组织并进行业务方面的指导。一般来说,一个国家,无论是实行鼓励人口增长的政策还是实行限制人口增长的政策,都要根据本国的国情,建立某种形式的人口管理机构。如我国建立了国家计划生育委员会系统,从中央到地方形成了一整套人口管理机构,配备了一定数量的专职人员,专门负责管理人口事宜,以及负责对人口政策的组织执行和业务指导工作。②依靠与人口发展有密切关系的部门及其工作人员的协助。如卫生保健部门在妇幼保健、帮助孕产妇等方面提供的协助,工业部门在生产避孕药具方面的支援,宣传教育和文化部门在传播人口学知识方面的协助。③依靠青年、妇女、工会等群众性团体的协助,群众组织可对人口政策的顺利执行起到很强的支持作用。

3. 法律措施

法律措施是一国政府为了保证其人口政策目标的顺利实现而制定和颁布的一系列有关婚姻生育的法律,如婚姻法、家庭法、计划生育法、人口流产法等。法律措施比行政组织措施规范化、制度化,具有强制性质,不是可履行或不履行的问题,一切公民都必须履行。

对于不同种类的人口政策,由于要实现的人口目标不同,法律措施所保障的和所限制的内容也就不同。一般而言,不同之处在于有关最低婚龄、婚姻、人口流产、绝育、子女补助、母亲津贴等法律条文上。实行鼓励人口增长政策的国家,其法律措施总是保障男女青年在成年后尽早结婚生育,严厉惩罚随意离婚,严禁或严格限制人口流产,禁止绝育等。反之,在实行限制人口增长政策的国家中,法律措施往往提高最低婚龄,放宽人口流产和允许绝育。例如,我国法律所规定的最低婚龄较晚,为男22周岁,女20周岁,此外,法律还规定人口流产、绝育均属合法行为。不仅如此,我国还把计划生育载入根本大法——中华人民共和国宪法,作为每个公民应尽的义务。这样就使人口政策具有了最高法律效力的性质,每个公民都负有职责和义务维护其尊严,保证其顺利执行。

4. 经济措施

经济措施是国家为了实现人口政策的目标而采取的各种经济奖惩办法,即对履行人口政策的公民给予物质利益奖励,对不按人口政策要求办事的公民在经济上给予惩罚。经济措施是把每个人(或每个家庭)当作利益主体,通过各种物质奖惩办法来调节人们的经济利益关系,改变人们的生育动机和决策,从而达到实现人口目标的目的。

采取经济措施来实现人口政策目标的理论基础,是西方人口经济学家莱宾斯坦(H. Leibenstein)、贝克尔(G. S. Becker)等的"孩子成本效益"理论。按照这个理论,家庭是否选择生育某个边际孩子,取决于该家庭在该边际孩子身上所花费的成本和该边际孩子向家庭提供的效益,若效益大于成本,则家庭将生育这个边际孩子;若效益小于成本,则家庭将不生育这个边际孩子;若效益等于成本,则取决于随机因素。该理论将人们的生育行为和生育子女的数量同家庭的经济利益联系起来,从利益的得失上来说明人们的生育愿望。用"孩子成本效益理论"可以较好地解释生育率的高低与经济发展水平总体上成反比这一普遍现象。这是因为,在经济发展水平比较低的国家或地区,家庭边际孩子的成本低,而效益都比较高,因而生育率较高;而在经济发展水平比较高的国家或地区,家庭边际孩子的成本高,效益都比较低,因而生育率较低。目前在我国,随着经济的快速发展,在经济比较发达的城市和少数乡村,用来养育孩子的成本迅速上升,而孩子对家庭父母的效益都有减无增,从而直接改变着这些家庭的生育观念,自愿少生,个别人宁可终身不育。相反在经济不够发达的广大城市,特别是落后乡村,边际孩子抚养成本低廉,但却能够较早地较多地提供效益,多生多育的生育观念难以改变。根据"孩子成本效益理论",一个国家可以通过采取各种经济措施来人为地对边际孩子的成本与效益的关系进行调整,从而实现人口政策的目标。实行鼓励人口增长政策的国家,通过采取鼓励早生、多生,惩罚少生或不生的各种经济措施,来增大边际孩子的效益成本比,从而达到人口增长的目的;实行限制人口增长政策的国家,通过采取惩罚早生、多生,奖励晚生、少生的各种经济措施,来减小边际孩子的效益成本比,从而达到限制人口增长的目的。

实行鼓励人口增长政策的国家,经济措施主要有以下几种:①鼓励早婚。为了鼓励达到法定婚龄的青年男女尽早结婚,往往优先拨予住房,或是提供低息、无息住房贷款;对已婚者,减少其收入所得税的课征率。②带薪孕产假。对在各种公私单位工作的在职孕产妇,提供全薪孕产假,或是提供带部分工薪的孕产假。③照顾有子女母亲。对有工作的有子女母亲,给予婴幼病儿的带全薪假期。④实行直接的多子女补助。随子女数增加,按每个子女给予累进递增的补助,一直发到子女成年。除定期子女补助外,也往往另发每个出生婴儿的一次性补贴。⑤对多子女家庭给予多方面的经济优惠。如在住房方面,或是优先提供住房,或是给予一定数量的房贴,或是给予贷款建房的优先权利,或是给予住房的优先权。在征收所得税方面,税率随子女数递减,而在达到一定的生育数量后,免征所得税。⑥优待多子女母亲。对生育子女较多的母亲,给予提前退休的优待,工资仍按法定退休年龄支付。有的国家对多子女母亲颁发荣誉称号以及给各种物质奖励。

鼓励生育的国家,为了限制不婚、不育,从经济上给予一定的制裁。这类经济措施主要有:①提高离婚手续费。②课征无子女税。对超过法定最低婚龄且达到一定年龄的男女公民,以及对丧偶、离婚和婚后一定年限内仍未生育者,课征无子女税。③课征少子女税。对生育的子女数太少,没有达到一定要求的家庭,课征少子女税。

在实行限制人口增长的国家中,也采取经济奖励和经济惩罚措施。例如我国,为了控制人口的增长,规定在入托儿所、入学、就医、招工、招生、城市住房和农村宅基地分配方面,要照顾独生子女及其家庭。各个地区又根据各自的经济发展水平和人口增长态势,规定了更为详细具体的经济措施。对于不按计划生育政策行事的则规定了相应的经济惩罚办法。

5. 技术措施

技术措施是按照生物学规律采取的一种旨在促进已婚妇女生育、多育或限制多育的医疗卫生方法。人口有其生物属性的一面,促进人口增长或限制人口增长,都得通过人们的生育活动这个特殊的领域。这个特殊领域与科学技术尤其与生物学、医学、医疗卫生事业的发展密切有关。无论是鼓励或限制人口增长的政策,为了顺利实施,必须有必要的技术措施。在实行鼓励人口增长政策的国家中,技术措施侧重于降低婴儿死亡率,治疗妇女不育症,防止和限制人口流产等,在实行限制人口增长政策的国家中,技术措施在避孕、人口流产和绝育等方面起着其他措施都起不到的特殊作用。在一定意义上讲,缺乏必要的技术措施,任何限制人口增长的政策都实行不了,即使是实行了,也巩固不了。正是这个原因,在医学、医疗卫生事业不发达的往昔,客观上也使限制人口增长的政策难以实施。20世纪下半叶之所以能有包括中国在内的国家推行限制人口增长的政策,医学、医疗卫生事业的空前发展是客观前提之一。我国政府十分重视技术措施在计划生育工作中的重要性,于2001年颁布实施了《计划生育技术服务管理条例》。

三、我国农村人口政策

我国人口政策的重点及难点在农村,农村人口政策在我国人口政策中占有非常重要的地位。下面从生育政策和质量政策两个方面来介绍我国的农村人口政策。

(一)我国农村人口生育政策

我国农村人口生育政策同我国整个人口生育政策一样,自1949年新中

国成立以来,可以大致分为以下五个阶段:

第一阶段是从新中国成立到20世纪50年代末,为我国人口生育政策的提出阶段。新中国成立初期,由于我国的经济处于恢复时期,当时的人口理论把人口迅速增长看成是社会主义的人口规律,是社会繁荣和人民生活改善的标志。因此,当时的人口增长是无计划的,不仅如此,还采取了严格限制人口流产、禁止绝育的生育政策以及其他一些鼓励人口生育的政策。50年代中期,人口的无计划增长问题开始引起我国领导人和一些人口学者的关注,初步提出了"节制生育"政策。1954年12月,刘少奇同志主持召开了节制生育座谈会。1956年,毛泽东同志在《全国农业发展纲要》中指出,"除少数民族的地区以外,在一切人口稠密的地方,宣传和推广节制生育,提倡有计划地生育子女。"1956年6月,周恩来同志在《关于发展国民经济第二个五年计划的建议》中指出:"为了保护妇女和儿童,很好地教育后代,以利民族的健康和繁荣。我们赞成在生育方面加以适当的节制。"1957年毛泽东明确提出:"人类要控制自己,做到有计划地增长。"经济学家马寅初先生等也提出要控制中国人口增长的积极主张。但限于当时对人口问题的认识水平,没有制定出行之有效的生育政策。

第二阶段是20世纪整个60年代,为我国人口生育政策的初步执行阶段。1962年,中共中央和国务院在《关于认真提倡节制生育的指示》中规定:"在城市和人口稠密的农村提倡节制生育,适当控制人口自然增长率,使生育问题由毫无计划的状态,逐渐走向有计划的状态。这是我国社会主义建设中既定的政策。"此后,国家开始进行计划生育试点工作,并有计划地组织避孕药具的科学研究和生产供应工作。1963—1966年城市人口出生率是下降的。但"文化大革命"开始后,计划生育工作受到破坏,从1966—1971年,出现了新中国成立后人口持续高速增长时期,平均每年净增2000万人口以上,1970年人口出生率高达33.4‰,人口问题趋于严重。

第三阶段是20世纪70年代初到1978年,为我国人口生育政策执行阶段。20世纪70年代初,毛泽东同志提出了"人口非控制不可"的指示。国务院成立了计划生育领导小组,各地区的计划生育机构也相继建立。这一时期我国的人口政策可以概括为"有计划地增长人口",其基本要求是"晚、稀、少"。晚即鼓励青年男女晚婚晚育;稀即鼓励已婚夫妇拉长生育间隔;少即鼓励夫妇少生孩子。对待少数民族,"采取有利于人口增长和生产发展的适当措施,但对个别子女过多,有节育要求的,也给予指导和帮助。"

第四阶段是1978年到20世纪末,为我国人口生育政策完善的阶段。1979年第五届人大二次会议上明确提出了"鼓励一对夫妇只生育一个孩子"的政策。1982年,党的十二大报告中强调了"在我国经济和社会的发展中,人口问题始终是极为重要的问题。实行计划生育是我国的一项基本国策。"1982年第五届人大五次会议通过的宪法明确规定:"国家推行计划生育,使人口的增长同经济和社会发展计划相适应。""夫妻双方有计划生育的义务。"这使计划生育工作有了宪法的保障。1980年,中共中央和国务院还规定:"国家干部和职工、城镇居民,除特殊情况经过批准外,一对夫妇只生育一个孩子。""农村普遍提倡一对夫妇生育一个孩子,某些类群众确有困难要求生二胎的,经过审批可以有计划地安排。不论哪一种情况都不能生三胎。"1982年还规定农村有10种情况可以生二胎,1984年和1986年进一步放宽了农村对生二胎的限制。1991年,在中共中央、国务院"关于加强计划生育工作,严格控制人口增长"的决定中,又明确指出:"我们的计划生育政策是:提倡晚婚晚育,少生优生;提倡一对夫妇只生育一个孩子。农村也要提倡一对夫妇只生育一个孩子。某些群众确实有实际困难,经过批准可以间隔几年以后生第二个孩子。在少数民族地区中也要实行计划生育。"至此,我国人口生育政策已经形成较为完善的政策体系。

　　第五阶段是21世纪初至今,为我国人口生育政策的进一步完善阶段。首先,2001年《中华人民共和国人口与计划生育法》的颁布,标志着我国人口问题的治理有了法律保证。该法提出"国家鼓励公民晚婚晚育;提倡一对夫妻生育一个子女;符合法律规定条件的可以安排生育第二个子女。"其次,在人口生育政策内容上新增了一些人口与计划生育的管理服务措施。2001年国务院发布了《计划生育技术服务管理条例》,规定了"国家向农村实行计划生育的育龄夫妻免费提供避孕、节育技术服务。"2004年国家计生委印发《农村计划生育家庭奖励扶助制度方案(试行)》,该方案规定,对于在1973年至2001年期间没有违反计划生育政策且年满60周岁的农村居民,如果现在有一个子女或两个女孩以及子女死亡现无子女的,给予奖励扶助,奖励扶助金标准为每人每年不低于600元,发放直到死亡为止。最后,特别针对流动人口在计划生育方面制定了保障性政策,维护了流动人口的合法权益。2007年国家计生委出台并下发《流动人口、农民工计划生育便民维权措施》,针对流动育龄人口应当充分享有计划生育和生殖健康权利等问题提出了十条便民维权措施。2009年5月颁布的《流动人口计划生育工作条例》,在内容上也提出了流动人口计划生育权益保护和便民的规定:"流动人口在现居住地免费参加有关人口与计划生育法律知识和生殖健康知识普及活动;依法免费获得避孕药具,免费享受国家规定的其他计划生育技术服务;晚婚晚育或在现居住地施行计划生育手术的流动人口,按照现居住地的规定享受休假等;实行计划生育的流动人口,按照现居地规定,在生产经营等方面获得支持、优惠,在社会救济等方面享受优先照顾。"

我国人口生育政策取得了明显效果,主要表现在以下两个方面:①人口出生率大幅度下降。从1949年中华人民共和国成立到20世纪70年代初期,我国人口出生率一直保持在30‰以上,1965年达到37.88‰,不仅是我国历史上少见的,而且在世界各国也属于较高之列。自20世纪70年代初我国实行计划生育政策以来,人口出生率有了大幅度的下降,到2011年,人口出生率下降到11.93‰,比1952年整整降低了25个千分点。②人口再生产类型已经转变。新中国成立前,我国是高出生率,高死亡率,低自然增长率。新中国成立以后,随着人民生活改善,医疗卫生事业普及,人口死亡率锐减,但人口出生率仍维持在原来的高水平(表6.1)。如1965年,出生率仍高达37.88‰,死亡率已降到9.5‰,自然增长率高达28.38‰,成为"高低高"类型。进入20世纪70年代以来,随着我国计划生育政策的大规模实施,我国人口出生率大幅度下降,死亡率继续稳定在一个低水平上,人口自然增长率也大幅度地下降。2011年,我国人口出生率为11.93‰,人口死亡率为7.14‰,人口自然增长率为4.79‰。一个明显的趋势是,我国人口再生产类型已基本实现了低出生率,低死亡率,低自然增长率的现代人口再生产模式。

表6.1 我国人口出生率、死亡率和自然增长率(‰)

年份	出生率	死亡率	自然增长率
1952	37.00	17.00	20.00
1957	34.03	10.80	23.23
1962	37.01	10.02	26.99
1965	37.88	9.50	28.38
1970	33.43	7.60	25.83
1975	23.01	7.32	15.69

续表

年份	出生率	死亡率	自然增长率
1980	18.21	6.34	11.87
1985	21.04	6.78	14.26
1990	21.06	6.67	14.39
1991	19.68	6.70	12.98
1992	18.24	6.64	11.60
1993	18.09	6.64	11.45
1994	17.70	6.49	11.21
1995	17.12	6.57	10.55
1996	16.98	6.56	10.42
1997	16.57	6.51	10.06
1998	15.64	6.50	9.14
1999	14.64	6.46	8.18
2000	14.03	6.45	7.58
2001	13.38	6.43	6.95
2002	12.86	6.41	6.45
2003	12.41	6.40	6.01
2004	12.29	6.42	5.87
2005	12.40	6.51	5.89
2006	12.09	6.81	5.28
2007	12.10	6.93	5.17
2008	12.14	7.06	5.08
2009	12.13	7.08	5.05
2010	11.90	7.11	4.79
2011	11.93	7.14	4.79

资料来源　中华人民共和国国家统计局:《中国统计年鉴(2011)》;《2011年国民经济和社会发展统计公报》。

(二)我国农村人口质量政策

同其他物质存在一样,人口也具有数量和质量两个方面,且在一定的条件下,这两个方面的变动有着一定的联系。一个国家如果人口数量多、增长快,每年新增国民收入中有较大部分用于满足新增人口的基本消费,就会导致用于教育和卫生等提高人口质量方面的支出增加额较小,从而降低人口质量提高的速度;反过来,由于受教育程度低、人口质量差,又促进了多生多育。因而,提高人口质量对于实现整个人口政策的目标来说有着十分重要的意义。

人口质量包括人口的身体素质、科学文化素质和思想素质三个方面,在这里我们着重谈一下人口的身体素质和科学文化素质。

提高我国农村人口身体素质的政策要点是:在发展农村经济、不断提高农民物质生活和文化生活水平的基础上,大力发展农村医疗卫生事业,优生优育,搞好妇女和儿童的保健,降低死亡率,延长寿命,提高健康水平。新中国成立前,中国被称为"东亚病夫",人口体质差,患病率和死亡率都高,预期寿命短,在农村问题更为严重。据一般估计,当时农村的婴儿死亡率高达200‰以上,出生时的预期寿命只有35岁。新中国成立后,随着经济的发展、人民生活水平的提高和医疗卫生条件的改善,我国农村人口的身体素质有了大幅度的提高,目前农村人口预期寿命在73岁左右,婴儿死亡率已下降到30‰以下,人口死亡率已降低到7‰左右。除此之外,农村人口素质的其他指标,如身高、体重、胸围、体力和耐力水平等都有了很大程度的提高。但从目前来看,我国农村人口的身体素质与城市相比仍有较大差距,造成这种状况的主要原因是我国目前农村的生活水平、医疗卫生条件还落后于城市。所以提高农村人口身体素质必须从发展农村经济和搞好医疗保健两个方面入手。优生优育是提高农村人口身体素质的基础环节,我国政府一直以来十分重视农村的优生优育,通过制定法律禁止近亲结婚,提倡婚前检查,开展优生优育咨询,加强幼儿保健等措施来保证优生优育。

我国十分重视农村人口科学文化素质的提高,因为提高农村人口科学文化素质是提高整个中华民族科学文化素质的关键。新中国成立以来,我国农村人口科学文化素质有了很大的提高,文盲、半文盲比例大幅度下降。但总的说来,我国目前农村人口的科学文化素质仍然很低,不仅低于发达国家的水平,而且与我国城市人口的科学文化素质相比也有很大差距。农村儿童辍学现象比较严重,为此,必须首先搞好农村基础教育,解决中小学生流失问题,普及九年制义务教育,增加教育经费,提高教师业务水平。同时,为了提高农业劳动者的技能,以促进其向非农产业的转移,必须要搞好各种农村职业教育,提高农业劳动者的技能。

第二节 农村劳动力就业政策

一、农村劳动力就业政策的目标

农村劳动力就业政策的基本目标有两个,一是实现充分就业,即提高劳动力的利用水平;二是讲求就业的经济效益,即提高劳动生产率。充分就业与讲求就业的经济效益是充分合理利用农村劳动力资源的两个方面,只有在提高劳动力利用水平的同时提高劳动生产率,才能充分合理地利用农村劳动力资源。

一般来说,随着农业资本有机构成的提高和农业的逐步现代化,农业生产经营活动所需要的劳动力数量会逐渐减少,从而在农业内部以及农村产生大量的剩余劳动力。要实现农村劳动力充分就业和提高就业经济效益的政策目标,就必须使大量的农村剩余劳动力向农村的非农产业以及向城镇转移,这已被世界各国农业发展的历史所证明。因而一国农村劳动力就业政策的目标是与这个国家整体劳动力就业政策的目标有着非常密切的关系,农村劳动力就业政策目标的实现是国家整体就业政策目标实现的重要组成部分。

在1978年以前,我国的就业政策有着明显的二元特征,即对城市劳动力的就业在相当长的时期内实行"国家统包统配"的政策,而对农村劳动力尤其是对农民实行"农村就地消化"的政策。所谓统包统配,就是政府的劳动部门将城市中的劳动力全包下来,统一分配工作岗位。企事业单位不得自行招收职工,也不得自行解雇职工。劳动者个人不能自己找工作,也不许自谋出路。就业的渠道是唯一的,只有统一分配。而一经国家统一分配,劳动者就等于从此终身就业,永远端上了"铁饭碗"。所谓就地消化政策,就是农村的所有劳动力,除党政机构的工作人员之外,必须根据农村集体的安排,参加人民公社组织的农业生产活动,实行就地自然就业。这种对城市劳动力实行统包统配、而对农村劳动力实行就地消化政策的目的,就是通过严格限制农村劳动力流入城市,从而剥夺农村劳动力与城市劳动力平等竞争城市就业机会的权利来保证城市劳动力的充分就业。只有当城市劳动力数量不足时,通过招工的方式,农村劳动力才有可能获得在城市工作的机会。

自20世纪70年代末期农村实行大规模的经济体制改革以来,我国农村劳动力就业政策发生了一系列变化。主要的变化是对农民就业的限制政策逐步放松,开始是允许农民在农村就地向非农产业转移,鼓励"离土不离乡,进厂不进城",1983年后还允许务工、经商、办服务业的农民自理口粮到集镇落户。特别是在20世纪90年代国民经济发展十年规划和"八五计划"以及党的十三届八中全会的决定中,国家已开始把解决好农村劳动力的就业问题,积极引导农村剩余劳动力转移问题作为一个战略任务提了出来。当前农村剩余劳动力转移问题已经成为农村乃至全国经济工作的一个重点。这一切均表明,我国农村劳动力就业政策已经转变,其政策目标已从原来的限制农村劳动力的流动以确保城市劳动力的充分就业转向城乡协调发展、全面提高农村劳动力利用水平和就业效益方面。

二、农村劳动力转移的一般理论

经济学家们提出了各种理论,来试图对农村劳动力转移行为是如何发生的以及影响农村劳动力转移的各种因素做出解释。在这些理论学说中,比较有影响的是英国经济学家拉文斯坦(E. G. Ravenstein)等人最早提出的"推力—拉力"理论、美国经济学家刘易斯(W. A. Lewis)提出的二元结构人口迁移理论、费景汉(John C. H. Fei)和拉尼斯(Gustav Ranis)的人口迁移理论以及托达逻(M. P. Todaro)的城乡人口迁移理论。

"推力—拉力"理论着眼于农村劳动力转移原因的研究,特别是迁出地的消极因素和迁入地的积极因素对农村劳动力转移的综合影响。这个理论认为:迁出地必有由许多消极因素形成推力,将农村劳动力推出本地区,而迁入地必有由许多积极因素形成拉力,将外地劳动力拉入本地,农村劳动力跨地区的转移正是这种推力与拉力综合作用的结果。形成推力的消极因素有自然资源短缺、农业生产成本增加、农村劳动力严重过剩导致的失业和半失业状态、较低的经济收入水平等;形成拉力的积极因素有较多的就业机会、较高的工资收入、较好的生活水平、较好的受教育机会、文化设施和交通条件等。当然迁入地也有消极因素,迁出地也有积极因素,农村劳动力总是在迁入和迁出两地的消极因素和积极因素的综合比较中,做出是否迁移的决策。

美国经济学家刘易斯在1954年发表了题为《劳动力无限供给条件下的经济发展》的论文,在这篇论文中他提出了著名的"二元结构"理论。刘易斯认为:发展中国家的经济是由两类性质不同的部门构成,一是用前资本主义生产方式进行生产的传统农业部门,二是采用资本主义生产方式进行生产的现代工业部门,他把这种经济称为"二元经济",并认为在传统农业部门中存在着大量的边际生产率接近于零或等于零的剩余劳动力,如果把这部分劳动力去掉以后,尽管其他要素的投入量并不增加,而产出总量并不会减少,甚至还略有增加,这部分劳动力形式上是就业的,实际上是处于不充分就业或隐蔽失业状态。在现代工业部门中,劳动生产率远远高于传统农业部门的劳动生产率,因而工资水平也高于农村劳动者的工资。传统农业和现代工业两个部门在经济结构上的差异和收入水平上的差距,导致农村劳动力向城市现代工业部门的流动,并且在现代工业部门的工资水平高于农业部门工资水平的条件下,现代工业部门可以得到无限的劳动力供给。农村劳动力向现代工业部门转移的速度取决于工业部门中利润的增长率和资本的积累速度。随着工业资本积累的增长,农业部门的剩余劳动力持续不断地向工业部门转移,直到所有的农村剩余劳动力都被工业部门吸收完为止。这时,城市现代工业部门的工资水平开始上升,农业部门的收入水平也开始逐步上升,工业、农业两个部门将逐步得到均衡发展。

美国经济学家费景汉和拉尼斯对刘易斯的理论进行了修正和补充,因此,他们的理论也称为刘易斯—费—拉尼斯模式。他们指出,刘易斯的模式有两点不足:①没有对农业在促进工业增长中的重要性给予足够的重视;②没有注意到农村劳动力向城市现代工业部门流动的前提条件是农业由于生产率的提高而出现剩余产品。他们认为在经济发展过程中,随着农业劳动生产率的提高,农业部门渐渐出现生产剩余,这些生产剩余可以满足非农业生产部门消费的需要,从而有助于劳动力由农业部门向非农业部门流动。因此,农业对促进工业增长所起的作用,不仅仅是消极地输送劳动力,还为工业部门的扩大提供必不可少的农产品。

刘易斯、费景汉和拉尼斯抓住了二元经济结构这一发展中国家的本质特征和农村剩余劳动力这一核心问题展开分析,更为可贵的是,他们抛弃了纯静态分析,对农村剩余劳动力转移的动态过程也作了初步的分析。当然他们的理论也存在着一些明显的不足,其中最突出的是在他们的理论模式中忽视了工业化技术选择、人口增长以及城市就业状况等变量对农村劳动力转移过程的影响。著名发展经济学家托达罗指出,刘易斯—费—拉尼斯理论模式的三个关键性假定与发展中国家的现实是不相符合的,这三个假定是:农村劳动力的转移速度与现代工业部门资本积累速度成正比例;农村中存在着大量的剩余劳动力,而城市是充分就业的;在农村剩余劳动力被吸收完之前,现代工业部门的工资水平是固定的。

托达罗的城乡人口迁移理论认为,促使农村劳动力向城市迁移的基本力量是城乡经济结构的差异和对迁移成本与效益的综合考虑,但他更强调决定迁移是城乡之间"预期收入"的差异,而不是城乡之间实际收入之间的差异。所谓预期收入是实际收入与就业概率的乘积。农村劳动力在城市获得就业机会的概率与城市的失业率成反比。托达罗还认为,农村劳动力进入城市以后,并不是像刘易斯、费景汉和拉尼斯等人认为的那样,立即全部进入现代工业部门,有相当一部分人是在所谓的"城市传统部门"中就业,从事个体工商业生产和经营活动。托达罗的人口迁移理论还成功地解释了在城市失业率较高的情况下农村劳动力及向城市迁移的矛盾现象,只要城市的预期收入水平高于农村劳动力收入水平的现值,农村劳动力就向城市流动。在农村存在着大量隐蔽失业人口的条件下,城市就业增长率越高,则城市的失业率也越高。在城乡预期收入水平差异较大的条件下,农村劳动力向城市的流动率超过城市就业机会的增长率,不仅是可能的,而且也是合理的。

托达罗认为,他的人口迁移模式不仅具有理论上的意义,而且还是有政策上的意义。他认为发展中国家关于农村劳动力向城市流动的政策涉及城市工资、农村收入、农村发展和工业化等方面,它应主要包括以下几个方面的内容:①尽量缩小城乡收入差距。若城市的工资增长速度一直快于农村收入的增长速度,则在城市失业不断加剧的情况下,仍会有大量的农村劳动力流入城市。过量的农村劳动力流入城市不仅会引起城市许多的经济社会问题,而且还会造成农村劳动力的不足,尤其是在农忙季节更是如此。②在创造城市就业机会的同时,必须增加农村的就业机会,否则就会出现城市更多的就业机会带来更多的失业人口。在城市可通过制定相应的政策措施来调整使用劳动力和资本的成本,从而使得使用劳动力比资本更合算;另外可在物资、技术和资金上大力支持和创办劳动密集型的小型企业。在农村也要大力发展能够吸收大量劳动力的劳动密集型的乡村工业,国家要从资金和技术上为农村工业的发展提供帮助。

上述各种有关农村劳动力转移的理论所描述的是,在一个全国统一的劳动力市场上,随着工业化的推进而发生的农村劳动力向城市的迁移过程。中国与其他的发展中国家不同,在20世纪80年代之前,劳动力市场不仅具有经济二元性,还有很强的社会二元性。也就是说不仅存在着传统农业和现代工业两个差异显著的就业部门,而且还存在着农村和城市两个由制度分割开来的就业领域。城市人口垄断城市现代工业部门的就业机会,农村人口只能在农村传统农业部门就业,城乡之间的人口流动性很低,完全可以忽略不计。20世纪80年代以来,中国劳动力市场的社会二元性有所软化,但仍存在着许多因素阻碍着农村劳动力与城市劳动力进行公平竞争。因此,上述各种农村劳动力转移的理论只能部分地解释中国的农村劳动力转移,但对我们理解我国农村劳动力转移仍具有巨大的价值。

三、我国农村劳动力转移政策的演变过程

农村劳动力的转移包括两个层次,一是农村劳动力的产业转移,包括农业内部由种植业向林、牧、渔业的转移,以及由农业部门向农村工业、运输业、建筑业、商业、服务业等部门的转移;二是农村劳动力的区域转移,包括由一个农村社区向其他农村社区的转移以及向小城镇或大中城市的转移。新中国成立以来,我国农村劳动力转移政策的变化过程可分为以下四个阶段:

第一阶段(1949—1958年):实行农村劳动力自由转移的政策。新中国成立初期,尽管政府对粮食生产抓得很紧,但并没有采取限制农业中的其他各业来求得粮食快速发展的政策,因而随着农业生产的发展,农村劳动力在农业内部的产业转移比较迅速。1958年"大跃进"时还出现了农村劳动力由农业部门向非农产业部门的转移。同时对于农村劳动力的区域转移,特别是向城镇转移,也基本上是采取自由转移的政策。从1949年到1952年,城乡间的人口转移实行的是完全自由的政策,迁移者只需到公安机关办理户口登记手续即可。1953年4月,中央人民政府发布了"关于劝阻农民盲流进入城市的指示",同年9月,又规定由农村迁往城市的人口,在迁出时必须经乡政府审批,迁入时必须经城市公安机关审批。由此城乡间的人口迁移登记制变为审批制。尽管如此,当时对农村人口向城市迁移仍然没有实行严

格控制。

第二阶段(1959—1978年):实行严格限制农村劳动力转移的政策。由于1958年"大跃进"使得农村劳动力由农业部门向非农部门转移得过多,影响了农业生产,从而导致我国政府开始对农村劳动力的转移实行限制政策。在其后的20年间,在农业内部片面地强调"以粮为纲",因而严格制农村劳动力向农业中其他各业以及向农村二、三产业的转移;同时为确保城市充分就业目标的实现,国家还严格限制农村劳动力向城市的转移。以下几个方面的政策措施起到了严格限制农村劳动力向城市流动的作用:①城乡隔绝的户籍管理制度。1958年1月8日,全国人大常委会通过颁布《中华人民共和国户口登记条例》。从此以后,中国大陆公民不能自由迁移,没有公安部门的允许,任何人不得在空间上自由移动。公民的常住地与户口登记社区是统一的,地域迁移的前提条件是户口迁移。特别是对农村人口向城市迁移做出极为严格的限制,农村人口只能仅仅通过国家劳动部门的统一招工、学校录取学生、职工调动以及投靠亲属等渠道移入城市。户籍管理制度将全部人口分为相互隔绝的两大集团,即城镇人口和农村人口。②人民公社制度。人民公社是"政社合一"的制度,其实质是政府直接介入农业生产和农民生活的全部过程,作为直接生产者的农民则丧失了对其生产活动和产品分配的决策权。人民公社生产活动的主要目的,不是满足社员的需要,而是完成国家下达的生产任务。这样就极大地限定了农村的基本生产资料——土地和劳动力的使用方式。社员每天集体上工,集体下工,凡有事必须请假,其生产活动和日常生活完全处于被管制状态。人民公社这种军事化的管理方式也有力地限制了农村劳动力的外流。③统购统销制度。统购统销制度的建立使国家垄断了农副产品市场,完全控制了农副产品的收购、流通和销售,从而也就控制了城镇居民的生活必需品。城镇居民的生活必需品如粮食、食油、肉、蛋、棉布等几乎全部要凭票购买。这些票证是凭粮本和副食品供应证领取的。而只要有城镇户口的人才有粮本和副食品供应证。④城市统包统配的劳动就业制度。统包统配制度确保了国家对劳动力市场的垄断,统包统配之外没有就业机会。而我国统包统配的对象主要是拥有城镇户口的公民。只要你有了城镇户口,你就有了在城镇就业的权利。如果你没有城镇户口,那你就不可能在城镇中就业。⑤城市的福利制度。在中国,国家把本应该由自己承担的社会保障功能推给了企事业单位。每一个较大的企事业单位都要为其职工建住房、医院、托儿所、小学、中学、食堂、商店,除此之外还要有自己的邮局、储蓄所等,造成每一个企事业单位都是一个小社会。这样就形成了就业与福利一体化,只要你在某一企事业单位工作,同时也就得到了相应的福利。一个没有工作的人,不但没有工资收入,而且也没有住房、医疗保健、孩子入托和上学等方面的福利。以上几个方面的制度,基本上堵死了农村劳动力流入城市的通道。

在中国传统的工业化模式下,虽然用城乡隔绝制度把农民排斥在国家工业化过程之外,并且不惜以低效率来维持城市的高就业,但仍未能摆脱城镇就业问题的困扰。为此政府又采取了政治或行政手段来促使人口由城市向农村的反向流动,例如1968—1977年把1600万城镇知识青年送往农村"接受贫下中农再教育",同期还把数百万机关干部和知识分子下放农村劳动。

第三阶段(1979年—20世纪80年代末期):实行农村劳动力"离土不离乡,进厂不进城"的农村内部就地转移政策。20世纪70年代末期,中国开始实行大规模的农村经济体制改革。由于家庭联产承包制的实行而导致的农业劳动生产率的大幅度提高,使得有限的耕地再也容纳不下庞大的农业劳动力,而人民公社体制瓦解以及统购制度改为合同定购制度以后,再也无法将农村剩余劳动力强制性地束缚在产出相对低下的耕地上,与此同时,城市又因改革滞后而处于工业发展和就业量都相当有限的状态。在这种情况下,农村劳动力的就地产业转移就成为唯一可行的或迫不得已的政策选择。农村剩余劳动力除了由种植业向农业内部其他各业转移外,主要就是向乡镇企业转移了。20世纪80年代乡镇企业的快速发展对于大量吸收农村剩余劳动力,从而减缓农村劳动力的就业压力发挥了十分重要的作用。农村劳动力向乡镇企业的大规模转移,不仅使农村的劳动力结构、产业结构发生了历史性的变化,同时也使整个国民经济的发展格局之改观。

第四阶段(20世纪90年代初至今):对农村劳动力大规模的跨地区流动实行积极引导的政策,并强调要保护农民工的权益。从20世纪80年代末期开始,我国的乡镇企业在经过10年的外延式扩张后,已陆续进入技术进步和内涵发展的阶段。乡镇企业技术结构和经济结构的转型,导致了其对农村剩余劳动力吸收能力的下降。这种变化与农村人多地少、农业生产比较利益低下、地区间发展水平以及城乡收入水平差异扩大等矛盾的激化,是始于20世纪90年代初的农村劳动力大规模区域流动的原始动力;而之所以在90年代出现大规模的农村劳动力区域流动的必要条件则是,随着农村经济体制改革的深化,一些阻碍农村劳动力跨地区转移的制度或彻底根除或有所松动,如我国粮食购销体制市场化的改革取得了重大进展、城市户籍制度和劳动就业制度都松动等。

对于农村劳动力的跨地区流动我国政府实行积极引导的政策,并逐步强化,特别是近年来非常重视对农民工的权益保护。2004年《中共中央国务院关于促进农民增加收入若干政策的意见》提出,"要改善农民进城环境,增加外出务工收入"。同年,农业部、财政部、劳动和社会保障部等六部门开始实施针对农村劳动力转移培训的"阳光工程","阳光工程"实行政府和农民个人共同分担农村劳动力转移培训经费的投入机制,财政安排的专项培训补助资金直接让农民受益。"阳光工程"的实施,带动了农村劳动力的进一步转移,提高了农民收入,农业劳动力转移由原来的自发、无序向有组织、有序的方向转变。2006年国务院又出台了《国务院关于解决农民工问题的若干意见》,明确指出农民工是我国改革开放和工业化、城镇化进程中涌现的一支新型劳动大军,肯定了农民工对我国工业化、城镇化以及经济发展的重大贡献。该意见进一步提出要积极促进农村劳动力就业,并对农村劳动力就业的权益进行保护。2007年,国家还出台了《就业促进法》,特别对农民工在就业过程中遇到的就业歧视、工资待遇、社会保障等问题进行法律规定,强调政府部门应当针对农民工实施积极的就业政策。2008年1月1日开始实施的《劳动合同法》,针对农民工就业、劳动合同签订问题给出法律规范,强调用人单位与农民工必须签订劳动合同,并在用工管理、就业服务、社会保障、权益保障方面保护农民工的权益。2010年1月28日发布的《国务院办公厅关于进一步做好农民工培训工作的指导意见》,提出了农民工培训工作在今后几年的主要目标是,"培养合格技能型劳动者,促进农民工培训总量、培训结构与经济社会发展和农村劳动力转移就业相适应;到2015年,力争使有培训需求的农民工都得到一次以上的技能培训,掌握一项适应就业需要的实用技能"。

四、提高我国农村劳动力就业水平的政策途径

进一步加快农村剩余劳动力的转移以提高农村劳动力整体就业水平,是我国国民经济发展过程中的一个全局性问题。改革开放以来,我国农村剩余劳动力的转移取得了巨大成绩,尽管如此,我国目前农村劳动力的就业压力并没有得到彻底缓解。关于我国农村剩余劳动力数量到底有多大,不同专家学者由于采用的方法不同,得出的结论也不同,但可以肯定的是,我国目前的农村剩余劳动力数量仍较为庞大。如何更好地转移农村剩余劳动力仍然是我们面临并必须努力解决的一个严峻问题,同时也是影响我国国民经济发展全局的一个难题。

彻底解决我国规模庞大的农村剩余劳动力的出路问题,必须采取"多渠道分流,多种形式转移"的政策。从总体上讲就是在不断完善劳动力市场的同时,积极推进产业结构的调整和城市化进程,依靠一、二、三产业的全面发展,全方位开拓就业门路,使农村剩余劳动力被吸收到国民经济各个部门,充分发挥其作用。具体来讲,提高我国农村劳动力就业水平的主要政策途径有以下几个方面:

1. 继续调整农业内部结构

首先是要发展精细农业,集约农业,即大搞农田水利基本建设,治理改造中低产田,提高复种指数,在提高农业生产水平和增加农民收入的同时,也提高了种植业吸收农村剩余劳动力的能力。其次是要扩大农业的视野,建立大农业的观点,即农业不仅包括种植业,而且还包括林、牧、渔业。要通过农业内部结构的调整,促进农业各业的全面发展,以吸收更多的农村剩余劳动力。

2. 加快并正确引导乡镇企业的发展

在20世纪80年代乡镇企业吸收了大量的农村剩余劳动力就业,今后乡镇企业要继续充分发挥吸收农村剩余劳动力的作用。为此首先国家要把支持乡镇企业的发展作为一项基本政策稳定下来并长期坚持下去。在宏观政策上,应给予乡镇企业更多的指导和扶持,为其创造一个公平竞争的制度环境和社会环境,减轻乡镇企业的不合理负担;在产业政策上,应考虑将劳动密集型产业,尤其是农副产品加工业及部门城市工业的配套企业,适当向农村扩散,并采取一定的优惠政策对农村的劳动密集型企业加以扶持;在区域政策上,应将中西部乡镇企业的发展作为支持的重点,同时要把乡镇企业的发展同小城镇的建设结合起来,通过小城镇建设实现乡镇企业的相对集中,通过乡镇企业的相对集中促进小城镇的发展。其次乡镇企业的技术选择,应把劳动密集型技术放在重要位置,走劳动密集型技术与资本密集型技术相结合的路子,以提高乡镇企业吸收劳动力就业的能力。

3. 开发第三产业吸收农村剩余劳动力的潜力

在实践中,我国对农村剩余劳动力向第二产业转移强调较多,而对第三产业的吸收重视不够。当前发达国家第三产业的就业人口已占总就业人口的一半以上,第三产业的增加值占国内生产总值的比重达70%以上。而我国第三产业的就业人员截至2009年仅为全部就业人员的34.1%,增加值仅占国内生产总值的43.4%。因此,加快第三产业的发展,将为解决中国农村剩余劳动力的就业问题提供广阔空间。

4. 进一步推进我国的城市化进程

城市化水平是衡量一个国家工业化、现代化水平的重要指标。目前,我国的城市化正处于稳定向前发展阶段,2009年我国城市化水平为46.6%,而发达国家已达80%—90%,我国的城市化水平与发达国家相比还有很大差距,并且我国的城市化进程明显落后于工业化进程。今后,我国的城市化速度会进一步加快,加上城市人口自然增长率逐步降低,城市化的推进会吸收更多的农村剩余劳动力,这也是未来我国农村剩余劳动力转移的一个非常重要的途径。根据我国目前的具体情况,我国应走一条以发展中小城市(镇)为重点的城市化道路。

5. 继续做好农村劳动力技能培训工作

农村劳动力技能培训是一项长期工作,目前我国农村劳动力培训取得了较为显著的成效,政策措施逐步完善,培训力度不断增大,农村劳动力的职业技能得到大幅提高。但是不可否认,农村劳动力的培训仍然存在很多需要改进的地方,例如培训项目缺乏规划,资金使用效益和培训质量不高等。为切实提高农村劳动力技能水平和就业能力,促进农村劳动力的转移与就业,就要继续做好农村劳动力的技能培训工作,通过职业学校、培训基地建设,形成具有一定规模、富有特色的培训项目,鼓励农村劳动力参与培训、学习。

6. 培育和完善劳动力市场

首先是要坚持以市场配置劳动力资源的方向,尊重农民自主就业的权力。其次要建立健全就业服务体系,关键是大力发展多种形式的劳动就业中介组织,逐步形成包括就业信息咨询、职业介绍等在内的社会化的就业服务体系,帮助农村劳动力对转移成本、收益、风险做出正确的判断,减少因盲目转移而遭受的损失。再次是完善和规范政府管理,以促进统一开放、公平竞争劳动力市场的形成。

第三节 农村社会保障政策

一、农村社会保障政策的含义与目标

社会保障政策是指国家通过国民收入再分配的方式对社会成员的基本生活提供安全保障的行为、机制和制度的总称。在现代社会,社会保障政策的目的在于保障社会成员的基本生活权利,实现社会的公正与公平,促进社会的稳定与发展。社会保障政策按实施的地域范围可以分为农村社会保障政策和城市社会保障政策。农村社会保障政策是指国家为了维护农村居民的基本生存权利,保证农村社会和经济的稳定发展,对由于各种原因而失去生活保障的农村居民给予一定支持的社会安全措施的总和。它是一个国家农村社会政策的重要组成部分。

农村社会保障政策所要实现的目标主要有以下几个方面:

1. 满足农村居民的基本生活需求

农村居民在从事农业生产活动中也同样面临着各种风险,如年老、疾病、事故以及其他各种天灾人祸。当由于上述各种风险造成农村居民收入及生活水平受到损失时,国家通过各种社会保障措施给予一定的补偿,以满足与保证他们的基本生活需求。

2. 促进社会稳定

促进社会稳定,保证国家的长治久安,是所有国家社会政策的一个重要目标。而农村的稳定,又是整个国家稳定的重要组成部分。特别是在像我国这样的农村人口占大多数的国家中,农村社会的稳定就具有更加重要的意义。在社会保障体系比较完备的条件下,农村居民不怕老无所养,患病无钱医治,这样就在很大程度上增强了社会凝聚力,从而有利于保证社会的稳定。

3. 保证劳动力再生产的顺利进行

劳动力再生产是社会再生产的重要环节,生产的发展、劳动生产率的提高,不仅取决于劳动力的维持和延续,还取决于劳动者素质的提高。农村社会保障政策的目标之一就是保障劳动力再生产的顺利进行。通过完善的社会保障体系,为遭遇各种风险的农村劳动者及其家属提供相应保障措施,解决单独依靠家庭和个人难以解决的困难,使其得到生息和繁衍;除此之外,还能把一部分财力用于本人和家属子女的智力投资,使劳动者的素质不断提高,以适应社会经济发展的客观需要。

4. 控制人口的过快增长

在发展中国家,人口过快增长在一定程度上已成为阻碍经济发展的重要因素,这是因为越是在经济不发达的国家,家庭赡养的作用就越大,在中国特别是在农村就有"养儿防老"的传统观念。实行社会保障政策的目标之一就是彻底改变传统的养老方式,变家庭赡养为社会赡养,从而有效地控制人口的过快增长。实践证明,世界上社会保障体系健全,特别是有养老保险的国家,人口出生率就低;凡是社会保障不健全,无养老保险的国家,人口出生率就高。

5. 实现效率与公平的统一

效率与公平是所有国家追求的目标。在市场经济体制中,由于竞争机制的作用,效率优先、优胜劣汰在所难免。市场机制,给予每个社会成员平等参与竞争的条件和机会,但绝不保护在竞争中的弱者,为了实现效率与公平的统一,国家就必须采取必要的政策,来弥补市场机制的缺陷。社会保障政策就是这样一种政策措施,它的目标之一就是通过资金的筹集和给付,使国民收入进行重新分配,将不享受社会保障的人们的一部分收入,通过社会保障体系中的各种措施转移到享受社会保障的人们手中,使其取得一项再分配收入,达到促进社会公平的目标。

二、农村社会保障政策体系

农村社会保障政策体系由农村社会救济、农村社会保险以及农村社会福利三大部分组成。

1. 农村社会救济

农村社会救济是指国家及社会团体,运用掌握的资金、实物、服务手段,通过一定的机构和专门人员,向农村无收入、无生活来源也无家庭依靠并失去工作能力者,向生活在最低生活标准以下的个人和家庭,以及向一切遭受严重自然灾害的个人和家庭所实施的使其能够继续生存下去的一种社会保障。它是农村社会保障政策体系中最低层次的保障措施。

农村社会救济的对象主要包括:一是无依无靠又没有生活来源的农村居民,如孤儿、长期患病者,未参加社会保险且无子女和配偶的老人等;二是由于各种突发性的灾害，如旱灾、水灾、风灾、火灾和地震灾害等，所导致的生活一时困难的农村居民和家庭。这类救济对象一般都有劳动能力和收入来源，但由于突发性的灾害使其财产和人身受到损失，进而使生活暂时遇到困难，需要国家和社会给予救济；三是有一定的生活收入来源，但生活水平仍低于国家所规定的最低生活水平的农村居民和家庭。

农村社会救济的目标是保证农村居民的最低生活水平，以维持农村居民的基本生存权利。在这里，最低生活水平是一个相对的概念，它不是指维持生命极限所必需的消费水平，而是相对于其他社会成员已拥有的平均消费水平，由国家根据社会经济发展的总体水平来确定的。国际劳工组织认为：在工业化国家，收入相当于制造业工人平均工资30%的个人和家庭，它的生活水平就已达到最低生活水平，低于此标准，即属救济对象。有的国家则以恩格尔系数为依据来确定最低生活水平，即以一个家庭用于购买食物支出的比例来确定其生活贫困程度，并以此为依据确定救济对象。

2. 农村社会保险

农村社会保险是指由国家制定的，在农村居民遭受年老、疾病等风险时，给予该人一定的补偿，以满足其基本生存需要的一种社会保障措施。农村社会保险的对象是农村居民，它的基本目的是对未来的风险进行预先保障。农村居民通过参加农村社会保险，以缴纳保险费的形式，为自己积累一笔在风险发生后可支配的费用，从而消除未来风险带来的巨大负担。在农村社会保障政策体系中，农村社会保险占有核心地位。

农村社会保险主要包括农村社会养老保险和农村社会医疗保险两项基本内容。农村社会养老保险是在农村居民因年老而退出劳动领域后，为其提供一定的收入补偿，以满足其基本生活需要的一种社会保险措施。农村居民及其所在的集体必须在农村居民退出劳动领域之前就按规定缴纳养老保险费，为日后享受养老金积累基金。与其他保险项目不同，农村社会养老保险是一种享受期较长的社会保险项目。农村社会养老保险覆盖范围的大小与农村社会经济发展水平的高低呈正相关关系，在社会经济发展水平低的地区，农村社会养老保险的覆盖范围非常有限；而在社会经济发展水平比较高的地区，它的覆盖范围就非常广了。

农村社会医疗保险是当农村居民患病时，为其提供医疗费用（服务）的一种社会保险措施。疾病是农村居民一生中可能遇到的使其暂时或永久丧失劳动能力的风险之一，它不但使其在患病期间收入减少或丧失，而且还必须为治病支付医疗费用,从而使患病者失去基本生活保障。因此必须将其纳入社会保险范围。

农村居民及其所在的集体必须按规定缴纳保险费,为农村居民在患病期间享受医疗费用补偿预先积累资金,从而使其康复有较为稳定的财力保障。医疗费用的支付数量在不同的国家,或同一国家不同时期是不一样的,有的是全部负担,有的是部分负担。

3. 农村社会福利

农村社会福利是由国家制定的,通过国家或社会团体提供各种津贴、设施或服务的方式,使农村居民的生活达到一定水平,以提高其物质文化质量的一种社会保障措施。农村社会福利的实施形式多种多样,除了发放各种资金补贴(如长寿老人补助)外,更主要的是提供各种公共设施和社会服务,如在农村兴办幼儿园、学校、孤儿院、养老院以及各种文化娱乐和保健设施等。农村社会福利基金的来源主要是政府财政拨款、农村集体自筹和社会捐赠三个方面,福利基金的享有者和供给者是分离的。与农村社会救济和农村社会保险相比,农村社会福利具有覆盖范围更广的特点,它是为农村全体社会成员提供的一种社会保障。尽管按福利对象的不同,农村社会福利实施的方式也有所不同,但不带任何前提条件的普遍提供,是农村社会福利的一个显著特点。农村社会福利的目的是保证农村居民的生活水平达到一定的标准,更好地改善其物质文化生活质量,因此,它与社会救济和社会保险不同,是一种高层次的保障措施,也可以说是农村社会保障政策体系中的最高境界。

三、我国农村社会保障政策的变迁

自1949年中华人民共和国成立以来,我国农村社会保障政策的发展经历了集权化保障、分权化保障和制度化保障三个阶段。

1. 集权化保障阶段(1949—1977年)

新中国成立初期,依据中华人民共和国第一部宪法中"劳动者在年老、疾病或者丧失劳动能力时有获得物资帮助权利"的规定,我国开始建立农村社会保障制度。1958年人民公社制度在全国农村基本确立,人民公社是政社合一的组织,在人民公社这种集权化体制下,我国农村社会保障制度的突出特点是社会保障系统与社会生产系统相重合。

(1)农村社会救济制度开始建立。农村社会救济制度是社会保障政策体系中最低层次的措施和基本手段。五保户供养、救灾和困难户救济是这一阶段中国农村社会救济制度中的最基本形式。

开始于农业合作化时期的五保户供养制度是中国农村集体经济条件下最成体系的一种救济制度。农村五保户供养制度产生于1956年的《高级农业生产合作社示范章程》。五保户供养是指集体对农村无依无靠、无生活来源、无劳动能力的老人、残疾人和孤儿进行集体供养的一种社会救济制度。"五保"包括保吃(供应口粮、食油及零用钱)、保穿(供给衣服被褥等必需品)、保住、保医和保葬。五保标准不低于当地一般群众的实际生活水平。

从理论上讲,高度集权的人民公社体制在应对自然灾害上具有优越性,因为平调机制可以把自然风险在全国范围内分散开来,可在更大范围内实行以丰补歉。但实际上,我国为保障重工业发展的发展而过渡攫取了农业剩余,加之集体经济的低效率,人民公社并没有能够很好地履行保证人民基本生活水平的职能。1959—1961年期间,天灾和"大跃进"运动一度使全国陷入饥馑状态。政府农村救济资金每年不足4.5亿元,农业人口人均每年不足0.8元钱。

(2)农村合作医疗制度迅速展开。农村合作医疗制度是在政府和集体经济的扶持下,农民遵循自愿、互益和适度的原则,通过合作形式,互助共济建立起来的满足农民基本医疗保健要求的农村医疗保健制度。

1959年11月,全国农村卫生工作会议在山西召开,会议总结了陕甘宁边区"卫生合作社"和山西省高平县开展合作医疗的经验,并决定在全国推广。此后,农村合作医疗制度在全国迅速推行,到20世纪70年代一度覆盖了全国95.2%的农村人口。

政府利用其资金积累优势建立起了以县医院为龙头的农村卫生网络,并大力开展地方病、传染病等的预防和治疗。基层卫生机构依靠生产队公益金提取、农民缴纳保健费和业务收入(药品利润),来保证所需经费,实现了"合医合防不合药"的合作医疗,基本解决了农村缺医少药的问题,大大降低了死亡率,提高了平均期望寿命。总之,农村合作医疗制度的建立对于保障农民健康、提高全民素质发挥了极其重要的作用。

2. 分权化保障阶段(1978—1989年)

1978年以家庭联产承包制为主要内容的农村经济体制改革以后,人民公社"三级所有、队为基础"的集体经济被家庭经济所取代。农村集体经济的解体使过去的农村社会保障制度失去了基本经济基础,合作医疗制度在绝大多数农村地区解体,到1989年年末,农村实行合作医疗的行政村只占全国行政村的4.8%,而其中的大部分又都是名存实亡。五保户供养制度难以为继,政府救济金很难到达目标人群。

除集体经济被家庭经济取代外,农村商品经济的发展、人口流动的加快、计划生育政策的实施、价值观念的变化等都成为诱发农村社会保障制度变迁的重要因素,农村社会保障制度的变迁再次成为必然。

(1)土地的生活保障功能得到强化。农村家庭经营制度将土地这一重要生产资料的经营、转让及收益权赋予了农民,从而为家庭经济的发展及其保障功能的发挥奠定了基础。联产承包变革普遍坚持了土地福利性均分的原则,把土地作为保障农民基本生活需要的主要手段。在具体操作中,土地经过丈量面积,合理分等定产,以人划分或人劳结合划分,尽量连片。土地承包表现出明显的福利性质,体现了绝大多数农民的利益。土地成为农民最后的生活保障,农民从事非农产业的风险和不确定性,致使他们即使无力耕种甚至撂荒,也力图占有一份土地以作"退路"。

(2)农村社会养老保险制度萌芽。随着农村经济体制的改革,集体经济力量大大削弱,过去由集体承担的少数农民养老的物质负担又回归到家庭,原来的一些旧矛盾和经济体制转变而引发的新矛盾就都暴露了出来。比如,老龄化速度的加快和落后的经济发展水平之间的矛盾、家庭规模缩小与家庭养老负担加重的矛盾、计划生育政策与家庭养老功能之间的矛盾越来越突出。原来可以达到"五保"标准的孤寡老人因集体经济力量薄弱而失去了最基本的生活保障。所有这些矛盾最终催生了社会养老制度在农村的萌发。20世纪80年代初,上海嘉定等县开始了建立社区养老保险的试点,而到了1987年,中华人民共和国民政部(以下简称"民政部")鉴于农村养老问题日益突出并已制约了农村经济的发展,借鉴各地方的成功经验开始在一些经济条件较好的地方,如山东、北京、上海等地的1000多个县进行了农村社会养老保险的试点工作。

3. 制度化保障阶段(1990年以来)

进入20世纪90年代以来,建立现代社会保障制度成为完善社会主义市场经济体制的重要课题,我国农村社会保障进入制度化阶段。党的十四届三中全会《关于建立社会主义市场经济体制若干问题的决定》中,提出建立与我国目前社会生产力发展水平以及各方面的承受能力相适应的多层次的社会保障体系,并规定建立统一的社会保障管理机构。1998年第九届人大通过的政府机构改革方案中,组建了劳动与社会保障部,统一主管养老、医疗、失业保险等社会保障工作。在大力推进城镇社会保障制度建立与完善的同时,有关部门进行了农村医疗保险、养老保险和最低生活保障等制度的试点工作,并逐步在全国农村推广。

(1)快速推行新型合作医疗制度。20世纪90年代,中国的农村卫生体制改革可以分为国家加大对卫生事业的投入和改革医疗保障制度两个方面。国家财政对农村卫生事业的投入逐渐加大,其中尤以1991年开始的为期5年的国家计委、财政部、卫生部与农业部共同实施的国家级项目——农村乡镇卫生院、卫生防疫站、妇幼保健站建设项目(简称"三项建设")投资为巨。在医疗保障制度改革方面,80年代解体的一些农村合作医疗组织经过积极探索和改革,兴利除弊,开始恢复并得以发展,到90年代末期,各地开创了许多农村合作医疗的形式并逐渐向农村社会健康保险的轨道上靠拢。

2002年10月《中共中央国务院关于进一步加强农村卫生工作的决定》发布以后,在相关部委和地方政府的推动下,一些地方开始了建立新型农村合作医疗制度的试点工作。2003年1月国务院出台了《关于建立新型农村合作医疗制度的意见》,新型农村合作医疗制度开始在全国推行。

新型农村合作医疗制度是由政府组织、引导、支持,农民自愿参加,个人、集体和政府多方筹资,以大病统筹为主的农民医疗互助共济制度。其基本做法是,自愿参加合作医疗的农民,以家庭为单位按一定标准(最初每人每年10元,部分东、中部地区稍高)缴纳合作医疗资金,同各级政府补助的资金(最初每年每人补助20元)一起形成合作医疗基金,储存在县(市)国有商业银行或信用社的财政基金专户内;参合农民每次到县(市)内定点医疗机构就诊时,凭合作医疗证可直接按比例报销部分医药费用;定点医疗机构将为农民报销所支付的资金数额以及相关凭据,定期报到县(市)或乡(镇)合作医疗经办机构,经县级经办机构和财政部门审核并开具申请支付凭证,由代理银行或信用社直接将资金转入有关医疗机构的银行账户。新型农村合作医疗制度做到了基金收支分离,管用分开,封闭运行。

新型农村合作医疗制度取得了显著成效。新型农村合作医疗制度从2002年开始试点,到2007年年底,全国开展新型农村合作医疗的县(市、区)已达2451个,占全国总数的86%;东部地区覆盖全体农民,中西部地区覆盖85%;全国参加新农合的农民达到7.3亿人,参合率为86%。到2008年年底,新农合已经覆盖所有含农业人口的县(市、区),参加新农合的人口数量超过8.1亿,参合率达到91.5%,提前两年实现了中央提出的新农合制度基本覆盖农村居民的目标。到2011年9月底,新农合参合率进一步上升到97.5%。新农合基金累计支出1114亿元,累积受益8.4亿人次。农民就诊率和住院率明显提高,因病致贫返贫问题有所缓解。

目前,我国新型农村合作医疗制度已进入巩固和完善阶段。2008年,党的十七届三中全会审议通过的《中共中央关于推进农村改革发展若干重大问题的决定》中,明确提出了"巩固和完善新型农村合作医疗制度"的新要求。2009年7月2日,卫生部、民政部、财政部、农业部、中医药局联合发布《关于巩固和发展新型农村合作医疗制度的意见》,提出了以下几点要求:①2009年,全国新农合筹资水平要达到每人每年100元,其中,中央财政对中西部地区参合农民按40元标准补助,对东部省份按照中西部地区的一定比例给予补助;地方财政补助标准要不低于40元,农民个人缴费增加到20元。②从2010年开始,全国新农合筹资水平提高到每人每年150元,其中,中央财政对中西部地区参合农民按60元的标准补助,对东部省份按照中西部地区一定比例给予补助;地方财政补助标准相应提高到60元,确有困难的地区可分两年到位。农民个人缴费由每人每年20元增加到30元,困难地区可以分两年到位。③各地要继续坚持以家庭为单位自愿参加的原则,积极探索符合当地情况、农民群众易于接受、简便易行的新农合个人缴费方式。可以采取农民定时定点交纳、委托乡镇财税所等机构代收、经村民代表大会同意由村民委员会代收或经农民同意后由金融机构通过农民的储蓄或结算账户代缴等方式,逐步变上门收缴为引导农民主动缴纳,降低筹资成本,提高工作效率。

2011年卫生部、民政部和财政部联合发布《关于做好2011年新型农村合作医疗有关工作的通知》,规定从2011年起,各级财政对新农合的补助标准从每人每年120元提高到每人每年200元,新增80元中央财政对西部地区补助80%,对中部地区补助60%,对东部地区(含京津沪)按一定比例补助。确有困难的个别地区,地方财政负担的补助增加部分可分两年到位。原则上农民个人缴费提高到每人每年50元,困难地区可以分两年到位。新农合政策范围内的住院费用报销比例提高到70%左右,统筹基金最高支付限额提高到不低于5万元,同时积极开展提高重大疾病医疗保障水平的试点工作。通知还就继续强化基金监管、确保基金平稳运行,配合国家基本药物制度实施、促进农村基层医疗卫生机构运行机制改革,加快新农合信息系统建设、开展"一卡通"试点工作等做出了规定。

(2)农村社会养老保险得以发展,新型农村社会养老保险开始试点。我国农村社会养老保险制度方面的探索已有20多年的历史。如前所述,在20世纪80年代中期,一些经济较发达的地区开始了农村社会养老保险制度的试点。1991年6月,民政部农村养老办公室制定了《县级农村社会养老保险基本方案(试行)》,并从1992年1月3日起在全国公布实施。当时典型的模式有三种:烟台模式、青岛模式和苏州模式。

第一,烟台模式。这种模式是以政府倡导为特征的准商业保险模式。它坚持"政府倡导、个人自愿、因地制宜、稳妥推进"的原则,在养老保险资金的筹集上类似商业保险,除被征地农民以外,其他农民参保政府不补贴,农民参保缴费不设上下限,多交多回报,少交少回报。

第二,青岛模式。这种模式是一种以政府扶持和有限补助为特征的行政支持模式。它坚持"个人缴费、集体补助、政府扶持相结合"的原则,在养老保险资金的筹集上,各县(市、区)根据本地实际情况确定缴费基数(以上年度农民人均收入为基准),个人交6%,村集体、乡镇、县(市、区)补助12%。个人交费设上下限,最低不低于6%,最高不高于30%。

第三,苏州模式。这种模式实行"一个体系,两种制度",对农村劳动力分别实行两种社会基本养老保险办法。农村各类企业的从业人员,必须参加城镇企业职工基本养老保险;以从事农业生产为主的农村劳动力纳入农村养老保险。农村养老保险坚持"个人负担、财政补助、集体补贴"的原则,在养老保险资金的筹集上,缴费基数按当地上年农民纯收入或参照上年城市企业职工平均工资确定。在此基础上,个人负担50%,集体和财政负担50%,财政补助的资金必须全部到位。

从此,农民参加养老保险的人数不断上升,到1997年年底,已有8000多万农民参加养老保险。但是,由于当时我国农村尚不具备普遍实行社会养老保险的条件,所以随着推广范围的扩大,相当多地区农村社会养老保险工作出现了参保人数下降、基金运行难度加大等问题,一些地区的农村社会养老保险工作甚至陷入停顿状态。

2003年以后,各地开始了农村社会养老保险新一轮探索,许多地方通过加大政府引导和支持力度,扩大覆盖范围,创新制度模式,在探索新的农村社会养老保险模式方面取得了一定的突破和进展。各地探索的农村社会养老保险模式有如下几种:①"由个人缴费、集体补助、政府补贴构成的个人账户养老金"模式(安徽省马鞍山市和陕西省等);②"由个人缴费、政府补贴构成的个人账户养老金+由政府补贴、集体补助构成的基础养老金"模式(广东省中山市);③"由个人缴费、集体补助构成的个人账户养老金+由政府补贴构成的基础养老金"模式(北京市);④"由个人缴费、集体补助、政府补贴(市、县或区)构成的个人账户养老金+政府补贴(市、县或区)构成的基础养老金"模式(江苏省南京市)。

到2007年年底,全国有31个省区市的近2000个县(市、区、旗)不同程度地开展了新的农村养老保险试点工作,参加农村养老保险人数达到5171万人。有392万农民领取了养老金,比上年增加37万人。2007年共支付养老金40亿元,2007年年末农村养老保险基金累计结存412亿元。[①]

2009年9月1日,《国务院关于开展新型农村社会养老保险试点的指导意见》出台,从2009年起开展新型农村社会养老保险(以下简称"新农保")试点工作。新农保试点的基本原则是"保基本、广覆盖、有弹性、可持续"。一是从农村实际出发,低水平起步,筹资标准和待遇标准要与经济发展及各方面承受能力相适应;二是个人(家庭)、集体、政府合理分担责任,权利与义务相对应;三是政府主导和农民自愿相结合,引导农村居民普遍参保;四是中央确定基本原则和主要政策,地方制订具体办法,对参保居民实行属地管理。

新农保的政策目标是:探索建立个人缴费、集体补助、政府补贴相结合的农村社会养老保险制度,实行社会统筹与个人账户相结合,与家庭养老、土地保障、社会救助等其他社会保障政策措施相配套,以保障农村居民老年基本生活。

新农保试点覆盖面为全国10%的县(市、区、旗),以后逐年扩大试点,在全国普遍实施,2020年之前基本实现对农村适龄居民的全覆盖。

新农保基金筹集是由个人缴费、集体补助、政府补贴构成。①个人缴费。农民参加新农保应当缴纳养老保险费,缴费标准目前分为五个档次:每年100元、200元、300元、400元、500元,地方可根据实际情况增设缴费档次;参保人自主选择档次缴费,缴费档次越高,享受养老金待遇也就越多。②集体补助。有条件的村集体应当对参保人缴费给予补助,补助标准由村

[①] 中华人民共和国人力资源和社会保障部、中华人民共和国国家统计局:《2007年劳动和社会保障事业发展统计公报》,2008年5月。

民委员会召开村民会议民主确定;其他经济组织、社会公益组织、个人也可以为参保人缴费提供资助。③政府补贴。对符合领取条件的参保人,其新农保基础养老金由政府负责全额支付,其中中央财政对中西部地区按中央确定的基础养老金标准给予全额补助,对东部地区给予50%的补助;地方政府应当对参保人缴费给予补贴,补贴标准不低于每人每年30元;对农村缴费困难群体,由地方政府为其代缴部分或全部最低标准的养老保险费。

新农保养老金待遇由基础养老金和个人账户养老金组成,支付终身。中央确定的基础养老金标准为每人每月55元。地方政府可以根据实际情况提高基础养老金标准,对于长期缴费的农村居民,可适当加发基础养老金,提高和加发部分的资金由地方政府支出。个人账户养老金的月计发标准为个人账户全部储存额除以139(计发月数,与现行城镇职工基本养老保险个人账户养老金计发月数相同。具体根据平均预期寿命、退休年龄、利息等因素确定)。参保人死亡,个人账户中的资金余额,除政府补贴外,可以依法继承;政府补贴余额用于继续支付其他参保人的养老金。

新农保待遇的领取条件为:年满60周岁、未享受城镇职工基本养老保险待遇的农村有户籍的老年人,可以按月领取养老金;新农保制度实施时,已年满60周岁、未享受城镇职工基本养老保险待遇的,不用缴费,可以按月领取基础养老金;距领取年龄不足15年的,应按年缴费,也允许补缴,累计缴费不超过15年;距领取年龄超过15年的,应按年缴费,累计缴费不少于15年。

长期以来,我国城乡二元经济结构,使得农民养老问题主要由家庭承担,社会养老保险也主要以"个人缴费"为主。新型农村社会养老保险政策的实施,结束了我国农村社会养老保险停滞不前的局面,赋予了广大农民平等享受社会保障的权利。新型农村社会养老保险制度的试点是我国农村社会保障制度的一个全新亮点,是进一步完善我国农村社会保障制度的重要体现。

(3)农村最低生活保障制度由试点到全面实施。我国最早的农村最低生活保障制度试点出现在1994年的山西省阳泉市。这一年,山西省民政厅在当地开始了农村最低生活保障制度的试点工作,颁布实施了《阳泉市农村社会保障试行办法》,规定各县根据各自的经济发展状况,确定基本保障线,对生活在基本保障线以下的贫困户,以户建档,逐年核定,实行救济,使其生活水平达到基本保障线。

1995年,在全国民政厅局长会议上提出了仿照城市最低生活保障制度,有步骤地在农村进行最低生活保障试点的决定。此后,山东、山西、广东、河南、湖南、青海等地以省政府名义颁发了农村社会保障体系建设的文件或法规,对开展此项试点工作进行了明确的规定。例如,广东省在1999年发布了《广东省城乡居民最低生活保障制度实施办法》,将农村居民最低生活保障与城市居民最低生活保障统筹起来。江苏省在2005年基本建立了覆盖城乡的最低生活保障体系,苏南地区全面建立了较为完善的农村最低生活保障制度,在"应保尽保"的基础上进一步建立了最低生活保障标准的自然增长机制,根据当地农村居民的衣、食、住等基本生活需要,综合考虑水电、燃煤(柴)以及子女义务教育费用等因素,确定保障标准方案,并根据经济发展、财政收入增长、人民生活水平以及物价指数等变化,进行调整。

2007年,中共中央一号文件《中共中央国务院关于积极发展现代农业扎实推进社会主义新农村建设的若干意见》明确提出:"要在全国范围建立农村最低生活保障制度,鼓励已建立制度的地区完善制度,支持未建立制度的地区建立制度,中央财政对财政困难地区给予适当补助。"同年,国务院下发《国务院关于在全国建立农村最低生活保障制度的通知》,标志着农村最低生活保障制度从试点开始转向全面推进。

建立农村最低生活保障制度的目标是将农村贫困人口全部纳入社会保障范围,稳定、持久、有效地解决农村贫困人口的温饱问题。农村最低生活保障制度是与其他扶贫政策相配合的制度。农村最低生活保障制度实行地方人民政府负责制,按照属地原则进行管理。各地根据农村经济社会发展状况与地方财政能力,确定合理的最低生活保障标准及保障对象。保障对象范围是在农村地区家庭人均纯收入低于当地最低生活保障标准的农村居民,这些群体往往是因病残、年老体弱、丧失劳动能力以及其他原因造成生活困难的农村居民。最低生活保障标准由县级以上地方政府来确定,并要随生活必需品价格和人民生活水平变化进行调整。农村最低生活保障制度的具体操作程序是:①申请人向户籍所在地村民委员会申请或直接向乡(镇)政府申请,然后村民委员会受乡(镇)政府委托进行家庭经济状况调查,组织村民会议民主评议后上报乡镇政府审核,审核通过后上报县级民政部门审批。②乡(镇)政府与县级政府对符合条件的低保对象的申请情况、评议审核意见和审批意见、实际补助水平情况等要进行民主公示,接收群众监督。③对符合条件的申请人,建立档案,颁发《最低生活保障证》,按照家庭的困难程度和类别,分档发放最低生活保障金。④乡(镇)政府与县级政府要定期对农村困难群众进行调查,及时将符合条件的农村居民纳入低保范围,同时对经济状况变化的家庭,按照程序办理维持、停发、减发或者增发手续,实行动态管理。

目前,农村最低生活保障制度已经在全国范围普遍实施,生活困难的农村居民得到了政府的积极支持与帮助。截至2010年年底,全国农村平均低保标准为每人每月117.0元,月人均补助70元,全国农村低保对象有2528.1万户、5228.4万人,正向"应保尽保"目标迈进,全年累计支出农村低保资金423.0亿元,比上年同期增长22.6%。[①]

四、我国农村社会保障制度建设的目标与完善对策

我国农村社会保障制度建设的目标是:在全国范围内建立一个科学、系统、规范的,包括养老保险和医疗保险等社会保险、社会救济、社会福利在内的,全方位、多层次、可持续的农村社会保障体系,使农村居民能够得到最基本的生活保障,使农村社会保障制度真正成为我国社会主义市场经济建设中一种重要的"稳定器"和"减震器"。

建立与完善我国农村社会保障制度是一项庞大的系统工程,不可能一蹴而就,要根据我国经济社会发展的阶段和农村的实际情况稳步推进,不断完善。完善我国农村社会保障体系的对策主要有以下几个方面:

1. 统筹城乡社会保障事业的发展

长期以来,我国农村社会保障事业发展滞后,尽管近年来我国农村社会保障事业快速发展,但在保障水平、覆盖面、财政对保障资金的投入等方面与城市相比仍然差距明显。因此,要将农村社会保障事业的发展纳入我国城乡社会保障体系建设规划范围之内,按照城乡经济发展的客观规律进行全盘考虑,以统筹我国城乡社会保障事业的发展。

2. 形成有效、可持续的筹资机制,进一步提高保障水平

近年来,我国农村社会保障事业快速发展,保障水平不断提高,但不可否认的是,我国农村社会保障水平整体而言仍较低。因此,各级政府应该随着经济发展和财力的增强,进一步提高财政对参加农村社会保障制度农村居民的补贴水平,同时形成有效、可持续的筹资机制,以进一步提高对农村

---

① 中华人民共和国民政部:《2010年社会服务发展统计公报》,2011年2月9日。

居民的社会保障水平。

3. 科学确定农村最低生活保障线的标准

确定农村最低生活保障线标准的基本要求是：既要能保障农村贫困人口的最低生活，又要防止保障标准过高而形成养懒汉的倾向。确定农村最低生活保障线标准应该考虑的主要因素有：①维持农民最基本生活的物质需要。各地要在认真调查研究的基础上，准确测算出贫困对象年人均消费水平和人均基本生活费支出。②农村经济发展水平。主要是当地人均国内生产总值、农民人均纯收入等。③地方财政和村集体的承受能力。④物价上涨指数。由于以上各因素是不断变化的，保障线标准应随着这些因素的变化而进行调整（一般为1年调整1次）。

4. 推动农村社会保障法制化建设，实现农村社会保障有法可依

目前，我国农村社会保障的相关法律建设还相当滞后，农村社会保障缺乏法律法规的保障。因此，要加快立法与行政法规建设，使农村社会保障有明确的法律依据，实现农村社会保障有法可依、有章可循，这是保证我国农村社会保障事业发展的重要条件。

5. 做好农村社会保障体系的衔接工作

目前建立的农村社会保障体系，农民个人账户的属地原则明显，个人账户无法转移，在人口流动性增强的情况下，跨地区衔接存在问题，影响了农民的参保积极性。另外，农民可能变成失地农民、农民工或者市民等其他身份，针对这些情况，目前我国还缺乏一个统一、规范的社会保障制度的衔接方案。因此，要通过科学研究，制定出一套完善的农村社会保障制度在不同地区以及农村社会保障制度与城镇社会保障制度的衔接方案。

6. 加强部门合作，提高农村社会保障基金的管理水平

在建设和完善农村社会保障制度的过程中，涉及人力资源与社会保障部、民政部、财政部、卫生部等多个部门，以及基层相关部门与机构，所以需要各个部门及机构加大合作力度，提高工作效率。同时，要提高农村社会保障基金的管理水平，实现社保基金保值增值，严格管理制度，防止资金流失、滥用，确保社保基金安全。

7. 建立多层次的农村社会保障体系

我国农村发展极不平衡，不同地区之间农民收入差距很大，即使同一地区的不同村庄或同一村庄的不同农户之间也存在较大差距。单一层次的社会保障体系很难照顾到各方面的要求。我国应该着眼于建立以法定农村社

会保障制度为主体,以乡村集体保障和农民家庭储蓄保障为补充的多层次的社会保障体系。

关键词

农村人口政策　农村劳动力转移理论　农村劳动力转移政策　农村社会保障政策　新型农村合作医疗制度　新型农村养老保险制度　农村最低生活保障制度

思考题

1. 人口政策目标及措施有哪些?
2. 我国农村人口生育政策是如何演变的?
3. 农村劳动力转移的一般理论有哪些?
4. 如何提高我国农村劳动力的就业水平?
5. 农村社会保障政策的目标是什么?有哪些政策措施?
6. 我国农村社会保障政策是如何演变的?

第七章 农业环境政策

随着世界各国政府对环境问题认识与重视程度的提高,农业环境政策已成为农业政策中一个非常重要的政策领域。本章主要分析了全球及我国面临的环境危机,介绍了我国农业环境政策的目标以及政策措施。

第一节 环境危机

一、全球的环境危机

环境危机已成为当今国际社会普遍关注的重大问题之一。环境危机,也即环境恶化,不仅仅指的是环境污染,也包括生态破坏。人类经过漫长的奋斗历程,特别是自产业革命以来,在发展经济方面取得了辉煌的业绩。与此同时,由于人口激增,工业化过程中处置不当,尤其是不合理的开发利用自然资源,造成了全球性的环境污染和生态破坏,对人类的生存和发展构成了威胁。当前全球性的环境危机主要表现在以下几个方面:

1. 森林减少

地球上的森林面积曾达到过 76 亿公顷,随着人口增加和过度开采,到 19 世纪减少到 55 亿公顷,到 2000 年就只剩 38.7 亿公顷。据联合国粮农组织(FAO)《2005 年全球森林资源评估报告》显示,"2005 年森林总面积估计数为 39.52 亿公顷或土地总面积的 30%,相当于人均享有 0.62 公顷的森林。""在 2000—2005 年,全球森林面积的净变化率估计为每年减少 730 万公顷(相当于巴拿马的面积),比 1990—2000 年期间每年减少 890 万公顷有所下降。"该报告还显示森林面积分布不均,64 个国家的 20 亿人口所拥有的人均森林面积不足 0.1 公顷。

森林面积的减少大大削弱了森林的涵养水源、保持水土、防风固沙、调节气候、吸毒滞尘、净化大气以及庇护生物等各种生态功能,导致生态环境恶化、自然灾害频发等严重后果。

2. 土地资源丧失

土地资源,尤其是耕地资源是人类生存和发展的基础。由于受到沙化、水土流失、盐渍化、建筑侵占和污染危害,全球的土地资源已经越来越少。特别是人均耕地数量,由于人口数量增加,已呈急剧减少之势。1975年,世界人均耕地尚有0.32公顷,而2000年人均只有约0.23公顷,减少了近30%。联合国粮农组织(FAO)提供的数据表明,2007年世界耕地面积为1411117.40千公顷,由此可以计算出人均耕地面积大约为0.217公顷,比2000年进一步减少。土地沙漠化已是一个世界范围内的生态问题。目前,全世界有33亿公顷牧地和耕地不同程度沙漠化,110多个国家程度不同地承受着沙漠化的威胁。但问题并不止于此,由于人类的过度放牧、无情砍伐以及大肆开荒,目前全球沙漠化的速度正越来越快。据联合国估计,目前有10%—20%的干旱土地继续沙漠化,在发展中国家问题更加严重,沙漠化影响的土地面积已经达到600万—1200万平方公里(加拿大、中国的领土面积均在800万—1000万平方公里)。土地沙漠化使耕地变得没有任何生产能力,导致世界1/3的耕地在过去40年里无法继续耕作。在世界范围内,30%的人工灌溉土地和70%的山地都出现沙漠化现象,每年有150万—250万公顷人工灌溉土地,350万—400万公顷的雨水浇灌地,350万公顷的山地因为沙漠化而丧失部分或者全部的生产能力。① 土壤侵蚀是世界土地资源面临的又一大灾难。土壤侵蚀的动力主要是来自于风和雨水,风将土壤刮到远方,雨水则将土壤冲到江河湖海中。据科学家的估计,在自然力的作用下生成1厘米厚的土壤大约需要100—400年的时间,而在世界不少地方,一年损失的表土就超过1厘米。据联合国环境规划署估计,全世界由于土壤侵蚀而损失的土地每年达600万—700万公顷,损失掉的土壤高达240亿吨。全球的农地每年因土壤侵蚀损失300万公顷,土壤侵蚀还导致土壤肥力的下降,降低土地养育人口的潜力。土地盐碱化是导致土地资源损失的另一个重要原因。据估计,目前全世界土地盐碱化总面积约有10亿公顷,而且每年增加约100万—500万公顷。

---

① 联合国环境规划署:《2006年世界环境日宣传手册》,2006年。

3. 水资源短缺与水资源污染

水是生命之源,是人类生存和发展所必须依赖的主要资源之一。地球虽是名副其实的"水星",但能被人类利用的淡水在整个地球水资源中仅占2.5%,并且在这极少的淡水资源中,99%以上是存在于南北两极以及高山之峰的冰川水和深藏于地下的地下水,受其环境条件的限制,这部分水资源我们人类目前还很少能利用。目前能直接被人类利用的水资源量不足世界全部淡水资源的1%。由于人口增长、经济发展和消费水平的提高,淡水需求量大幅度上升,同时由于工业化的发展,工业排放的废水和生活污水造成了严重的水污染,进一步减少了可以利用的水资源,从而导致了世界性的缺水。据统计,全世界有100多个国家缺水,严重缺水的国家有80多个,全世界缺水人口达到5亿。水资源不足不仅成为许多国家国民经济发展的障碍,而且也影响到人们的生活、健康甚至生命。早在1977年联合国就发出警告,继石油危机之后,人类所面临的下一个资源危机就是水危机。同时,水污染也比较严重,全球每天排放大约20亿吨工业、农业和生活污水。全球河流、湖泊每年遭污染水量相当于全球60多亿人体重总和。这些污水加速疾病传播,损害生态系统。发展中国家大约90%污水未经处理,就直接排放至河流、湖泊和海洋中。

4. 生物多样性消失

物种的形成与灭绝本是一个自然过程,大多数物种的限定寿命平均为100万—1000万年。在过去的5亿年间,地球上发生过6次大范围的物种灭绝。所有的这些灭绝现象都是经历了漫长的岁月才完成的,并且没有人类活动的干预,完全是自然选择和自然演化的结果。自从人类诞生以来,特别是工业化革命以来,由于人类活动的干预,地球上生物物种灭绝的速度大大加快,从过去几百年、几十年灭绝一种到现在一天灭绝一种,甚至每小时灭绝一种。由于森林的消失,使得许多物种的栖息地遭到破坏,据有关专家预测,如果毁林规模按目前的速度继续下去,那么,在今后的100年中50%的物种会完全消失。据世界银行估计,从1600年以来,至少有484种动物和654种植物物种已经灭绝。地球上物种灭绝的主要原因是人类夺占和破坏了野生生物的生存环境以及人为的捕杀。物种的快速灭绝,生物多样性的消失不仅使人类直接利用的生物资源量急剧减少,更重要的是破坏了生态系统的完整性,减少了整个地球生物圈的稳定性,从而削弱了人类生存和持续发展的基础。这种损失几乎是永远无法补救的,因而生物多样性问题也被列为当代全球最大的环境问题之一。

5. 工业"三废"污染

自工业革命以来,人类大规模的经济活动不仅导致许多自然资源遭到过度开采、破坏甚至枯竭,形成了前所未有的生态危机,而且也因工业排放大量的废气、废水和废渣而导致对大气、水体、土壤和食品的严重污染,形成了酸雨、温室效应以及臭氧层破坏等全球性的环境问题,严重地威胁着人类的生存和持续发展,成为人类面临的重大问题。

酸雨是指 pH 值低于 5.6 的大气降水,它是大量排放的工业废气中二氧化硫和氮氧化物污染的直接后果。酸雨的酸度虽然不一定很高,但时间长了,日积月累,就会给动植物的生长和建筑物的外表带来严重的危害,例如酸雨会使湖泊中的生物死亡而使湖泊变成"死水",也会使土壤变得贫瘠从而农作物减产,还会造成森林大面积死亡。由于酸雨所造成的危害极大,因而被称为"空中死神"。尽管对酸雨的研究已有多年,并且控制硫氧化物和氮氧化物的措施也实行了多年,但并未能从根本上改变酸雨的发展趋势。目前酸雨污染日趋严重,范围不断扩大,由欧美地区扩大到了亚、非、拉美等更为广大的地区。不仅工业发达的国家有酸雨问题,连一些发展中国家也随着工业化进程的加快遭受到了酸雨的侵袭。

"温室效应"产生的主要原因是大气中二氧化碳的增加。在工业革命前夕,大气中的二氧化碳处于一种动态的平衡。人和动物呼出二氧化碳,而绿色植物吸收二氧化碳,结果使大气中的二氧化碳收支相抵,处于一种动态的平衡中。但是自 19 世纪工业革命以来,人类大量燃烧化石燃料,大量排出二氧化碳,同时人类砍伐森林、破坏植被,导致绿色植物吸收二氧化碳的能力下降,这样大气中的二氧化碳越来越多,产生了"温室效应"。

"温室效应"的直接后果是导致全球气温的升高。据估测,从 1860 年至今,由于大气中二氧化碳浓度的增加导致地球升温 0.7℃—2℃。如果这样发展下去,到 2100 年将会最终引起地球升温 1℃—4℃。温室效应将导致全球性气候变暖,北半球冬天将变短、变温,夏天将变长、变干燥;亚热带地区会引起干旱蔓延。由于温度变暖,海洋将产生更多的热量和蒸发更多的水分,气流速度加快,热风暴能量将比现在大 50%;一些动植物种类可能要灭绝,农作物大幅度减产。"温室效应"一方面会造成表层海水受热膨胀,另一方面会融化高山冰川和极地冰层,从而导致海平面上升,预计到 2100 年海平面将上升 17—100 厘米,占全球人口 50% 以上的沿海居民将受到严重威胁,而沿海是世界经济最发达、财富最集中的地区,因而海平面升高的损失是巨大的。

臭氧层是地球上空25公里左右一个臭氧浓度较高的空气层。它能吸收并防止过量的太阳紫外线到达地球表面,对地球生命有重要的庇护作用。由于工业所排放的废气中含有大量的化学物质,特别是氯氟烷烃(CFC)类物质,导致了臭氧层的破坏,高空臭氧的浓度呈减少趋势。20世纪70年代后期以来,臭氧减少的速度加快。如南极上空的臭氧层自20世纪70年代以来已减少了60%,形成了臭氧"黑洞"。臭氧层的破坏会削弱臭氧层过滤太阳紫外线的功能。而过量的太阳紫外线照射会引起雪盲症、眼病、皮肤癌等疾病,同时也会使农作物生长缓慢、产量下降,还会对水生动物具有很大的杀伤力。

除了上述酸雨、"温室效应"和臭氧层破坏等全球性环境问题之外,从20世纪30年代开始,由于大气、水等环境污染程度的加重,在世界局部地区发生过许多起严重的公害事件,例如:1952年发生的英国伦敦烟雾事件,1986年发生的苏联切尔诺贝利核电站事件以及2002年"威望"号油轮泄油事件,每一次公害事件的发生,都造成了人员的巨大伤亡和财产的巨大损失。

6. 气候变化

气候变化问题已经成为当代最主要的、也是最重要的环境问题,对于全球各国的经济活动提出新的要求,也对各国环境监管部门提出了重大挑战。全球气候变化是由于人类经济活动使用大量化石燃料造成温室气体排放增加而形成的,主要表现是在全球变暖的背景之下,世界范围内极端天气不断出现,如飓风、洪水、干旱以及暴雪等。

全球气候变化产生的影响主要包括如下三个方面:首先,气候变化会导致天气模式发生改变,对农业生产产生不利影响。气候的不稳定性导致粮食作物减产,同时也会导致热带地区的洪水泛滥,气候变暖后某些害虫和疾病蔓延的速度加快。其次,气候变化会影响到冰川的融化,并促使海平面上升。最后,全球气候变化将会严重影响到生态系统的维护。地球上很多地带是自然的生态系统,科学研究表明,在气候变化的条件下,生态系统会难以承载极端天气等因素的破坏,并且这种破坏是不可逆转的。[①]

为此,世界气象组织(WMO)和联合国环境规划署(UNEP)于1988年联

[①] 政府间气候变化专门委员会(IPCC):《气候变化:2007综合报告》,2008年。

合组建了联合国政府间气候变化专门委员会(IPCC),对温室气体排放引起的气候变化对人类活动的潜在影响进行科学评估。2009年12月19日,联合国气候变化大会在哥本哈根落下帷幕,但是各国就减少碳排放量的框架协议与气候变化、环境问题并未达成共识,对全球气候变化采取的行动仍然没有大的进展,全球气候变化问题仍未得到有效的控制与解决。

面对当今全球性的森林破坏、沙漠扩大、土壤侵蚀、资源短缺、物种减少、大气污染、水体毒化以及气候变化的现实,人类终于从工业文明的陶醉中清醒过来,越来越认识到环境污染和环境破坏已威胁到了人类的生存和发展。全世界都开始行动起来,来保护生态环境,保护我们的地球。1972年6月5日,联合国在瑞典首都斯德哥尔摩召开了有113个国家参加的"联合国人类环境会议",这是联合国历史上首次研讨保护人类环境的会议。这次会议通过了《人类环境宣言》,提出了响遍世界的环境保护口号"只有一个地球",并呼吁各国政府和人民为维护和改善人类环境,造福全体人民以及子孙后代而共同努力。同年10月,联合国大会第二十七届会议审议《人类环境宣言》并设立了世界环境组织——联合国环境规划署,同时确定了每年6月5日为"世界环境日"。1982年5月10日,为纪念斯德哥尔摩联合国人类环境会议10周年,联合国成员国聚会于肯尼亚首都内罗比召开了"人类环境特别会议",审议10年来《人类环境宣言》的执行情况,通过了具有全球意义的《内罗比宣言》。1992年6月,联合国又在巴西里约热内卢召开了"联合国环境与发展大会"。这次会议更是有史以来的空前盛会,183个国家和地区以及70多个国际组织的代表出席了会议,102位国家元首和政府首脑到会表态,环境第一次与人类千百年来追求的主要目标——发展并列起来。20世纪80年代提出的持续发展思想和战略成为会议的主旋律。进入21世纪,世界范围内关于环境问题的各种会议骤然增加,联合国以及环境问题专门机构——联合国环境规划署针对环境中的热点问题,如生态经济、水资源、土地荒漠化、臭氧层、生物多样性、气候变化等多项重要议题在全球范围内开展活动,并召集各国领导人参加首脑会议。上述历程表明,环境问题已成为当代最受人类关注的重大问题,重视环境、保护环境和合理地开发利用环境已成为当今全球的共识。

从目前情况来看,环境危机在发达国家和发展中国家的表现程度是不一样的。欧洲地区与美、日等发达资本主义国家在20世纪70年代达到环境污染的历史最高峰。此后,这些发达国家一方面采取投入大量资金和技术的方式在国内治理环境,另一方面将难以治理的污染源向发展中国家转移,再加上发达国家人口增长停滞,工业生产正在越过大量消耗资源的阶段,所以目前发达国家的环境正在不断改善。而发展中国家的环境污染与破坏却愈演愈烈,甚至可以说当前环境危机更主要的是表现在发展中国家。这是因为发展中国家正在经历着人口增长最快的阶段,同时其工业生产的发展也正处于大量消耗物质资源的阶段。从世界范围来看,存在着一个巨大的反差,即环境危机最严重的地区在发展中国家,而治理环境所需要的资金、技术却大部分集中在发达国家手中。由于发展中国家的环境危机与发达国家有着直接的关系,历史上发达国家曾侵占过发展中国家的土地,掠夺过发展中国家的财宝,对发展中国家的资源也采取掠夺式的开采,这一切均是造成发展中国家当前环境危机的重要原因。因此发达国家有义务帮助发展中国家治理环境。

二、我国的环境危机

我国的环境危机在世界各国中是比较严重的。我国的环境危机主要表现在以下几个方面:

1. 森林覆盖率低

我国在历史上曾是个多林国家,后来由于人为影响,森林采伐量大幅度上升,再加上毁林开荒等,使森林资源锐减,覆盖率下降。近年来,由于我国政府重视对森林资源的保护,森林面积及覆盖率均有所回升。新中国成立初期,我国林地面积为18.7亿亩,森林覆盖率为13%;"四五"期间减至18亿亩,森林覆盖率为12.7%;"五五"期间进一步下降为17.3亿亩,覆盖率为12%。2001年全国森林面积上升为23.85亿亩,但人均不足世界平均水平的1/8,森林覆盖率只有16.6%,只相当于世界森林平均覆盖水平的61.3%。2004年中华人民共和国国家林业局(以下简称"国家林业局")开展了第七次全国森林资源清查,于2008年结束。清查结果显示:我国森林面积进一步上升为29.95亿亩,森林覆盖率为20.36%。与第六次全国森林资源清查(1999—2003年)相比,森林面积净增3.08亿亩,森林覆盖率增长了2.15个百分点。[①]我国森林覆盖率不仅低,而且分布还很不均衡,西部许多

---

① 中华人民共和国国家林业局:《第七次全国森林资源清查结果》,2010年1月。

地区的森林覆盖率不足1%。

2. 草原严重退化

我国草原面积约4亿公顷,占国土面积大约为41.7%。由于不适当的毁草开荒和过度放牧,我国的草原退化非常严重。草地退化、沙化和碱化的面积达1.35亿公顷,约占草地总面积的1/3,并且每年还在以200万公顷的速度增加。全国重点天然草原的牲畜超载率仍在30%上,水土流失面积接近1333万公顷,草原生态体系脆弱[1]。除了自然条件的破坏之外,火灾、鼠害、虫害也严重威胁草原资源。2009年,我国共发生草原火灾192起,受害草原面积达2.5万公顷,比2008年增加1.5万公顷。因鼠害危害的草原面积达4087.2万公顷,占全国草原面积的10.5%,因虫害危害的草原面积达2076.2万公顷,占全国草原面积的5.3%。[2]

3. 水土流失面积有增无减

我国是世界上水土流失最为严重的国家之一,水土流失是我国主要的环境问题之一。新中国成立以来我国虽然治理水土流失面积41万平方公里,但全国水土流失总面积由新中国成立初期的116万平方公里增加到现在的356.92万平方公里,增加了2倍还多,水土流失面积约占国土面积的37.2%(《2009中国环境状况公报》)。全国每年流失的表土为50亿吨,相当于在全国所有的耕地上刮去1厘米厚的肥土层,流失的氮磷钾相当于3800多万吨化肥,接近我国目前全年的化肥总产量。

4. 土地荒漠化、沙化问题严重

从20世纪50年代到70年代末,我国沙化土地的面积平均每年扩展1500平方公里,到80年代,沙化面积平均每年扩展增加到2100平方公里,近年来已扩展到每年2460平方公里。国家林业局2005年公布的第三次全国荒漠化和土地沙化监测结果表明,截至2004年,全国荒漠化土地面积为263.62万平方公里,占国土面积的27.46%;全国沙化土地面积为173.97万平方公里,占国土面积的18.12%。同时我国土地荒漠化以风蚀荒漠化为主,占荒漠化土地面积的69.77%。我国土地荒漠化和沙化的总体形势是严峻的,并且治理难度越来越大。造成荒漠化、沙化面积不断扩大的主要原因

---

[1]中华人民共和国环境保护部:《2009年全国草原监测报告》,2010年3月。
[2]中华人民共和国环境保护部:《2009年中国环境状况公报》,2010年5月31日。

是由于人为因素而导致的植被破坏,同时气候干旱、降雨偏少也是诱因。[1]

5. 水资源匮乏

我国是严重缺水国家之一,水资源短缺已成为我国可持续发展的"瓶颈"。2009年我国水资源总量为23763亿立方米,比上年减少13.4%;人均水资源量1784.9立方米,减少13.8%。截至2009年年末,我国大型水库蓄水总量1805亿立方米,比上年年末少蓄水156亿立方米。[2] 我国水资源不仅总量匮乏,而且还在空间上分布不均。全国80%左右的水资源分布在长江流域及其以南地区,而占全国土地面积50%以上的华北、西北、东北地区水资源量只占全国的20%左右,因此,部分地区的缺水更为严重。

经济社会发展的加快,工业用水、生活用水都明显增加,工业污染、城市生活污染以及农药、化肥造成的污染,都进一步加重了我国水资源的短缺程度。2009年我国地表水污染依然较重,七大水系总体为轻度污染,湖泊富营养化问题突出,近岸海域总体为轻度污染。[3] 水资源浪费也是加重我国水资源短缺的重要原因之一。我国农业生产广泛采用"土渠输水、大水漫灌"的方式,而不少发达国家利用现代的先进灌溉技术进行节水灌溉;我国工业用水浪费也非常严重,和发达国家相比,工业用水重复利用率非常低。我国城乡居民的节水意识非常淡薄,在生活用水中的浪费也较严重。我国目前缺水量达400亿立方米,近2/3的城市存在不同程度的缺水,我国农村饮水不安全人口仍有2.03亿人,受水量及水质不安全影响的城镇人口近1亿人。

6. 化肥、农药、农膜污染严重

化肥使用对我国农业环境造成了严重污染。我国化肥施用品种相对单一,氮肥过剩而磷、钾肥严重不足,不仅使化肥的增产效果受到影响,而且造成土壤的理化性质恶化,土壤板结,污染土壤,从而影响了土壤的生产能力。除此之外,我国化肥利用率不高,化肥流失量达40%,从而导致了水体富营养化问题。

由于长期使用农药,使许多害虫产生了抗药性,造成农药施用量越来越大。过量的农药残留在土壤中,造成对土壤的污染。这些污染物随后又被

---

[1] 中华人民共和国国家林业局:《第三次中国荒漠化和沙化状况公报》,2005年6月。
[2] 中华人民共和国国家统计局:《2009年国民经济和社会发展统计公报》,2010年2月25日。
[3] 中华人民共和国环境保护部:《2009年中国环境状况公报》,2010年5月31日。

农作物吸收,轻则降低农产品的质量,重则导致食用这些农产品的人畜中毒致病或致死。

在使用地膜覆盖技术时,每亩残留量约2.8公斤,造成"白色污染"。这些化学物质的使用不仅造成环境污染,而且也直接影响了农产品的安全。

7. 畜禽养殖污染严重

近年来,我国畜禽养殖业发展迅速,为城乡居民提供了丰富的畜产品,满足了人民群众对肉、蛋、奶类产品的消费需求。2008年,我国肉、蛋、奶的产量分别达到7278.7万吨、2702.2万吨和380万吨[1]。同时,畜禽养殖产生了数量巨大的污染物,主要包括水污染物、恶臭气体、废渣等。畜禽养殖的主要危害是,由于养殖场离水源距离较近,粪便、细菌、微生物等容易引起水源污染;养殖场离人类生活居住地较近,容易传播疾病,影响农村卫生环境。

8. 农村中小企业污染突出

我国农村中小企业遍布全国乡村,点多面广,高度分散,门类复杂,行业齐全,污染种类复杂。如二氧化硫、氮氧化物、含氟、氯、汞、矿、铅等的有害气体,含有机物、碱、化学毒素等的废水,以及煤渣等工业废渣,农村企业均有排放。

我国大部分农村中小企业具有规模小、变化大的特点,产品经常变动,"三废"(废气、废水和废渣)的种类、数量也随之变化,给监测、管理、治理带来很大困难。

我国大部分农村中小企业资金缺乏,技术落后,设备简陋,没有"三废"处理设备,且环境意识差。因此,凡有废弃物排放的农村企业,对环境都有不同程度的污染。

9. 城市"三废"向农村扩散

城市工业所排放的"三废"对农业环境所造成的危害,近年来以大气污染发展迅速,影响面积大。由于我国能源主要以燃煤为主,因此从煤中释放出的二氧化硫、烟尘、氟化物等,是污染大气的主要污染物。全国已有1.5亿亩农田遭受不同程度的污染。

污水对农业环境的危害仅次于大气污染。工业废水未经处理就排放到江河湖海,对水资源造成极大的污染与破坏。农业是用水大户,但由于我国

---

[1] 中华人民共和国国家统计局:《中国统计年鉴2009》,2009年。

水资源在空间上分布不均匀,耕地多的北方水资源却很少,因此农田灌溉不得不大量引用污水或被污染的河水,从而使农业环境遭受污染与破坏。

污水中的有害物质在土壤中积累并被植物吸收,污染了粮食、蔬菜等农产品。据估计,全国农田污灌面积在2100万亩以上,其中受明显污染的几乎占一半。

第二节 农业环境政策目标

一、农业环境政策的总目标

一般来讲,农业环境政策的总目标有以下几个方面:

1. 实现农业生产活动与农业生态环境的协调发展

所谓实现农业生产活动与农业生态环境的协调发展是指发展农业生产不能以破坏农业生态环境为代价,但也不能为了保护农业生态环境而不发展农业生产,两个方面的发展要保持一个合理的关系,使农业生产对资源的需要量与农业环境对农业资源的可供给量之间保持平衡。这就需要合理安排与调整农业生产结构,实现农业生产系统与农业生态环境系统之间的物质交流以及能量循环关系的和谐、协调。

2. 实现经济效益、生态效益和社会效益的兼顾与统一

农业生产活动在带来经济效益的同时,如果能促进社会其他生产或生活领域的发展,就带来了社会效益,如果对生态环境的保护和自然资源的更新有利,就产生生态效益。农业环境政策就是要通过合适的政策手段来促使人们在进行农业生产活动时,不能只顾追求经济效益,而必须同时要兼顾生态效益与社会效益,实现经济效益、生态效益与社会效益的统一。

3. 实现农业的可持续发展

1991年4月,联合国粮农组织在荷兰举行国际农业与环境会议,向世界各国提出了实现农业可持续发展的要求。农业的可持续发展,就是要采取合理使用和维护自然资源的方式,实行有效的技术变革和体制改革,使农业生产过程能够在维护土地、水和动植物的遗传资源,不使环境退化,经济上可行,以及社会可以接受的状态下持久进行的发展,以确保当代人类及其后代对农产品的需求不断得到满足。在发达国家,由于其生产力水平较高,对农产品的数量需求已满足,而对质量与营养价值要求较高,因而农业可持续

发展的目标更侧重于提高农产品的质量。在发展中国家,由于其生产力水平低,对农产品的数量需求还未满足,因而农业可持续发展的目标更侧重于提高农产品的供给数量。但农业可持续发展在发达国家和发展中国家的共同点就是在农业的发展过程中对资源环境要进行保护。

4. 实现农产品质量的不断提高

农业生产对自然条件和环境依赖性很大,农业环境的污染会导致农产品质量的下降,从而危害人类的健康甚至生命。农业环境政策的一个非常重要的目标就是采取合适的政策措施防止水、土壤和空气被污染,以便向人类提供较高质量的农、畜及水产品。

5. 实现景观农业

从发展的眼光来看,景观农业也是农业环境政策的目标之一。农业不仅能为人类提供种类繁多、营养丰富的农产品,而且也是人们享受美好环境、景观的场所。农业中各种农作物的色彩组合与季节交替,给人们带来广阔恢宏的自然美感,许多林木作物可以净化空气、消减噪音,许多水生动植物可以净化污水,这些都能给人类创造一个美好的环境,农村已日益成为城市人旅游度假的重要目的地之一。

上述几个方面为农业环境政策的总目标,也即最终目标。为实现农业环境政策的总体目标而对环境污染和生态破坏的治理,一般来讲,可划分为三个阶段,并确立三个阶段性目标。第一个阶段目标是遏止环境污染、生态破坏的发展势头,即各项污染指标不再上升,水土流失面积和每年耕地、草原、森林面积减少的数量基本稳定下来,土地沙漠化速度延缓等。第二个阶段目标则是污染程度降低,水土流失面积减少,耕地、森林、草原面积不再减少,沙漠化进程停滞。第三个阶段目标则是污染得到彻底治理,水土流失面积最终得到治理,沙漠、戈壁等无植被面积减少直至消失,自然生态恢复良性循环,环境达到最适于人类生活的舒适性目标。第三个阶段目标的实现也就意味着农业环境政策总体目标的实现。

目前世界各国由于经济发展水平的差异,上述农业环境政策目标的实现程度也不同。少数发达国家自20世纪70年代到80年代中期依靠其先进的技术和大量投资,使其环境污染问题已基本解决,他们现在正处于第三个阶段性目标也即农业环境政策总体目标的实现过程中。而一些发展中国家由于资金、技术的短缺,目前连第一阶段的目标,即遏止环境恶化的势头还没有实现。

二、我国农业环境政策的目标

长期以来,党中央、国务院高度重视环境保护工作,把环境保护作为影响经济和社会发展全局的重大问题之一,每年召开会议,听取环境保护工作汇报,提出环境保护的大政方针和明确要求。科学发展观和构建和谐社会都提出经济社会发展要与自然环境相协调,构建环境友好型社会。2008年3月,环境保护部正式挂牌成立,将环境保护的行政管理提升到新的高度。目前,我国环境污染加剧的趋势已得到基本控制,生态保护和建设得到了进一步加强,环保法制建设取得了重大进展,但是我国的环境形势仍然相当严峻。环境保护的一些计划指标还没有全部实现,主要污染物的排放量仍远远超出环境承受能力,一些地区的环境质量仍在恶化,部分地区生态破坏的程度还在加剧。环境污染和生态破坏在一些地区仍是危害人民健康、制约经济发展和社会稳定的一个重要因素。

"十一五"期间,我国农业环境政策的主要目标是:按照"生产发展、生活宽裕、乡风文明、村容整洁、管理民主"的社会主义新农村建设要求,实施农村小康环保行动计划,开展农村环境综合整治,加强土壤污染防治,控制农业面源污染,发展生态农业,优化农业增长方式[①]。

1. 开展农村环境综合整治

推动编制农村环境综合整治规划。开展农村改水、改厕工作,改善农村环境卫生条件;生活垃圾实现定点存放、统一收集、定时清理、集中处理;因地制宜推进乡镇生活污水处理;结合旧村改造、新村建设,美化村庄环境,改善村容村貌。完成1万个行政村的环境综合整治,建设2000个环境优美乡镇。加大农村企业污染监管和治理力度,禁止工业固体废物、危险废物、城镇垃圾及其他污染物向农村转移。

2. 加强土壤污染防治

开展土壤污染现状调查,建立土壤环境质量评价和监测制度,开展污染土壤修复示范。搬迁企业必须做好原厂址土壤修复工作,对持久性有机污染物和重金属污染超标耕地实行综合治理;污染严重且难以修复的耕地应

[①] 中华人民共和国环境保护部:《国家环境保护"十一五"规划》,2007年11月22日。

依法调整用途。严格控制主要粮食产地和菜篮子基地的污水灌溉,加大对菜篮子基地的环境管理。

3. 控制农村面源污染,发展生态农业

开展农村面源污染综合治理的试点、示范。推广科学施用农药、化肥,提高农药、化肥利用效率。开展小流域综合治理,控制水土流失。推动绿色食品和有机食品基地建设,大力发展节水农业和生态农业。推广农业资源节约和综合利用,大力发展农业循环经济。以沼气建设为纽带,合理利用秸秆资源,加强集中式畜禽养殖场污水、粪便综合利用和处理,提高农户沼气普及率。

第三节 农业环境政策措施

要实现农业环境政策目标,必须要有一系列的政策措施作保证。由于农业环境问题表现为农业环境污染与农业自然资源破坏,因而农业环境政策也就应该包括农业环境污染防治政策和农业自然资源保护政策两个方面的内容。

一、农业环境污染防治政策

农业环境污染主要由两个方面引起:一是工业(城市工业及乡镇企业)生产中的废水、废气、废渣,如不加治理就排出,会污染江河、湖泊和水源地、大气和农田;二是在农业生产过程中不合理或过量使用化肥、农药和农膜,使农业环境和农畜产品受到污染。有关化肥、农药和农膜所造成污染的防治措施将在下面的土地资源保护政策中涉及,这里我们主要阐述一下我国针对工业生产中的"三废"而引起的农业环境污染的防治政策措施。

自1972年斯德哥尔摩联合国人类环境会议以来,我国政府开始重视我国的环境问题,并着手制定以治理"三废"为主的环保政策。在1983年召开的第二次全国环境保护会议上,明确了环境保护是我国的一项基本国策。在此之后,环保政策逐渐完善,到20世纪80年代末期已基本形成了我国目前仍在实行的,以"制定实施环境标准"、"预防为主,防治结合"、"谁污染、谁治理"和"强化环境管理"四大政策为核心内容,以防治工业"三废"为主的环保政策体系。

（一）制定实施环境标准

环境标准是我国环境法律体系中的一个重要组成部分。涉及农业的环境标准主要是环境质量标准和污染物排放标准。我国法律规定，环境质量标准和污染物排放标准属于强制性标准，违反强制性环境标准，必须承担相应的法律责任。环境质量标准是指为保护人类健康和维持生态平衡而对污染物允许含量所作的规定，环境质量标准可分为水质量标准、大气质量标准、土壤质量标准和生物质量标准等。污染物排放标准是指为了实现环境质量标准目标，结合技术经济条件和环境特点，对排入环境的污染物所作的控制规定。关于环境标准现在我国制定的已比较齐全，其中涉及农业环境的有：《保护农作物的大气污染物最高允许浓度》、《渔业水质标准》、《农田灌溉水质标准》、《地面水环境质量标准》、《土壤环境质量标准》、《食用农产品产地环境质量评价标准》、《温室蔬菜产地环境质量评价标准》、《畜禽养殖产地环境评价规范》、《化肥使用环境安全技术导则》等。

（二）"预防为主，防治结合"政策

这项政策是指通过采取各种防范措施，不产生或少产生对环境的污染和破坏，同时对已有的环境污染和破坏进行积极的治理。这项政策主要是为了防止新污染源的产生。主要措施有：

第一，把环境保护纳入国民经济和社会发展规划。

第二，实行"三同时"制度。对所有工业企业，不管是城市工业还是乡镇企业，其所有新建、改建和扩建项目，凡是排放"三废"和污染环境的，都必须把综合利用和治理"三废"的设施，与主体工程同时设计、同时施工、同时投产，否则不准建设，不准投产。从"三同时"制度可以扩展为"三同步"原则，即经济建设、城市建设和环境建设要同步规划、同步实施和同步发展，做到经济效益、社会效益和环境效益的统一。

第三，实行环境影响评价制度。该项制度规定所有建设项目，在建设前都要做出该项目对环境影响的科学论证和评价，编报环境影响报告书。实行环境影响评价制度的目的是限制落后的高能耗、高污染产业继续发展，促使新兴产业向低能耗、低污染、低碳排放方向发展。我国对钢铁、有色金属、建材、电力等对环境污染比较严重的行业提出了明确的行业准入条件，对严重污染环境的制造工艺、设备和企业进行严格的控制，新建项目必须接受环境影响评估，符合国家规定的准入条件和排放标准才可以兴建。环境影响评价制度有效地控制了产生污染企业的建设，从根源上杜绝了危害环境的项目。

(三)"谁污染、谁治理"政策

在我国的环保法规中规定了"谁污染、谁治理"的原则。实行这一原则，符合环境经济学的原理，使生产的外化成本内化。同时，这一原则以法律的形式规定了污染者必须承担的责任和费用，使污染者自觉、主动地采取控制污染的措施。主要措施是征收排污费，这是一种重要的控制环境污染的经济手段。排污费是对排放污染物超过排放标准的企业单位征收的费用。排污费不同于赔款，交纳排污费并没有免除其由于污染而造成损失的赔款。征收的排污费用作治理环境的专项基金，用于污染治理。

(四)强化环境管理政策

在我国目前环保资金投入还不能满足需要的情况下，通过强化环境管理来解决一些由于管理不善而造成的环境问题，是一项具有重要现实意义的环境保护政策。主要措施有：

(1)环境保护目标责任制。规定各级政府的主要官员应对当地的环境质量负责，企业负责人对本企业的污染防治负责，并作为政绩考核的一项重要内容。

(2)城市环境综合整治定量考核制度。对城市各项建设与管理的总体水平、实行综合整治的成效、城市环境质量，制定量化指标进行考核，每年评定一次。

(3)排放污染物许可证制度。该制度包括排污申报、确定污染物控制总量目标和排污总量削减指标、核发排污许可证和监督检查执行情况等四项内容。

(4)污染集中控制制度。该制度是为充分利用环境治理中的规模经济，降低污染治理的成本，使一定量的资金产生最大的环境保护效益的目标而制定的。

(5)污染源限期治理制度。对老污染源，由国家和地方政府分别做出完成治理任务的期限。

(6)企业环保考核制度。即把产品质量、物质消耗、经济效益和环境保护同时列为企业的考核指标，以避免企业的生产经营与环境保护相脱节。

(7)加强环境监督和环境统计工作。目前，我国已形成一个较为完善的国家环境监测网络，对酸雨、大气污染等环境问题进行监控；环境统计体系也初步建立起来了，所提供的信息对处理环境问题有积极的作用。

二、农业自然资源保护政策

(一)土地资源保护政策

土地是各种农业生产活动所必需的场所,是农业生产最基本的生产资料。土地资源是有限的,必须要采取有效措施予以保护。

1. 严格控制各种非农占地

必须进一步加强《土地管理法》的实施,严格土地审批制度,加强对城乡各类建设用地的审批和管理,力求少占耕地,特别要严格控制占用高产粮田和菜地。对建设用地要由政府统一规划、统一征地、统一开发、统一出让、统一管理。任何单位和个人在建设用地时都必须节约用地,可以利用荒地的,不得占用耕地,可以利用劣地的,不得占用好地。

2. 建立基本农田保护区

我国《农业法》规定,县级以上各级人民政府应当划定基本农田保护区,对基本农田保护区内的耕地实行特殊保护。基本农田是指地方各级人民政府为满足国民经济对耕地的需求而必须保护的农田,也可以说是在一定时期内,根据本地区人口和国民经济的发展对农产品的需求而确定的不得占用的农田。应当划为基本农田保护区的耕地一般为:①粮、棉、油生产基地,名、优、新、特农产品生产基地;②高产稳产农田以及列入改造计划的中低产田;③蔬菜基地;④当地人民政府认为需要保护的耕地。确定为基本农田保护区的耕地,必须加以保护,任何人或任何单位不得随意侵占和破坏,不得用于非农业生产。

3. 防止土地污染

我国《农业法》规定,要合理地利用化肥、农药,增加使用有机肥料,提高地力,防止土地的污染、破坏和地力衰退。为此,必须严格执行农药新品种的评审登记和审批制度,进行农药安全评价和农药环境影响监测。要积极推广病虫害的综合防治技术,严格控制农药施用量。禁止使用具有损耗土壤潜在肥力和破坏土壤结构的农用化学制品。此外,要控制农业土地资源污染,还必须实施环境控制标准,主要有:《农田灌溉水标准》、《农药安全使用标准》、《农用污染中污染物控制标准》等。

4. 防治水土流失

我国《农业法》规定,我国水土保护工作的基本方针是:"预防为主、全面规划、综合防治、因地制宜、加强管理、注重效益"。《水土保持法》也将预防作为防止水土流失的主要内容。我国解决水土流失问题的措施可分为预防措施和治理措施两类。预防措施主要有：①各级人民政府应当组织全民植树造林，鼓励种草，扩大森林覆盖面积。②有计划地进行封山育林、育草，轮封轮牧，防风固沙，保护植被。禁止毁林开荒、烧山开荒、围湖造田。严格保护草原植被，禁止开垦和破坏。③严禁在25度以上的陡坡地开垦种植农作物，开垦25度以下、5度以上的荒坡地必须经县级人民政府水土行政主管部门批准。④严禁滥伐林木。对水源涵养林、水土保持林、防风固沙林等防护林只允许进行抚育和更新性质的采伐。⑤加强对采矿、取土、挖沙、采石等生产活动的管理，以防止水土流失。从事可能引起水土流失的生产建设活动的单位和个人，必须采取相应的预防保护措施。治理措施主要可分为植物措施和工程措施两个方面。植物措施就是在水土流失部位种草种树，增加植被和提高植被质量。工程措施就是在必要的地方修建梯田、塘坝、护岸、护坡、水库等，来控制水土流失。治理当中要坚持植物措施与工程措施相结合。治理责任要坚持谁开发谁治理，以及谁承包治理谁受益的原则。

(二) 森林资源保护政策

森林是农业生产的重要屏障，它既可以为农业涵养水源、保护水土、稳定气候、防风固沙，还能减少自然灾害的发生频率及强度。森林资源的保护政策措施主要有：

1. 严格执行《森林法》，加强森林管理

建立健全林业管理机构，完善护林员制度，建立和完善森林监测体系，提高监测手段；建立起森林"三防"体系，即加强森林防火、森林病虫害防治和严禁乱砍滥伐。

2. 严格执行森林采伐限额

要依法实行凭证采伐制度和凭证运输制度，以保证森林的消耗量低于其生长量，以达到稳定或不断提高森林覆盖率的目标。

3. 严格保护林地，逐步建立基本林地保护制度

《全国林地保护利用规划纲要(2008—2020年)》正在积极规划中，将逐步完善对征占用林的管理，把保护林地放在与保护耕地同等重要的位置，逐步建立起基本林地保护制度。

4. 加快造林绿化步伐，增加森林面积

加快构筑北方防沙治沙和沿海防风消浪两大绿色生态屏障，推进主要

江河流域生态保护网络建设,对重点区域的森林生态系统进行修复。同时各地方政府也要加强各自的重点林业工程建设,与国家防护林体系相联结,形成全国一体的多层次防护林体系。

(三)草原资源保护政策

草原也是农业的重要环境屏障,具有保持水土、涵养水分、转化太阳能等方面的作用,同时草原还直接作为畜牧业的饲料基础。我国的《中华人民共和国环境保护法》、《中华人民共和国草原法》和《国务院关于加强草原保护与建设的若干意见》等相关法律法规都明确规定采取一切有效措施,保护和发展草原资源。保护草原资源的主要政策措施有:

第一,认真贯彻执行相关法律法规,推进制度建设,加强对草原的保护和管理。建立基本草地保护制度。把人工草地、改良草地、重要放牧场、割草地及草地自然保护区等具有特殊生态作用的草地,划定为基本草地,实行严格的保护制度。

第二,合理利用草原,严禁滥垦草原和过度放牧,实行草畜平衡制度。根据区域内草原在一定时期提供的饲草饲料量,确定牲畜饲养量,实行草畜平衡。推行划区轮牧、休牧和禁牧制度。为合理有效利用草原,在牧区推行草原划区轮牧;为保护牧草正常生长和繁殖,在春季牧草返青期和秋季牧草结实期实行季节性休牧;为恢复草原植被,在生态脆弱区和草原退化严重的地区实行围封禁牧。

第三,加强草原建设和草场治理。加强人工草地建设、天然草原改良和饲草饲料基地建设,稳定和提高草原生产能力;加快草原水利设施建设,发展草原节水灌溉,改善人畜饮水条件;按照草原保护、建设、利用规划加强草种基地建设,鼓励选育、引进、推广优良草品种;建设防护林网,以控制草原风沙化和水土流失等;对已退化草原进行治理。

第四,提高防灾减灾能力。坚持"预防为主、防治结合"的方针,做好草原防灾减灾工作。加强草原鼠虫病害的预测和防治,以及草原的防火工作。

第五,转变草原畜牧业经营方式。积极推进圈养、舍养等生产方式。人工植草和采草,建立贮草、草粉加工基地,提高对草场集约化利用水平。

(四)水资源保护政策

水是农业的命脉,是人类赖以生存的基础。我国《中华人民共和国环境保护法》明确规定,保护江河、湖、水库等水域,维持水质良好状态;严格管理和节约工业、农业及生活用水,合理开采地下水,防止水资源枯竭。《中华人民共和国水法》也提出要合理开发、利用、节约和保护水资源,防治水害,实现水资源的可持续利用,适应国民经济和社会发展的需要。保护水资源的主要政策措施有:

1. 严格控制水体污染

为此必须严格贯彻执行国家水污染防治法,防止对水资源各种可能的污染;对已污染的水域,要采取有力措施,逐步加以治理以改善水质。坚持预防为主,防治结合的原则,切实加强统一管理和法制管理。

2. 合理开发、利用水资源

国家各有关部门及各级地方政府在开发、利用和调节、调度水资源时,必须要统筹兼顾,维护江河的合理流量和湖泊、水库及地下水的合理水位,维持水体的自然净化能力。严格控制工矿区和农业灌溉等超采地下水,制止北方地下水位的继续下降。严格实行用水总量的控制,严格控制入河污水排放量,做好水功能区监督管理工作。

3. 坚持全面节水方针

大力推行计划用水、节约用水,要严格管理,杜绝浪费。工业用水应当采用先进技术、工艺和设备,增加循环用水次数,提高水的重复利用率。农业要大力推行节水灌溉方式和节水技术,对农业蓄水、输水工程采取必要的防渗漏措施,提高农业用水效率。节约使用生活用水,提高生活用水使用效率。总之要依靠科技进步,建立节水型社会,以保护稀缺的水资源。

除了上述农业环境污染防治政策措施和农业自然资源保护政策措施之外,增加环保投入也是一项重要的农业环境政策措施,因为环境污染的各种防治措施和自然资源的各种保护措施都需要以大量的资金投入作为基础。根据国际经验,当环保投入占国内生产总值(GDP)的 1%—1.5% 时可以控制污染,占 2%—3% 时可逐步改善环境。自改革开放以来,我国环保投资数量不断增加。1981 年我国环保投资占国内生产总值的比重为 0.4%;"七五"期间增加到 0.7%,"八五"期间达到 1%,"十五"初期约为国内生产总值(GDP)的 1.15%。到 2008 年我国环境污染治理投资总额为 4490.3 亿元,占当年国内生产总值(GDP)的 1.47%。但尽管如此,与发达国家相比,我国的环保投资数量还是比较低的。发达国家在大规模治理环境时,环保投资额占国内生产总值的比重大都在 2% 以上,因此,我国今后仍要增加环保投资数量。

关键词

农业环境政策　环境危机　农业环境污染防治　农业自然资源保护　可持续发展

思考题

1. 当今世界上存在的主要环境问题有哪些？
2. 我国目前环境危机主要表现在哪几个方面？
3. 农业环境政策的目标是什么？
4. 农业环境政策措施有哪些？

第八章 农业政策的制定

农业政策的制定是农业政策过程中非常重要的一个环节。制定农业政策的目的是为解决有关农业及社会经济发展的重大问题。本章首先介绍农业政策的主体及客体,其次分析农业政策制定的环境,再次论述农业政策方案的设计和论证,最后阐述农业政策的法制化与法律化。

第一节 农业政策的主体与客体

一、农业政策的主体

作为一国政府有关农业问题的行为准则,农业政策起到了极为重要的作用。然而,农业政策是一定的机构、团体或个人制定的。那么,究竟是哪些机构、团体或个人制定了农业政策,或者说,一定的机构、团体或个人在农业政策制定中起到了什么样的作用,这就是农业政策的主体问题。

(一)农业政策的直接主体

农业政策的直接制定者就是农业政策的直接主体。一般来说,农业政策的直接制定者是作为公共权力机构的国家,但国家本身也是一个复杂的体系,它由若干部门所构成,而且,它的不同部门往往也采取不同的方式制定不同的农业政策。

1. 立法机关

立法机关即被称为国会、议会、代表会议的国家机构。在我国,立法机关即全国人民代表大会及其常务委员会。立法机关的基本职能是制定法律。

从广义上理解,农业政策制定就是社会公共权威做出的行为,因而,立法机关作为社会公共权威的组成部门,它所制定的农业法律同样属于农业政策的范畴。在日常生活中,人们通常把政策和法律作为两个概念来使用,这种理解在特定情况下是可以的。事实上,农业政策是指政府有关农业活动的准则,它规定了政府作为或不作为的基本倾向,而这些准则和行为倾向一旦通过法定的程序由立法机关确定为法律,就具有了一种固定化、稳定化的特征,但是它仍然属于准则和行为倾向,就这一点来说,农业法律仍然可以被看作是农业政策。

立法的根本宗旨在于确立政府及公民的行为规范,在规定政府行为规范方面,实际上也意味着对于政府政策倾向的限制。因而立法机关的立法职权也是广泛的,它既包括制定宪法和一般性法律,也包括确定国家预算,还包括对政府行为的监督。国家预算虽然与一般的法律不一样,但实际上也是法律的一种,它规定了政府财政用于农业的支出多少,是规定政府农业经济行为的重要规范;对政府农业政策行为的监督,也可以看作是一种法律行为,使政府的农业政策活动始终限制在宪法与法律的范围内。

在实际的政治过程中,立法机关总是就那些比较确定的农业政策问题制定农业法律,这就是农业政策法律化过程。通过农业法律所表现出来的政府对农业的倾向往往具有稳定性、普遍性的特点,不宜经常变动和修正。鉴于这种情况,农业法律所解决的农业政策问题只能是原则性的,而很多具体的农业政策问题还不能通过立法机关来解决。

2. 行政机关

从理论上说,行政机关是国家机关中从事政治管理的主要部门,因而应该是农业政策的主要制定者。这取决于两方面的原因:第一,行政机关有权力制定农业政策;第二,行政机关有条件制定农业政策。就第一方面来说,行政机关是国家机器的重要组成部分,它有专门的部委负责农业的宏观调控和行政管理。就第二方面来说,行政机关在管理农业的过程中,面临着来自社会各种各样的农业政策问题和需求,需要及时果断地作出反应,而这种反应的每一个动作,都可以看作是农业政策的制定过程。因而,行政机关所处的地位,也提供了它制定农业政策的客观条件。

3. 执政党

现代国家的一个重要特征,就是无论哪一种形式的政治统治,都是通过政党的途径实现的。因而,所谓政府的农业政策,在很大程度上可以看作是执政党的农业政策。当然,为了协调社会各方面的利益,执政党也有可能在制定农业政策时考虑其他政党和社会团体的意见和需要。但是,这并不影响执政党作为农业政策直接制定者的地位。

4. 领袖人物

领袖人物之所以能在农业政策制定中起到重要作用，主要是因为无论是在政党组织中，还是在政府机构中，领袖人物都被推到了农业政策制定者的主要位置上。在政治选择中，一个政党的政治纲领和农业政策倾向总是表现在一个领袖人物身上，或者反过来说，一个领袖人物往往成为政党的化身，他代表一个政党来陈述政策，阐明立场。这样，这个领袖人物就自然成为政党制定农业政策的中心。政府的情况也相类似，现代国家的政府通常是实行首长负责制，政府首脑对政府的农业政策行为负全权责任。因而，政府的农业政策，实际上可以看作是政府首脑的农业政策。

(二) 农业政策的间接主体

在政治运作过程中，除了上述一些农业政策制定的直接主体之外，还有一些团体或个人，他们虽然不直接参与农业政策的制定，但却对农业政策的制定发生着间接的影响。这里所说的农业政策的间接主体，是指那些能够通过一定的方式和渠道，以积极的方式影响农业政策制定的团体或个人。

1. 利益集团

所谓利益集团是指那些因某种观念或利益的共同性而结合在一起，并且经常有意对农业政策制定施加影响和压力的社会群体。如农会、农业合作社，各种农产品生产者协会，各种农产品加工、贮藏、运输、销售协会，农产品消费者协会，农用生产资料生产者和销售者协会等。从形式上来说，利益集团可能是自发产生的非正规性的暂时联合体，通常在特定的时候，因为特定的利益而联合起来，对农业政策制定施加影响和压力；它也可能是从事利益表达的专门机构，即为了表达某种特定集团的目标而专门建立起来的社团性利益集团，它可能是建立在共同意识到的地区、行业和职业利益的基础上的联合体，这种利益集团虽然没有专门的组织，但却具有联合起来的客观前提。利益集团通过院外活动、竞选捐款、大规模的宣传活动、民意测验、抗议示威等项活动对政府农业政策的制定施加压力和影响。

2. 选民

从理论上说，在民主政治下，选民对政府政策的影响是始终存在的。所谓选民，是指依照法律具有选举人资格条件的国民。选民的投票行为，实际上就是对政策制定某种程度的选择。另外，选民还可以通过社会舆论、民意测验等途径，对政策制定施加间接影响。选举是对于政策制定的一次性选择。在选举即投票行为发生之前，作为代表、议员或政府首脑候选人必须在选民面前陈述他的政治纲领,阐述他的政策倾向,选民就是根据对不同政治纲领和政策倾向的判断进行最终的投票。因此,与其说选民是对代表、议员或政府首脑的选择,不如说是对政治纲领和政策倾向的选择。

3. 政党

作为执政党,他是农业政策的直接制定者。政党的功能主要在于通过其代表一定社会阶层利益的政治纲领和政策倾向的宣传,以取得执政党的统治地位。在这个意义上,如果一个政党在政治竞选中败北,未能取得多数选民的支持,从而处于在野党的地位,这就表明该党的政治纲领和政策倾向不能成为政府的政策。但即使是这样,在野党对农业政策制定的影响也是显而易见的。首先,在野党的存在就是一种重要的制衡力量,对政府的行为起到一种监督的作用。在通过政治选择的国家,作为掌握政府权力的执政党在其政府行为中,通常要考虑到在野党的存在及其所代表的社会利益,以取得社会的普遍支持。其次,在野党可以通过议会的合法活动,或提出某种农业议案,或促成某种农业议案的通过,或投票对政府的农业政策表示信任与不信任,以参与政府农业政策的制定或影响政府的农业政策行为。

二、农业政策的客体

农业政策客体也就是农业政策对象。从农业政策制定的角度来说,政策客体也就是农业政策问题存在的时空领域;从农业政策实施的角度来说,农业政策客体也就是农业政策主体所施加影响的时空领域,即通常所说的政策适用范围。任何农业政策都有自己的适用领域,超出这个领域,正确的农业政策就可能变成错误的。任何一项农业政策不可能解决所有的农业问题,它只能根据现实情况,就农业发展的某个侧面、某个环节作出政策规定;而要制定出有针对性的农业政策,在制定农业政策时,首先必须明确政策问题存在的时空领域是什么,然后才可能根据农业政策问题存在的时空领域,来确定所制定政策的适用领域。

(一)农业政策问题的构成要素

1. 农业政策问题首先是一种客观存在的状态

一种农业政策问题的发生,表明这种问题是客观存在的事实。如农产品供给不足或生产过剩,造成市场上农产品的价格大起大落。任何无中生有、主观臆想的事件或者问题,都不能成为农业政策问题。

2. 农业政策问题是一种能够觉察认识的状态

农业政策问题尽管客观存在,但如果问题未被人们所觉察,尤其是未能被政府决策者所觉察、所认知,那么它仍然不能成为农业政策问题。例如,在农业内部由于受比较利益驱使,特别是经济发达地区的农民种植蔬菜等经济作物的比重不断增加,造成粮田面积逐步缩减。从局部和微观经济角度来看,这是理性的经济选择,但从全局和长远来看,却会对国家的粮食安全造成一定程度的威胁。政府的决策者只有认识到微观和宏观、局部和全局矛盾的存在,才可能将其列入为农业政策问题。

3. 农业政策问题是一个关系到大多数人的状态

如果一个问题只涉及个别人或少数人的利益,那表明这纯粹是一个私人或少数人的事情,当然不会引起大多数人以及政府决策者的重视,因而构成不了农业政策问题。个别农民可能因为经营不善而造成亏损,一般不会成为农业政策问题。但如果种粮的农民全面亏损,那就是一个非常严重的农业政策问题。

4. 农业政策问题是由于利益、价值和规范的冲突而产生的状态

一个农业问题虽然涉及社会全体的利益,但如果社会全体对这一问题具有一致的价值、规范和认同,那么也不能成为农业政策问题。只有当一个农业问题存在着利益、价值和规范冲突的情况下,才需要政府作出反应。例如在草原较为充足的情况下,草原共有自由放牧是一种理性的选择。但在超载的情况下,只有明确草地的产权才有利于草原的合理利用,以避免"公地的悲剧"的发生。

5. 农业政策问题是一种有必要加以解决的状态

一个农业问题虽然已经存在,但大多数人认为这是一个没有必要解决的问题,这样的问题就不是农业政策问题,因而它根本不能进入政策议程,成不了农业政策问题。如某个农民可能因为保管不善,出售了变质的农产品,对此不会成为农业政策问题。但如果很多农民为了提高动物的生长速度,违规饲喂了某种药品,严重地威胁了消费者的身心健康,就成为一种必须解决的农业政策问题。

(二)农业政策问题的特点

1. 农业政策问题的社会性特点

虽然农业的社会问题一般来说不能都成为农业政策问题,但是所有的农业政策问题都来源于社会并影响到社会,任何农业政策问题的形成都有

其深刻的社会根源,政府农业政策行为的根本宗旨,正是在于解决社会矛盾和社会问题。

2. 农业政策问题的历史性特点

任何一项农业政策问题的产生,并不是一个孤立的社会现象,而是有它一定的历史原因和历史背景的。通过对农业政策问题的历史性考察,可以使人们明了农业政策问题的前因后果。

3. 农业政策的人为性特点

首先,农业政策问题的造成具有人为因素,一种农业政策问题之所以形成,大都是由于人们改造社会的行为,或者是由于人们对改造社会的欲望和需求而导致的。其次,农业政策问题往往涉及政策的相关人员,与人们的经济利益、价值和规范的冲突相联系。最后,农业政策问题被关注从而进入政策议程,也取决于人们的主观判断和认定。

4. 农业政策问题的不确定性特点

随着社会的发展和国内外政治与经济形势的变化。旧的问题解决了,新的问题又产生了;此时是一个农业政策问题,彼时就不成其为农业政策问题。另一方面,一个既定的农业政策问题,由于它所涉及的环境因素、前提条件以及与其相关人员也无时不在变化之中,所以农业政策问题具有某种不确定性。

(三)农业政策问题的主要领域

1. 农业质量标准和农产品质量检测检验体系建设领域

农业质量标准和农产品质量监测检验体系的建设,对于提高农产品的市场流通效率和其市场竞争力,使农产品的生产者和经营者有序、公平竞争,使消费者吃到安全卫生的食品,都是至关重要的。相关的标准与法律需要政府来制定,因而是国家农业政策调控的重要领域。欧盟与美国、日本、韩国等发达国家都十分重视农产品质量和食品安全,制定了严格的质量标准和法律、法规,建立了完备的监测队伍,配备了先进的检验手段。而且实行农产品原产地制度和商品标识制度,对农产品从田间到厨房各个环节都有跟踪监测。农产品和食品包装都标明品种、产地、加工商、运销商,一目了然,一旦出现问题,便于及时处理。也正是因为这些国家制定了科学的农业行业质量标准,实现了农产品的优质优价,才创造出了一些名牌农产品。目前,中国农业和农产品质量标准体系还很不完善,某些产品没有标准,一些产品标准不能适应市场需求多样化、产品用途专门化的要求。因此要借鉴发达国家农业政策调控的经验,加快农业行业标准和重要农产品质量标准的制定与修订完善,创建一批农业标准化示范区和农产品标准化生产示范基地。同时,要完善农产品、农用生产资料和农业生态环境质量安全的检测手段,提高检测能力和技术水平。加快农产品质量的安全立法,并加强其执法监督,是当代农业政策调控的重要领域。

2. 农业信息体系建设与服务领域

信息是现代社会一种非常重要的经济资源,信息准确及时与否,决定着决策的成功与失败。有用的信息生产成本比较高昂,但由于具有无形性,一旦扩散出去以后,难以阻止不付费的人利用该信息,并且增加信息利用的边际成本几乎为零,因而具有公共产品的特性。特别是农村交通、通讯和广播电视等新闻媒介相对不发达,加之农业生产者经营规模狭小、生产与生活地域分散,农民处在一个相对闭塞的生产与生活环境中。并且农民一般文化水平比较低,自我收集、整理和加工信息的能力较差。随着农业市场化和现代化程度的提高,农民迫切需要得到相关的市场与技术信息。但由于农业的信息化体系建设相对滞后,农民难以及时得到有用的信息,因而农业信息体系的建设与服务就成为国家农业政策调控的一个重要领域。中国农业信息服务体系虽然具备了一定的发展基础,但仍存在着很多问题。一是信息管理部门分割,政府信息管理部门垄断信息,将信息作为自有商品出售,来谋取本部门的利益,缺乏信息共享机制,农民难以无偿得到有用的信息。二是农业信息服务基础设施建设投入严重不足,一方面是硬件短缺、简陋,技术手段落后;另一方面是用于软件开发和网络运行维护的经费缺乏保障。三是信息准确性和及时性较差,大多数指标仍采用层层上报的全面调查方式,人为地随意干扰较大,影响了信息的准确性;另外,由于信息采集点不足,覆盖面不宽,采集方法不够科学,信息缺乏代表性。四是信息加工分析能力不足,许多信息不经加工即行发布、使用,降低了信息的使用价值,造成了信息资源的浪费。面对着目前农业信息化程度低,存在着严重的信息不对称、不完全的情况下,政府必须加强农业信息体系的建设与服务,才能更好地发挥农业政策的调控作用。

3. 农业科研、教育和技术推广领域

随着农业现代化的推进,农业科技进步在农业经济增长中的贡献份额将不断提高,人力资本积累将起着越来越大的作用。农业科技进步和人力资本积累都具有市场需求诱导性,即人们在逐利性的驱使下,根据市场需求推动了农业科技进步和人力资本积累。这对于能够形成有形商品的技术进步是非常有效的,但对于周期比较长的农业科学研究、特别是基础性与公益性研究来说,获利的可能性比较小或者说比较遥远;农业由于比较利益低下,因而一般农民的收入低于非农产业人员的收入,农业中一般情况是素质较高的劳动力外流,造成农业中人力资本积累严重不足。但随着农业现代化的发展,对农业劳动力素质的要求在提高。如果没有国家对农业和农民教育的支持,农业中的人力资本会严重不足;农业中的某些技术推广也可以采用商业化的运作模式,但由于农民一般经营规模狭小,支付不起昂贵的技术咨询费用,而采取低廉收费农业技术推广人员又不能获得足够的报酬,因而农业技术推广也离不开国家的支持。政府加强对农业科研、教育和技术推广的支持,可以提高农业的综合生产能力和市场竞争能力,不仅可以增加农业生产者的剩余,而且也会增加消费者的剩余。中国在农业科研、教育和技术推广方面虽然取得了很大的进步,但与发达国家比较起来还有很大的差距。根据农业科研、教育和技术推广的某些公共产品特性,政府在这一领域的政策调控就十分必要。对中国来说,第一,政府要深化农业科技体制改革,解决科研与生产脱节问题。实行农科教、产学研相结合,加快农业科研成果的转化。第二,要调整农业科研的方向和重点。在重视提高产量的同时,更加注重质量和增加效益;从主要为农业生产服务,转向为生产、加工、销售的全程服务;从以资源消耗型技术为主转向资源节约型技术为主。第三,在政府增加对农业科研、教育和技术推广财政拨款的前提下,加强各级农业技术推广机构,鼓励科研院所、大中专院校、企业及农业科技人员,以技术开发、技术咨询、技术入股和技术转让等多种形式,从事技术推广与服务工作,将政府的政策支持与市场机制有机地结合起来。第四,加强农村的基础教育,使更多的青年人走出农业和农村,并为现代农业提供更高素质的接班人;通过各种渠道和形式,对现有农民进行农业技术培训和转岗培训,使农民能够掌握现代农业技术,适应现代农业发展的要求,使剩余的农业劳动力能够转移出去,并增加农民的收入。

4. 农业基础设施建设领域

农业中的许多基础设施,如水库、大型的主干沟渠、主干道路、气象服务等,农户无力也无法建设,只有将其纳入国家的农业政策调控领域,才能够满足社会对农业发展的要求。政府对农业基础设施的支持,意味着扩大了农业的综合生产能力,降低了农民的生产成本,增加了农民收入,提高了农产品的国际市场竞争力,也符合WTO"绿箱"政策的要求。中国农业的自然灾害频繁,农业基础设施还比较薄弱,因而加强农业基础设施建设显得更为重要。中国农业基础设施建设的重点是:第一,加强以水利为重点的农业基础设施建设。以提高防汛抗旱能力为中心,加快大江、大河、大湖治理,搞好大型灌区更新改造和配套工程建设,注意把搞好设施建设、推广节水灌溉、改革小型水利投资和改革管理体制有机地结合起来,在国家财政支持与启动后,使农田水利设施逐步走上自我发展、良性循环的轨道。第二,加强以植树种草为重点的生态环境建设。在生态脆弱地区全面停止天然林采伐,有计划、分步骤地实行退耕还林还草。第三,加强农村公共设施建设。以农村的道路、电网、引水、通信、广播、电视和农产品市场设施为重点,加强农村公共设施建设,改善农村的生产条件和农民的生活居住环境,推动农村经济社会的全面发展。

5. 粮食专项储备领域

农业生产受自然条件的影响,农产品产量的年际波动较大,丰收而至的"谷贱伤农"及歉收而至的"灾荒"均不利于农业生产者收入、农产品市场的稳定和农业生产的稳定增长。为了确保农业生产者的正常利益,政府应当拨出一定的财政资金去充实已有的储备系统,扩大对农副产品的吞吐能力。粮食等农产品储备的基本功能,除稳定供求之外,还能平抑价格波动。联合国粮农组织根据全球资料计算得出的粮食合理储备结论是:储备量达到当年消费量的17%—18%就比较安全。但各国的储备量多少为最佳,需要从本国国情出发决定。粮食专项储备是国家调控粮食市场的一个重要杠杆,因此,在这一领域中,一是要把粮食的专项储备与发挥市场机制的基础性作用有机地结合起来;二是要把粮食生产、流通、消费等各个环节统筹考虑,注意考虑各个方面的利益;三是要把粮食的总量调节和结构调节结合起来,实现动态平衡;四是着眼于国际、国内两个市场,利用国内、国际两种资源,将粮食的进出口贸易与粮食的专项储备结合起来,以实现粮食市场的供求平衡和应付大的自然灾害;五是建立和完善粮食风险基金,粮食风险基金是粮食专项储备和国家对粮食市场进行宏观调控的资金基础;六是加强国内外粮食生产、市场和价格的监测,根据粮食的未来供求状况,及时采取有针对性的存放调节措施。

6. 区域性贫困与扶贫开发领域

区域性贫困就是与一定的地理区域相连的集中连片的贫困。其成因是不利的地理位置、脆弱的生态环境、贫瘠的土地。正是由于这种自然条件的不利,才造成了落后的基础设施、低下的教育水平和高速的人口增长,从而导致劳动生产率、特别是农业劳动生产率低下,基本的食物消费得不到保障,陷入持续性的绝对贫困。中国最具有典型意义的四大贫困地区,即西北黄土高原地区、西南石山区、秦巴山区和青藏高原寒区,都是与恶劣的自然环境相关联。对这些地区的经济与社会发展,需要政府的介入,否则与其他地区的经济发展差距会进一步拉大。扶贫工作的一项基本方针是以经济建设为中心,变救济式扶贫为开发式扶贫。实践证明,救济式扶贫可以缓解农民一时的生活困难,但不能使他们真正摆脱贫困。从根本上改变贫困地区的落后面貌,必须发展贫困地区的生产力。开发式扶贫的实质,就是以经济建设为中心,支持贫困地区的农民群众开发当地资源,发展商品生产,改善生产与生活条件,增强自我积累、自我发展的能力,这是摆脱贫困的根本出路。21世纪初期,中国扶贫开发的主要任务:一是改善生产、生活和生态条件,巩固温饱成果;二是加强基础设施建设,使贫困人口比较便利地得到各种社会化服务,提高生产效率和运销效率;三是培植基础产业,促进农业结构调整;四是重视人力资源开发,提高贫困地区劳动力的基本素质;五是加强贫困地区的基层组织建设,使农民能够有效地组织起来。

7. 农业自然资源和生态环境保护与治理领域

农业自然资源、特别是耕地资源的保护和管理是市场经济条件下农业政策进行调控的一个重要领域。在市场经济条件下,耕地转为非农业用地,对经济主体来说,往往可以取得比农业用地更大的经济效益。如果让市场机制自由发挥作用,耕地会出现大量的非农化,较少的耕地将难以满足人口增长和生活水平提高对农产品不断增长的需求,粮食安全和社会稳定将受到威胁。因此,政府必须从整个社会角度出发,对土地资源进行保护。农地保护一是要严格控制各种非农占地;二是建立和完善基本农田保护区;三是防止土壤污染;四是防治水土流失。森林是农业生产的重要屏障,它既可以为农业涵养水源、保持水土、稳定气候、防风固沙,还能减少自然灾害发生的频率及强度。因此,政府要严格执行森林采伐限额,要依法实行凭证采伐制度和凭证运输制度,以保证森林的消耗量低于其生长量,进而达到稳定以致提高森林覆盖率的目标。并且政府要进一步加强各类防护林体系建设,以便充分发挥林业正的外部效应。草原也是农业的重要环境屏障,具有保持水土、涵养水分、转化太阳能等方面的作用,同时草原还直接作为畜牧业的饲料基地。因此,政府要严禁滥垦草原和过度放牧。政府要帮助牧民根据草场状况合理调整载畜量,使牧畜的取食量低于牧草的生长量,以维持牧草平衡。水是农业的命脉。政府要保护江河、湖泊、水库等水域,维持水质处于良好状态。严格管理和节约工业、农业及生活用水,合理开采地下水,防止水资源枯竭。

农业环境污染主要是由两个方面引起的:一是城市工业和居民生活产生的废水、废气、废渣,如不治理就会造成水污染、大气污染和农田污染;二是在农业生产中不合理或过量施用农药、化肥、农膜和兽药、激素等添加剂,使农业环境和农畜产品受到污染。因此,政府必须实行严格的环境政策,保证农业生产出安全的农产品,保证农业有一个良好的生态环境作支撑,保证农业能够为社会保持一个良好的生态环境作出贡献。

第二节 农业政策制定的环境

当提出和确认了某些农业政策问题以后,就要考虑农业政策的制定。可是,对于农业政策的制定不是处在真空之中,它要受到社会上各种因素的影响和制约,是社会中众多因素综合作用的产物。这些影响和制约农业政策制定的各种因素就是农业政策制定的环境,这些环境主要包括:社会政治环境、社会经济环境和国际政治经济环境。

一、社会政治环境

农业政策是政府这架庞大的政治机器所生产出来的政治产品,所以社会政治环境极大地影响和制约着农业政策的制定。社会政治环境主要体现在政治体制上,农业政策要在政治体制的作用下才能制定出来,所以政治体制构成了农业政策一种重要的社会政治环境。政治体制对农业政策的这种作用首先表现在农业政策制定过程的特点上。一般说来,政治权力组织较为合理的国家其农业政策制定过程也较为科学,反之亦然。

在世界上,发达国家对于国家权力一般实行立法、行政和司法的三权分立,同时三权之间又相互制约,以避免任何一种权力的绝对化。例如在美国,任何政策都不是某个人或某几个人所能决定的,都必须以法律为依据。只有在现行授权范围内,行政当局才能制定和执行相应的农业政策。行政当局要想制定某项农业政策,如果现行的法律没有相应的授权,或想制定的农业政策超越了现行法律的授权范围,那就必须首先向国会提出相应的立法提案,只有在国会接受使之成为正式法律,给予行政当局这种权力以后,行政当局才能制定这种农业政策。如果国会否决了它的提案,行政当局则无权制定这一农业政策。这种权力分离而又相互制约的政治体制,一方面较好地防止了由一个人或几个人发号施令的现象,使立法成为整个国会的事情。由于国会是由各阶层的代表组成的,因此它负责制定的法律也在更大程度上代表了各阶层的意志。另一方面,行政部门专门负责根据法律制定有关农业政策,从而保证了国会制定的法律的贯彻执行,消除了有法不依和使法律成为一纸空文的现象。再一方面,司法部门的监督作用也防止了随意解释法律的弊病,保证了法律的如实贯彻执行。

苏联在十月革命胜利后,所建立的苏维埃体制是一种高度集权的政治体制,没有系统的政策制定过程,党的领导机关发布的命令就是绝对的政策,党员不得讨论,必须执行,党的权力高度集中在政治局手中。与这种高度集中统一的政治体制相联系,苏联的农业政策几乎完全是在计划机制的调节下运行的,也就是说,国家计划规定农产品义务交售的数量、品种、时间、方式及价格;计划规定农民给拖拉机站支付报酬的数量、品种、时间及方式;为了保证农产品采购任务的完成,国家甚至对农业生产过程进行直接干预。结果工业虽然得到了高速发展,农业经济却严重受阻。对农业极其不利的一系列农业政策的出台,是国家政治权力失去制衡的结果。

新中国成立之后的政治体制基本上沿袭了苏联的模式。邓小平曾概括地总结了过去中国政治体制的主要弊端是官僚主义现象,试想,在这样的社会政治环境下很难制定出符合中国国情的农业政策。1956年,中国基本上完成了对农业的社会主义改造,并出现了少量的农业合作社,毛泽东对此表示赞赏。结果不少地方为了迎合革命领袖的这种意图,不惜用行政手段强迫农民加入合作社,并向中央反映,农民纷纷加入合作社,表现了强烈的合作愿望,希望合作的规模越大越好。于是,中央就是根据这些信息,作出了加快对农业社会主义改造的步伐,并扩大公有制规模的决策。仅用一年多的时间,就闪电式地进入了人民公社时期,结果饿死了许多人,农业生产力受到了极大的损害。然而,彭德怀元帅在1959年的庐山会议上讲了真话,反映了农村的真实情况,却被说成反革命。堂堂共和国的开国元勋就因为讲了真话而落得了如此下场,就更谈不到其他党派、利益集团和平民百姓了。

在这样一种缺乏民主的社会政治环境下,当然也就不会制定出正确合理的农业政策来。

良好的民主的社会政治环境,科学合理相互制衡的政治体制,会形成一种比较畅通的利益表达机制,一般不会出现农业政策经济利益的杠杆总是偏重于某一边,这样就会有利于社会的协调发展。中国在近三十几年的政治体制改革中,逐步并正在建立社会政治协商对话制度,使得政策的制定不断向科学化、民主化的方向迈进。政府的农业政策活动不断增加透明度,重大情况让人民知道,重大问题及决策经人民或人民代表的讨论,政党和政府与广大人民群众、社会各界之间,开展经常广泛的直接对话与协商。这种比较民主与和谐的社会政治环境,使得中国农业政策的制定水平和质量不断提高。

二、社会经济环境

如果说社会政治环境是影响农业政策制定的外部因素,那么社会经济环境就是制约农业政策制定的内部因素。社会经济环境主要是指社会经济的发展水平与经济体制。

(一)经济发展水平

一般说来,处在不同社会经济发展阶段的国家,将采取不同的农业政策。也就是说,社会经济的发展水平将决定采取什么样的农业政策。

在发展中国家,一般来说,农业是就业的主要部门,虽然对国内生产总值的贡献来说,它并不一定是最大的部门。同时,存在一个规模小但充满希望地在成长起来的工业部门,在这种二元经济背景下,发展的中心问题可以说就在于把经济重心从农业部门逐步转向工业部门。农业要为非农业的发展提供食品、原材料、劳动力和资金以及市场等。可是发展中国家农业的最显著特点是贫穷,土地成为稀缺资源,农业缺乏适当的替代技术,由于农民缺乏知识和教育,使得新的农业技术应用遇到很多障碍。结果农业劳动生产率低下,农民收入不足,进而只有很低的内部储蓄,对工业品的有效需求严重不足,然而农业中却存在着大量隐蔽性的劳动力剩余。这就造成许多发展中国家的农业难以肩负起为国家工业化而进行资本积累的重任,不仅如此,某些发展中国家的农业还难以解决本部门人口的生存问题。在这种社会经济发展环境中,一般都把增加农产品供给放在首位,以满足人们对农产品的需要。其次还要为工业的发展进行资本积累,通过非农产业的发展,逐步吸收农业中的剩余劳动力。国家在科技、教育、信贷、投资等方面虽然对农业有所支持,但总体看来,政府的农业政策是使经济利益从农业向非农产业转移,这是由社会经济发展的客观规律所决定的。

在发达国家,农业为工业进行资本积累的任务已经完成,80%—90%以上的劳动力已经转移到非农产业部门中去,农业劳动生产率有了极大的提高,农业几乎实现了完全的商品化。整个社会的二、三产业得到了空前的发展,人们的收入水平不断提高,可是人们用于购买食品的支出在整个收入中所占的比重越来越小。在这样的国家中,农产品的需求越来越缺乏弹性,然而农产品的产量却不断增加,这就出现了农产品的过剩,使得农产品的价格下跌,农民的收入下降。为了稳定作为国民经济基础的农业,求得社会的均衡发展和实现社会经济收入的相对公平,于是大多数发达国家都制定了保护农业发展的政策。例如对主要农产品实行保护价格,国家对过剩的农产品实行必要的储藏,以调节供求,对农用生产资料进行补贴,甚至对农民收入进行直接的补贴。虽然由于政府财力的限制和各方经济利益的制约,也有一些限制农民扩大生产的措施,但是从总体上看,农业政策造成了经济利益从农产品的消费者、纳税人和政府流向了农业,形成了对农业的反哺。

社会经济的发展使得农业政策出现了挤压和保护农业的两种类型和两个阶段,但不论是挤压还是在保护农业阶段,社会经济是处在不断的发展过程中,即使是同一类型的农业政策制定,也有程度不同的差别。

(二) 经济体制

经济体制主要是指生产资料所有制的形式及其相应的组织管理方式。任何一项农业政策都是在一定的经济体制下形成的。农业政策的产生必然要通过某种组织程序或过程,这些组织程序或过程又具有某种经济体制的特点,进而也决定了农业政策的特点。越是完善的经济体制越是容易产生和形成明智的农业政策。从这种意义上说,经济体制为农业政策的形成提供了一种外部的组织环境,应该说,经济体制直接决定了国家的农业政策倾向。

在市场经济体制下,政府并不直接干预具体的农业经济活动,从而使其农业政策的范围相对要小;而在计划经济的体制下,政府经常运用行政手段,组织具体的农业经济活动,使得农业政策更具有计划性的特点。改革前的中国农业政策就具有这种代表性。自新中国成立之后到 1978 年中国农业政策的基本特点:一是几乎整个农业经济活动都靠国家的指令性计划来指挥,排斥市场机制对经济的调节作用,农民只有无条件地完成国家的计划任务,而没有生产、经营、销售和分配的自主权。二是制定的各项农业政策都是以行政手段为主,忽视各种经济杠杆和经济利益规律的作用。实践证明,这种计划经济体制下所产生的农业政策从总体上看是失败的政策。中国在1978年以后从农村开始的以土地使用制度为核心的经济体制改革,特别是20世纪90年代社会主义市场经济体制的确立,为正确有效地制定农业政策创造了良好的环境,农业政策主要是在农业公共产品的供给、农业外部性的消除、自然资源与环境的保护等市场失灵的领域。

三、国际政治经济环境

一个国家的农业政策制定不仅要受到国内的社会政治经济环境的影响,而且还要受到国际政治经济环境的影响。一个国家无论是实行开放的农业政策,还是实行闭关锁国的农业政策,都与国际政治经济环境息息相关,想逃脱或置国际政治经济环境影响于不顾是不可能的。

欧共体国家为了实现经济一体化的目标,先后建立了欧洲煤钢联营、欧洲经济共同体、欧洲原子能联营和工业品关税同盟。在所有这些经济一体化的项目中,虽然当初六国都从中受益,但毕竟存在一个受益谁多谁少的问题。欧共体的共同农业政策实际上是各成员国之间经济利益平衡的产物。对于原西德来说,由于科技和工业发达,工业品竞争力较强,工业品的自由贸易前景,尤其是自由进入法国市场的前景是极其诱人的。对于法国来说,其农业与原西德相比具有比较优势,法国的农产品将能够大举涌入原西德市场。荷兰也希望在农业一体化中发挥自己在种植业和畜牧业方面的优势,获得比较经济利益。意大利则希望利用自己的气候和地理条件发挥水果、蔬菜和水稻生产的优势,求得利益平衡。而原西德也只有把国内的农产品市场对伙伴国开放,才能使伙伴国的工业品市场继续向西德开放。欧共体成员国内部这些农业政策及其经济利益的相互调整又涉及世界上其他的农产品贸易伙伴。本来,从第二次世界大战结束到20世纪50年代末,西欧一直是美国、加拿大和澳大利亚等国农产品的出口市场。面对欧共体的共同农业政策,引起了美国等许多国家农业及有关政策的相应调整。进入20世纪70年代以后,由于欧共体实施的共同农业政策,各类农产品剩余逐渐增多。为了进一步保护农民的利益,欧共体实施了以农产品价格保护、农产品进口共同关税壁垒和农产品出口补贴为核心的农业保护政策体系。这种共同的农业保护政策不仅使欧共体的农业财政支出不断增加,而且使世界农产品市场价格动荡且低迷,使农产品出国的利益受到了损害,由此引起了许多贸易摩擦,并且发达国家竞相提高农业的保护程度,农业政策的效用相互抵消,使得农业保护政策的绩效不断下降、成本不断提高。正因为如此,才导致了乌拉圭回合的农业谈判,最终形成了对世贸组织成员国具有约束力的农业协议。欧盟东扩以后,新的成员国必须按照欧盟的要求来制定本国的农业政策,从而也使得欧盟的农业政策对世界农产品贸易和其他国家的农业政策产生更大的影响。

中国已进入到工业化的中期阶段,并且建立了社会主义市场经济制度,中国加入世界贸易组织以后,农业面临着一个全新的国际政治经济环境,中国农业政策的选择与组合必然受到世贸组织农业协议的约束。如在国内支持政策上,世贸组织农业协议把国内农业支持政策分为两类:一类是产生贸易扭曲的政策,叫"黄箱"政策,需要减让承诺;另一类是不引起贸易扭曲的政策,则称"绿箱"政策,该类政策则免予减让承诺。中国加入世贸组织以后,农产品平均关税水平由入世前的21%降低到2004年的15%,其中水果、肉类、葡萄酒和奶类制品等产品的关税水平降低幅度更大;对粮食、棉花、糖、食用植物油和羊毛实行关税配额管理;中国政府承诺入世后不对农产品出口进行补贴;中国可以运用的"黄箱"政策的微量允许水平为8.5%;根据谈判的结果,中国不具有采用特殊保障措施来保护国内市场的权利;中国农业政策的制定空间主要是在"绿箱"政策范围内。

不仅国际上经济环境的改变会影响到农业政策的制定,而且政治气候、重大疫情与卫生事件也会对农业政策的制定起到重大作用。如由于政治对立和封锁,或由于战争等原因,政府从国家安全的角度来考虑,实行自给自足的农业政策。疯牛病、非典型肺炎的爆发和流行以及转基因农产品生产与贸易的不断增加,都对当今农业政策的制定产生了非常重要的影响。

第三节 农业政策方案的设计与论证

所谓农业政策方案的设计,就是在农业政策目标既定的条件下,寻求与组合达到目标的农业政策措施和手段。

一、农业政策措施的寻找

在农业政策的主要目标和附属目标确定之后,关键问题就在于寻找实现这些农业政策目标的手段和措施,因为实现某一农业政策目标可以有许多附属目标以及更多的措施手段。

主要目标	附属目标	可能措施(可能彼此独立)
提高农民收入	1. 提高农产品产量	(1)采用优良品种 (2)采用先进的栽培措施 (3)增加化肥、水、农药等的投入
	2. 降低农产品生产成本	(1)提高农用生产资料的利用率 (2)提高劳动效率 (3)降低农业税收 (4)扩大农业经营规模
	3. 稳定或提高农产品价格	(1)建立和完善市场交易规则,做到公平竞争 (2)建立和完善农产品市场体系,提高交易效率 (3)对农产品实行价格保护或干预 (4)实行农业产业化经营 (5)促进农产品的出口
	4. 促进农业剩余劳动力的转移	(1)减少对农民工进城的限制 (2)提高城市化水平 (3)加速二、三产业的发展 (4)加强对农民的转岗培训 (5)组织农民有序流动
	5. 提高农产品的质量	(1)种养高品质农产品 (2)生产无公害食品、绿色食品和有机食品 (3)对农产品进行分级、包装、储藏、加工
	6. 提高农业的人力资本积累	(1)增加政府对农村基础教育的投入 (2)增加政府对农业职业教育的投入 (3)增加政府对农村医疗卫生保健的投入

对这些措施的选择都有一个效率和效益问题,所有这些措施都会造成经济利益的转移甚至流失,如何使经济利益的转移效率最高,流失最少,所花成本最低,将是选择农业政策措施所要集中考虑的问题。要想选择出能够保证农业政策目标迅速实现的政策措施,就必须考虑尽量多的农业政策手段,根据本国的各种社会政治经济具体情况,通过对各种政策措施手段的对比分析,来确定一组实现农业政策目标的措施。一般来说,农业政策的措施是有限的,关键的问题是采用的时机和如何组合。由于影响农业政策制定对象的条件千变万化,错综复杂,从而决定了它会有多种多样的发展变化

的可能性及其无限的展开方式。这也就是说,实现农业政策目标的手段和措施也不是唯一的,所以对农业政策措施和手段的寻求过程,也就是根据农业政策制定对象多种多样发展变化的可能性及其无限展开方式而提出各种不同政策方案过程。

二、农业政策方案设计的基本思路

(一)农业政策方案设计人员的选用

农业政策的制定要涉及人们的经济利益,所以选择什么样的人来设计农业政策方案十分重要。另外,由于人们所处地位和工作环境不同,所以对农业政策的认识角度和见解也就不同。一般来说,可以把农业政策的方案设计者分为政府系统内部和外部两大部分。

1. 政府系统内部的农业政策方案设计者

政府的农业政策方案设计大部分出自于政府系统内部。人们逐渐认识到,仅仅依靠少数几个最高决策者来设计农业政策方案已远远满足不了要求,面对日益复杂的农业经济问题,不但需要政府各部门人员的介入,而且还需要有专门的农业政策问题研究与方案设计人员。随着农业政策方案设计本身复杂性的提高以及政策科学的不断发展,政府的农业政策方案设计工作逐渐成为一项独立的政府活动,并主要依靠专门的农业政策设计机构来完成。在整个农业政策制定的过程中,他们发挥着重要作用,他们可能是原有农业政策的制定者,信息来源比较充分,各方面的有利条件使得他们对所出现的农业政策问题了解得比较清楚。但他们由于隶属于政府系统,这样就不得不无条件地接受政府的指令,他们可能为了自己地位的升迁,为政府的错误政策和行为服务,缺乏独立自主性,即使他们不愿意为政府的农业政策作诠释,但由于设计之初就从政府那里得到了大量符合决策者的想法或意愿的信息,因而难以公正、全面地考虑问题。

2. 政府系统以外的农业政策方案设计者

这主要是指科研单位和大学里的研究教学人员,一般来说,他们是独立的科学工作者。首先,他们的研究课题不是指令性的,可以按自身的专业和专长来参与农业政策设计活动,所以他们往往有机会深入细致地研究某一特定的农业政策问题,为农业政策设计服务。其次,他们的工作具有较大的独立性,他们与政府的关系,不是领导与被领导的上下级关系,更不是人身依附关系,这就使他们可以尽量减少决策者主观意志的干扰,进行科学的政策设计工作。但他们的信息来源受到很大的限制,尤其是当这些设计者的设想与政府有关部门的意见相悖时,一般很难从政府部门获得进行农业政策设计所必需的各种信息资料。

因此,为了保证农业政策方案设计的科学性,要考虑吸收政府系统内外两个方面的政策方案设计人员,以便他们互相取长补短,设计出高质量的农业政策方案来。

(二)农业政策方案设计的边界范围的确定

农业政策总是以一定农业领域里问题的存在作为发端和动力源泉的;正是客观上存在着这样或那样的问题,才使得农业政策的制定成为可能和必要。要分析问题,首先要明确问题存在的范围,而问题存在的范围则是农业政策制定对象的同义语。具体界定农业政策制定者所施加影响的范围和系统,也就是解决它在什么范围和在什么层次上的问题,即划定一个问题存在范围的边界。当这个边界或者说农业政策制定对象被确定以后,接踵而来的就是边界范围内的事物与外部事物之间的相互作用和联系问题。

1. 范围的界定

一方面,政策制定者只能在可能的范围内对农业政策对象施加影响。如地方的政策制定者只能在他管辖的范围内施加影响,不可能超越这个地区范围去施加所谓的影响,也就是说甲地的农业政策在乙地就不具备政策效力。另一方面,政策制定者所施加影响的范围和系统又不能混同于他能够施加影响的范围和系统。比如一项具体政策如果是以农区为政策制定对象,就要根据农区的实际情况制定出来,那么这项政策应该只适用于农区,而不应该适用于林区、牧区、渔区,尽管所有这些地区属于同一政策制定者可以施加影响的范围。如果一定要这项政策既适用于农区,又适用于其他地区,那么这项政策就应该从所有区域的实际情况出发,即扩大政策制定对象的界定范围。同时,把适用于全国的农业政策只局限在某一个地区也是错误的。人为地、不适当地扩大或缩小政策制定的范围,都会带来不良的政策后果。

2. 关系的协调

不论农业政策制定对象被划定在哪个范围和层次上,这个一经确定的范围和层次都是更大范围内的一个小范围和更高层次下的一个低层次,也就是说,它是整个国家政策以及农业政策体系当中的一个链条,从而它不能不受整个政策体系的制约,与这个体系中的其他政策发生这样或那样的联系。农业政策的本质是要进行经济利益的调整,一项新的农业政策出台,必然要打破原有的利益格局,这样就产生了政策体系与利益关系的协调问题。例如,要增加对农业的投资就要受到国家财力的限制,要放开粮食的市场价格就涉及粮食生产者、经营者、消费者和国家的利益。所以,不对更高层次的问题进行分析和研究,就设计不出适合于一定层次上的农业政策方案来;而不把农业政策制定对象看作是整个政策体系的一个环节,进而忽略这一环节与其他环节的相互作用和联系,那么设计出来的农业政策就可能是顾此失彼的政策。

(三)农业政策方案设计的主要方式

1. 渐进式的农业政策方案设计

即在进行农业政策的方案设计时,以当时社会上所共有的价值取向为基础,调整因时间改变所产生的边际差距,进行逐渐、连续、修补性的设计。通常渐进式的农业政策方案设计都是原有政策的修改方案,一般是根据实际中存在的问题,有针对性地对原有的农业政策提出一系列的改进意向,或者提出一系列相互不同的政策改进意向,往往成为人们进行农业政策方案设计时所选择的一条捷径。它的优点是对社会所产生的震动较小,能适应各有关方面的利益需要,并能稳步实现所选定的农业政策目标。缺点是达到最终目标所需要的时间较长,在处理一些冲突较大的社会变革问题时缺乏突破。中国自20世纪80年代以来的农业政策变革就基本上走了一条渐进式的道路。

2. 延伸式的农业政策方案设计

用这种方法所制定出的农业政策方案是已有政策内涵或外延上的延伸,通过类推、引申和细分等方式来进行方案设计。延伸式的农业政策方案设计有两种情况:一是新的政策方案与旧的政策方案属于同一政策范畴,例如从社会福利政策延伸到农民退休后的福利政策、贫困地区的福利政策、遭受自然灾害后的救济政策;二是新的政策方案与旧的政策方案不属于同一政策范畴,但基本概念可以从旧的政策方案中类推、引申、比较而得到,例如农村的人口控制政策的基本思想就来源于社会发展政策、经济发展政策和卫生教育政策等。

3. 创新式的农业政策方案设计

用这种方式所制定的农业政策方案与过去的政策有很少的联系,既不是对原有政策方案的修正,也不是原有政策方案的延伸,而是带有创造性的政策方案。一般说来,创新性的农业政策设计是现有知识的新组合,具有激进的特点,它能突破常规,加大改革的步伐,能够促进社会生产力的提高,带来较高的社会和经济效益。

三、农业政策方案的比较、论证

解决任何农业政策问题,都不可避免地要遇到互相联系、互相制约的各种复杂情况,就某一具体的农业政策方案而言,它不可避免地要遇到利与弊、得与失的选择,只有利没有弊、只有得没有失的十全十美的政策方案几乎是不存在的。哪种政策方案弊小失少、利大得多,只有通过多种农业政策方案的比较、论证才能知道。为此,要坚持下列准则:

1. 科学性准则

信息的收集、传输、加工应建立在科学的基础之上,信息收集要真实,传输要可靠、加工无误;对农业政策制定的对象及其相关系统发展变化状态的预测要建立在科学的基础上,并且尽可能地通过多次反馈调节,使得措施和手段与目标系统相匹配,从而使可能发生的实际情况与理想状况相接近;决策者的抉择要建立在科学的理论与方法基础之上,尽可能地避免主观武断和单纯以个人的好恶来取舍。

2. 协调性准则

要使农业政策制定对象的发展处于整体协调的最佳状态,既要着眼于农业政策制定对象内部的协调发展,同时也要着眼于农业政策制定对象与外界的协调发展;农业政策制定者与贯彻执行者也要协调,使得制定出来的农业政策尽量能够得到积极的贯彻执行。

3. 可控性准则

任何农业政策都应该是可控的,虽有约束条件,但可以实现且能见诸于行动。如果本来是属于可控制的因素还控制不了,所制定的政策可能处于失控状态,那将很难达到预定的目标。所以,设计的农业政策方案,一定要具有可控性。

总而言之,对农业政策方案的比较论证对正确决策具有重要意义。首先,通过比较论证,权衡了方案的利弊得失及可能产生的后果,阐明了方案内容的合理性,分析了方案各种依据的可靠性,纠正了方案的缺点和不足,就会使方案更加完善,更加切实可行。其次,通过比较论证可以消除决策的盲目性,增强决策的自觉性,避免决策的失误。要达到这样的目的,在对农业政策方案进行比较论证时,①必须遵守统一的农业政策目标,参加比较论证的人,都要围绕共同的农业政策目标进行论证,这样才能保证思想的统一,方向的一致。②必须解放思想,实事求是,这样在进行方案的比较论证时才能横挑鼻子竖挑眼,从不同的方面、不同的角度提出问题,指出方案的利弊得失。但要做到论证有理有据,切忌主观随意性,避免草率行事,防止对方案的简单肯定或否定。③必须充分发挥民主,提倡"百家争鸣"。参加方案比较论证的人,由于所处的地位、所代表的利益以及知识、阅历、看问题的角度和思想方法不同,对同一个方案可能有不同的甚至截然相反的看法。因此,必须允许和倡导人们发表不同的意见,让人们毫无顾忌地展开自由的讨论和争论,这样才能集思广益,取长补短,使比较论证工作达到应有的深度和广度,使农业政策方案更加科学和完善。

四、农业政策方案的选择

处于抉择或准抉择地位的农业政策制定机关,即决策者,面对多种农业政策方案可能只有两种选择:即从自己所处的地位以及自己所负的责任出发,或者从中选定一种方案而否定另外的其他方案,或者搁置所有方案,再重新设计方案。这种选择当然需要以前面对农业政策方案的比较论证结果为基础,然而,比较论证的结果却不具有最终决定意义上的效力。

(一)农业政策方案的确认

第一,目标系统的确认。也就是农业政策决策者审查农业政策方案的目标系统是否适宜,特别是这一目标系统与决策者自身的目标系统是否存在着偏差以及偏差大小。如果经过审查,发现某种或某些方案的目标系统不适宜,特别是这一目标系统与决策者的目标系统存在较大偏差,那么这个方案自然会被否决;反过来说,则把那些目标较为适宜,特别是这一目标系统与决策者的目标系统存在较小偏差的方案保留下来作为选定方案。

第二,手段和措施的确认。也就是分析各种农业政策方案的目标系统与措施和手段是否相匹配,以及这些措施和手段是否可行,它们可能产生的利弊影响,从中选定一种方案作为决策方案。

第三,边界范围的确认。也就是看农业政策方案在什么时间、什么地方、对什么人或事物适用以及是否得当。

(二)农业政策方案选择的价值标准

在农业政策方案的选择过程中,面临着一个价值标准问题。一个农业政策方案选择的价值标准包含着对这一方案实施后的作用、效果、益处和意义等的判断。选择一项农业政策方案既有规范性的标准,又有经验性的判断。因而不同的农业政策决策者对于同一农业政策方案的判断可能有所不同,原因就在于不同的世界观和社会地位以及知识和能力素养。一个农业政策决策者要能够驾驭各种方案,果断地作出合理选择,需要他对于农业政策问题有全面的了解,熟悉农业政策问题的历史背景,以及其他一些相关因素;需要具有多谋善断的能力,既能敏锐地察觉问题,又能果断地解决问题;还要摆脱习惯势力的影响和束缚,以创新的精神和头脑,作出明智的选择。这说明对于农业政策方案选择的价值标准必然掺杂有决策者的主观因素,但农业政策方案的最终标准将客观地表现为它的社会效益和经济效益。

决策者对于农业政策方案的选择,一般都追求一种最佳状态。但就决策理论来说,要进行最佳选择,必须使决策方案满足如下条件:①决策目标有数量指标;②穷尽所有的可能性方案;③每个方案的执行结果必须明了;④择优标准绝对明确;⑤决策不受时间条件限制。

然而,在现实的农业政策方案制定过程中,这些条件是无法满足的。并非所有的农业政策目标都是数量指标,政策的设计者不可能穷尽所有的政策方案,农业受自然和市场两个方面的影响,生产经营很难有确定的结果,择优标准也常常掺杂着主观因素。任何农业政策方案都要受到时间与条件的限制。

所以,一般的农业政策方案的选择行为只能服从于满意标准而不能是最佳标准。任何一项农业政策方案,只能达到一个有限的目标。我们不能去追求一种最佳的农业政策方案,而只能力争做到在现有条件下如何去实现所确定的农业政策目标。

(三)农业政策方案的修正与完善

对农业政策方案的修正与完善有两个方面的含意:一方面,决策者所选择的农业政策方案,常常还不是完整意义上的农业政策,还需要根据决策者的意见以及其他方案的长处,对所选定的农业政策方案进行某些修改和完善;另一方面,从静态分析,对农业政策方案作出了选择之后,农业政策的制定过程即告终止。但是,我们不是为了制定政策而制定政策,制定农业政策的目的是为了实施,以解决一定的社会经济问题。因此,从这个角度来看,选择了政策方案还不能认为是政策制定过程的终结,还必须在农业政策的实施过程中,不断地通过信息反馈,发现农业政策在执行中的问题和偏差,以随时对原农业政策作出修正和补充。

第四节 农业政策的法制化与法律化

一、农业政策法制化与法律化的含义与意义

(一)农业政策法制化的含义与意义

1. 农业政策法制化的含义

农业政策的法制化是指农业政策的制定过程及其内容都应符合宪法和法律,不能与其相抵触。

2. 农业政策法制化的意义

农业政策的正确与否,同是否建立了法制化的政策程序有着密切的关系。从理论上说,作为决策者个人,由于本身在生活、经历、智能等诸方面必然存在着某些局限性,如果没有其他制约,个人的非程序化的经验决策就会受到这种局限性的影响,因而决策错误在所难免;在农业政策程序法制化的条件下,决策不是个人的决策,而是集体的决策;不是单一的决策程序,而且还有批准、评估的程序。这样,一方面克服了个人决策的局限性,因为决策集体中人们不同的经历、智能、性格等具有一种互补的作用。另一方面,法制化也能够制约决策者的决策行为,避免错误的决策。农业政策的法制化是一个政策优化,对政策行为实施法制监督的过程。此外,任何一项新的农业政策,如果违反悖逆现行的政治法制结构,势必造成社会宏观管理与控制的无序和失调。如一些"土政策",就可能造成对国家法制的破坏和干扰,危害国家、集体和个人的利益。因此,农业政策从制定到实施都必须实行法制化。

(二)农业政策法律化的含义与意义

1. 农业政策法律化的含义

农业政策的法律化,是指农业政策向法律的转化,有权的国家机关将经过实践检验,确已成熟、稳定,在较长时间期内规范社会关系的农业政策上升为国家法律,使这些农业政策获得人人必须遵守的法律效力,使农业政策所要达到的目标有法律的促进和保障。农业政策的法律化是依据法定权限和法定程序,由法定的有权机关所进行的立法活动。它不仅包括制定有关农业法律,也包括修改、废止、认可、补充、审查农业有关法律的活动。所谓法定的有权机关主要是指享有国家立法权的立法机关;享有行政职能和委托立法权的行政立法机关及部分司法机关。

2. 农业政策法律化的意义

从本质上来说,农业政策法律化是社会各政治主体、利益集团的竞争、斗争、协调和妥协的产物。由于农业政策法律化几乎涉及所有领域、所有阶层的利益,所以农业政策法律化从来就是各党派和利益集团积极活动的一个方面。他们都以自己的利益表达机制来表达自己的经济利益愿望和要求,并以政治参与机制和其他各种政治手段来影响、左右甚至控制农业政策法律化的过程。因此,大多数农业政策法案是协调、平衡各方利益的产物,只有在各方面对农业政策法案协商、妥协的基础上达成基本共识,农业政策的法律化才能够实现。否则,那些极有势力和能量的政治主体和利益集团,通过他们的院内外活动,可能将损害他们利益的农业政策法案扼杀在摇篮之中。国家立法机关把需要法律化的农业政策上升为国家法律,国家行政机关根据其行政职权及委托立法权,把需要法律化的农业政策转化为各种行政立法,司法机构通过对立法机关和行政机关所制定的有关农业法律、法规进行审查,以确定其合宪性及合法性,以实现对农业政策法律化的干预和参与,并在某种程度上决定着农业立法活动的有效性及合法性。

二、农业政策与法律的关系

(一)农业政策与法律的联系

农业政策与法律在本质上是一致的,都是国家管理农业的工具和手段,共同控制、调整和规范着人们的社会经济关系,它们联系密切,互为依据,相互渗透,相互制约。

1. 农业政策指导农业法律的制定

制定农业法律,当然要以国家的宪法为依据,但还要有国家的农业政策为指导,任何一项农业法律,都要体现国家的基本农业政策。在这个意义上说,农业法律是农业政策的具体化、条文化。当然,在实际工作中,每一项新的农业立法都比它相应的农业政策更前进了一步,更为完善,更为成熟,更符合客观实际的要求。

2. 农业法律对农业政策的制约作用

农业法律是执政党和国家意志在农业方面的统一,是国家权力的最高体现。它决定了执政党和任何政治团体以及政府首脑的有关农业活动都必须在农业法律的范围内进行,国家的农业政策必须保证农业法律的实施,农业政策决不能与农业法律相违背。即使农业法律的有些内容已不适应时代发展的要求,也只能通过法定程序加以修改和更新,不能借口执行农业政策而随意改变法律。

(二)农业政策与法律的区别

农业政策与农业法律虽然相互联系、相辅相成,但是,它们毕竟是两种不同的社会规范,它们的区别主要表现在以下几个方面:

第一,制定主体不同。农业法律必须由国家立法机关及依法授权的有关机关制定,而且必须依照严格的法定程序和法定权限;农业政策则可以由政党、政府、利益集团等不同政治主体所制定,某些农业政策的制定不一定要像法律那样经过严格的规范程序。

第二,表现方式不同。农业法律一定要以规范性的法律文件正式公布出来,而农业政策是由决定、决议、纲领、宣言、通知、纪要等形式表现出来,有时还有所谓的内部政策。

第三,实施方式不同。农业法律是以国家的强制力为后盾保证实施的,在法律的背后有法庭、警察、监狱,国家司法机关对违反法律的行为必将绳之以法,给予强制性惩处,法律对所有的公民一视同仁,要求所有公民必须遵守法律。但农业政策并不一定都是以国家强制力为后盾,如政党和社团的农业政策主要是靠宣传、教育、说服、劝导等方式来贯彻实施,靠人们对政策的信任和支持,并使得人们自觉遵守。有些政党和社团的农业政策只对该组织的成员有约束力和强制力,对组织以外的人就没有约束力。但政府的农业政策应当看作是具有国家强制力和约束力的,这种强制力是基于政府的行政权。因此,政府对违反农业政策的人不能像国家司法机关那样以司法手段对其惩处,只能以行政手段给予处分,或强制其遵守执行政府的农业政策。

第四,调整范围不同。一般而言,农业政策对社会经济生活的调整,其范围要大于农业法律,农业政策一般能比较原则和概括地对社会经济生活予以调整;而农业法律则相对比较具体、明确,它规范行为人权利义务采取的方式是:你可以怎么样,你应该怎么样,你不得怎么样。

第五,稳定程度不同。由于农业政策与法律的上述特点所决定,一般说来,农业法律比农业政策更加稳定,相对于农业法律来说,农业政策比较灵活多变,它可以根据变化了的农业以及整个国民经济形势,作出迅速的调整。

由于农业政策与法律有以上的联系和区别,所以才存在农业政策法律化的问题。以法治国是现代市场经济的基本标志。农业法律的规范性、强制性和稳定性,将更有利于调整、控制和管理整个社会的农业生产经营过程。但并不是将所有的农业政策都转化为农业法律,农业政策转化为法律必须具备一定的条件。

三、农业政策法律化的条件

(一)成功和成熟的农业政策才能转化为法律

法律规范的一个重要特点是对社会关系进行一般调整,而不是个别调整,即一个法律规范对同样行为可以反复适用,这就使得法律往往具有滞后性,它总是在一定现象多次出现,或对某种社会关系调整趋于固定化时,法律才被制定出来。因此,农业法律的制定原则是成熟一个,制定一个,不能勉为其难。农业政策较之法律对客观需要的反应更为灵敏,有一定的伸缩性和灵活性。因此在制定农业法律的条件尚不成熟时,有些方案先以政策的形式出现,在实践中反复修改、完善、试行,经实践证明是行之有效的政策,再通过国家的立法机关将农业政策上升为法律。不成熟的农业政策过早地上升为法律反而会造成危害性的后果。

(二)具有长期稳定性的农业政策才能转化为法律

农业政策有可能转化为法律,但并不是所有的农业政策都必须转化为法律。只有那些适用时间较长,调整比较稳定的社会关系的农业政策,才有必要转化为法律。这一点是由法律稳定性的要求所决定的,法律不能朝令夕改,这就要求只有具有长期稳定性的农业政策才能转化为法律,一些暂时性的农业政策不宜转化为法律。

(三)对全局有重大影响的农业政策才能转化为法律

农业政策转化为法律,除了必须是成功和成熟的,并且具有长期稳定性这两个条件外,在一般情况下,大多数是对全局有重大影响的农业政策。所谓对全局有重大影响,是指对农业和整个国民经济以及人民生活和社会发展有重要大影响力的农业政策,这样的农业政策定型化、条文化、规范化,进而转化为法律,纳入法制轨道,才有利于整个社会共同遵守。

关键词

主体　客体　利益集团　经济体制　渐进式　延伸式　创新式　价值标准　法制化　法律化

思考题

1. 制定农业政策的主体有哪些?他们的地位如何?
2. 如何确定农业政策的客体?
3. 如何考虑农业政策制定的环境?
4. 农业政策问题主要在哪些领域?
5. 怎样进行农业政策方案的设计与论证?
6. 如何对农业政策进行法制化和法律化?

第九章 农业政策的执行

农业政策被制定出来以后,必须经过执行这一环节,才能实现政策目标。本章主要阐述农业政策执行的含义、特点与意义,分析制约农业政策执行的因素,并对农业政策具体执行的相关问题进行论述。

第一节 农业政策执行的含义、特点与意义

一、农业政策执行的含义

农业政策制定出来以后,并不等于有关的农业问题就解决了,从农业政策的制定到其目标的实现,还需要一个极其复杂和重要的过程,这就是农业政策的执行。农业政策的执行是农业政策方案被采纳之后,把农业政策所规定的内容转变为现实的过程。农业政策被采纳后便是农业政策执行的开始,但此时已经合法化的方案仍然是观念形态的东西,农业政策执行就是要把这种观念形态的东西变成现实形态的东西。具体地说,农业政策执行本质上是遵循农业政策指令所进行的变革,是为了实现农业政策目标而重新调整行为模式的过程,是将一项农业政策付诸实施的各项活动。因此可以把农业政策的执行理解为一个过程,它是农业政策的执行者运用各种政策资源,通过建立各种组织机构,采取宣传、解释、实施等各种行动将农业政策观念形态的内容转化为现实效果,从而使既定的农业政策目标得以实现的过程。

二、农业政策执行的特点

(一)具体性

一般说来,农业政策的制定是针对普遍的情形,以整体的面貌出现的,是比较抽象的观念体系。而执行部门要贯彻落实决策中心发布的农业政策指令,仅有对农业政策指令的整体了解是远远不够的,还必须对整体目标加

以分解,使其具体化,这样才能把农业政策指令通过层层分解,落实到各个具体实施部门,最后落实到农业政策对象身上,通过他们的经济利益受益或受损,使农业政策的实际效益体现出来。可见,农业政策的执行是一项十分细致的工作,必须明确具体,讲求条理性和规范性。

(二)灵活性

现实的社会经济生活是极其复杂的,农业又是一个高风险的产业,新问题新情况不断出现,尤其在改革开放的年代,各种矛盾错综复杂,偶然随机因素激增,动态多变的态势更加突出,各种利益的冲撞以及大量特殊问题的涌现,对农业政策的执行提出了更高的要求。农业政策的执行不会在一瞬间完成,只能是由一系列活动构成的过程,是一个思想、行为和利益需要不断变化,不断调整的过程。一方面农业政策方案无论设计得怎样科学合理,它都不可能与纷繁复杂的客观实际情况完全一致;另一方面,随着时间的推移、执行活动的进展和环境条件的变化,农业政策的执行还会遇到一些新情况和新问题。因此,农业政策的执行者必须因地制宜,因时制宜,适应各种现实情况的变化,灵活地使农业政策目标得以实现。然而灵活性不是说对农业政策指令可以随心所欲,或者在执行中讨价还价、打折扣,以特殊情况为由曲解政策,而是在不违背原则的前提下,为了实现农业政策目标,灵活地采取相应的手段、措施及步骤。

(三)综合性

农业政策的执行是个复杂的活动过程,要采取很多必要的措施和行动,牵涉许多动态因素,人、财、物、时间、信息、管理技术、规章制度等都是执行中必然要涉及的基本要素。执行是否顺利有效,既要受主观因素影响,也要受客观因素的制约。农业政策的执行过程就是将各种因素加以系统综合,使其处在一种有序状态下,发挥最大整体效应的过程。实践证明,杂乱无章只会带来执行的负效应,执行系统必须通过某种机制实现各种要素的协调效应和动态平衡。协调效应实现的程序,有序状态建立的各种实际态势,直接影响着执行系统发挥作用的程度,影响着农业政策目标的实现和绩效的大小。因此,执行者在农业政策执行过程中必须善于运筹各种政策要素,使整个的农业政策执行过程成为一个要素得当、结构合理、功能优化的动态系统,这样才能"少投入、多产出",减少系统内耗,以最佳的方式和途径实现农业政策目标。

(四)阶段性和连续性

由于农业政策目标和方案就带有阶段性,因而它反映在农业政策的执行上也必然呈现出时间上的阶段性,即农业政策方案的实施和目标的实现都只能分阶段逐步进行。农业政策执行既要着眼于最终目标,又要立足于近期目标,要把二者有机地、科学地统一起来,特别要防止超阶段的执行行为。与农业政策执行的阶段性密切联系的是它的连续性,这就是说,在整个农业政策执行过程的各个阶段之间存在着前后相继的内在联系。农业政策的执行过程是阶段性和连续性的统一。为此,执行者应充分注意各个执行阶段的衔接和统一,不能只顾上阶段目标,而影响下阶段目标或其他阶段目标的实现,而应该在实现上阶段目标的过程中积极为下阶段目标的实现创造条件。

(五)目标的统一性与途径的多样性

在农业政策执行过程中,其目标不论是在时间上还是在空间上都具有统一性,这是农业政策执行的内在特点和要求。如果执行机构的领导者及其执行人员在主观上忽视了这种统一性,则会造成整个执行系统的紊乱,出现巨大的内耗,不利于农业政策目标的实现。因此,执行者在执行农业政策时要密切注视各方面、各阶段的执行进展情况,一旦发现目标冲突或整个执行活动进展得不顺利,就要及时调整,以保证农业政策执行目标的动态统一。然而,农业政策目标的统一性并不意味农业政策执行途径的单一性。相反,在坚持农业政策执行目标统一性的前提下,还必须坚持农业政策执行途径的多样性,因为在农业政策执行过程中客观上存在着多种多样的途径。

(六)决策的多层次性

由于农业政策执行是一个需要不断变化和调整的动态过程,因此农业政策执行者就要依据农业政策的原则和自己所处的条件不断选择和决定自己的行动措施。在执行上级政策的过程中,不仅各级执行机构的领导者要结合本地区、本部门的特点制定切实可行的农业政策执行措施,而且各级执行机构的工作人员也要据此制定自己的具体行动计划,尤其是基层的农业政策执行人员则更应根据自己所处的特定条件,按照农业政策的要求进行具体的决策,以处理各种实际问题。因此,农业政策的执行绝不是一个简单的照章办事的过程,而是一个由一系列不同层次的决策组成的过程。

三、农业政策执行的意义

(一)农业政策执行是解决农业政策问题的根本性环节

农业政策的主要目的不是研究问题而是解决问题,农业政策的制定主要是研究问题的过程,而农业政策的执行才是直接地、实际地、具体地解决问题的过程。认为一项农业政策在确定之后就会自动地成为现实,这是一种天真的幻想。即使是科学合理的农业政策,如果束之高阁,不经过实际执行过程予以实施,它也没有任何意义。

(二)农业政策的执行决定了农业政策目标能否实现以及实现的程度和范围

农业政策执行得好,其方案中所规定的目标就可以圆满实现,甚至还可以由执行者创造性地执行活动弥补原政策方案的不足,提高政策的效益。农业政策执行得不好,则可能会使农业政策试图解决的问题更加恶化,或者与原政策目标背道而驰。

(三)农业政策的执行是检验其是否正确,是否修正和完善或者废止原政策、制定新政策的重要依据

农业政策是否正确,只有通过执行才能得到最后的验证。农业政策通过执行才能发现它的不足之处,农业政策的执行过程,就是使原政策得到不断调整、补充和完善,使之更加明确、更加具体的过程。一项农业政策的执行情况不论好坏,不论是否达到农业政策目标的要求,都会在社会上造成一定的现实后果。从某种意义上讲,我们面临的社会现状,就是过去无数项农业政策和现行各项政策实际发挥影响所形成的结果,废止或制定新的农业政策都要以在政策实施后由各种渠道反馈回来的信息为依据。只有认真总结农业政策在执行中的经验教训,才能及时地修补不足的政策,迅速地淘汰过时的政策,科学合理地制定新的政策。

第二节 农业政策执行的制约因素

一、农业政策方案自身的质量

农业政策方案不仅仅反映了农业政策决策者的想法和决心,而且决定了农业政策的执行过程及其最终结果。农业政策的执行活动基本上是根据方案本身所规定的内容进行的,所以农业政策方案自身的质量是制约其执行的重要因素。

(一)农业政策问题的性质

农业政策执行顺利成败与否,首先是和农业政策所要解决的问题性质

密切相关。所谓农业政策问题的性质,是指农业政策所涉及的范围、问题的类别、程度和规模等。那些涉及人们经济利益分配和调整的农业政策,如农产品的价格保护政策,所需采用的政策措施较多,引起的经济利益转移较为复杂,所以执行起来就比较困难。

(二)农业政策的连续性

农业政策反映了一国政府在一定时期内对农业的基本倾向,因此,它必须保持相对的稳定和一致。如果一国的农业政策变化多端、朝令夕改,那么执行起来就必然困难重重。某一项农业政策的执行,需要一个"反应过程",在政策多变的情况下,甚至还没等完全"反应"过来,政策的变化又一次发生,这样当然不能使农业政策得到有效的执行。

(三)农业政策的合理性

有时候某项农业政策得不到切实的执行,一个简单的道理就是这项农业政策不合理。所谓农业政策的合理性,是指农业政策本身所具有的因果关系,即这一农业政策是否针对了客观的政策问题,并且能够切实地解决这一问题。我们不能凭主观提出一个农业政策问题,再凭主观设计出一项农业政策。如果农业政策产生于这样的前提,那么肯定无法执行,或者执行了以后带来了巨大的负效应。一项农业政策如果不能反映客观存在着的情况,不符合大多数人的愿望和利益要求,那么这项政策显然无法得到有效的执行。

(四)农业政策的明确具体性

一项农业政策要能够顺利执行,从操作上和技术上来说,它必须明确具体,包括农业政策方案和目标的明确表述,农业政策措施和行动步骤的明确规定,也包括明确的理论前提和价值取向。某项农业政策如果目标不明,方案含糊,给人以一种不知如何执行的感觉,那么自然就无法执行;某项农业政策如果没有明确的理论前提和价值取向,给人以一种不知为什么要执行的感觉,那么也不会得到自觉的执行。

二、执行农业政策所需要的资源

农业政策不仅涉及经济利益的调整,而且在执行中还需要一定的资源,不耗费一定的资源就难以达到农业政策所确定的目标。一般来说,执行农业政策所需要的资源主要包括资本资源、物资资源、人力资源、信息资源和权威资源。

（一）资本资源

要执行农业政策就必须有一定的资本来源。如果对农业实行保护政策,这种资本就是巨大的。这不仅是因为农业政策必然造成经济利益转移,而这种转移需要政府筹集或垫支,而且还因为农业政策的启动和运转也需要费用,例如,农业政策执行人员的工资、办公费用等。不花费资本的农业政策,其执行就是不可能的。但绝不能误以为花钱就可以解决问题,过度的花钱不仅会造成资本的浪费,而且还可能造成许多恶性循环,例如欧美等国家对过剩农产品所采取的政策。

（二）物资资源

执行农业政策还需要一定的物资资源,这是农业政策比较特殊的地方。农产品是人们的基本生活必需品,某些农业政策的落实不仅仅是靠资本就能解决问题的,对农产品市场价格,特别是对粮食市场价格的调控,就必须要求国家手中要掌握足够的粮食。农业政策的执行没有资本不行,但有些政策,只有资本,没有物资也不行。在因自然灾害或战争等原因,只有资本,而没有物资,在某时某地农业政策的执行就是不可能的。

（三）人力资源

农业政策需要人来执行,没有人就不会产生农业政策,更谈不上执行农业政策,人力是执行农业政策的原动力。但也不要认为执行农业政策的人越多越好,如果参与农业政策执行的部门和人员过多,则执行者要花费更多的精力和时间来处理部门之间和人员之间的关系,甚至还可能会由于参与执行的人员过多而导致执行机构的纠纷和内耗,从而增加了执行农业政策的难度。因此,在农业政策的执行过程中,投入的人力资源也要适量。

（四）信息资源

作为农业政策执行所需要的资源之一,信息也是影响农业政策执行活动的一个重要变量。农业政策的执行者不仅应该获得足够的信息资源,而且还应当确保信息渠道的畅通无阻。否则,执行者就很难制定出正确可行的行动计划和策略,也无法对农业政策执行过程进行必要的控制。事实证明,农业政策执行中的某些失误或困难常常正是由于执行者缺乏必要的信息而造成的。

（五）权威资源

农业政策执行活动的权威是一种特殊的资源。负责执行农业政策的人员要使其执行活动得以顺利进行,则必须具有一定的权威。权威不是赋予的,但却是授予权力的根据,可以增强权力的威力。权威之所以能够成为一种重要的农业政策资源,其原因就在于权威加强了执行人员的责任心,可以提高执行人员的工作情绪;权威是取得协调的基础,谋求行动上协同一致的良方;权威是下属表示服从,诚意接受某项建议而予以执行的动力;权威的享有者一般都具有某方面的专长,在决定政策应如何执行的步骤上可以提供丰富的经验和专业知识;权威是工作指派、工作指导以及工作控制的依据,而这三者正是有效执行的前提;权威是奖赏或惩罚执行者的行为,提高工作效率的标尺和活化剂。这些都决定了权威是一种有助于农业政策有效执行的重要资源。

三、农业政策的执行机构与人员

（一）执行机构

当代社会是组织化的社会,尤其是政府机构,具有高度的组织化程度。在任何的政治体系中,农业政策的执行都是经由政府的组织机构进行的。因此,政府组织机构的功能和作用如何,是影响农业政策执行的重要因素。一般说来,对农业政策的执行具有较大影响的要素有:

1. 组织机构的层级与幅度

层级是指组织机构纵向的层次划分;幅度是指组织机构横向的部门划分。组织机构的层级与幅度有着密不可分的关系,就政府的组织机构来说,层级多了,必定影响其管理幅度;幅度大了,也必定影响其管辖的层次。适宜的层级与幅度能够有利于农业政策目标的分解,以及农业政策方案的具体化,从而有利于农业政策的执行。但是,正因为层级与幅度的存在必将导致农业政策目标的分解和政策方案的具体化,所以它们同时也会产生一种消极作用,尤其是在层级过多幅度过大的情况下,它们的消极作用就较为明显。它们可能在目标分解和方案具体化的每个步骤上淡化农业政策的基本要求,扭曲农业政策的基本方向,使到达基层的农业政策几乎面目全非。这样就根本谈不上农业政策的有效执行。

2. 组织机构的分化与整合

为了有效地执行农业政策,需要组织机构的分化,即根据性质、领域、地区、职能等等标准,对组织机构进行必要的分解。如种植业、畜牧业、林业、渔业等；又如生产、加工、销售、贮藏、运输等；还如科研、教育、推广等部门和单位。同时各个机构单位都要具有明确的权力和责任。另一方面，分化又不能导致事实上的分家，这些机构还必须是一个统一的整体，所以分化的主要意义仅在于，通过分化以达到最佳的整合和组织效率。组织机构的分化与整合程度同样与农业政策的执行有着密切联系。如果分化不好，农业政策的目标就难以分解；如果整合不够，农业政策的执行必然表现为松散和无力；只有在恰如其分的分化与整合的基础上，才能使组织机构有效地执行农业政策。

3. 组织机构的命令与服从体系

农业政策执行机构的主要特征，在于它通过建立其上下左右的组织结构，以形成一个统一的、完整的命令与服从体系。一般的组织结构呈金字塔式的形状，最高行政首长位于金字塔的顶端，他通过命令的链条连接塔身直至塔底；从相反的方向看，这里是以服从的链条连接起来的整体，通过一层一层的服从，使得上级的命令得到贯彻。可以认为，这种命令与服从体系，是有效执行农业政策的组织保证。但是，这个体系也可能发生故障，例如某一层机构有多个上级或多个领导，而他们的意见又不一致，这常常使得下级不知所措。还例如，最高行政首长虽然具有权力，可却不具有权威，发出的命令有误或不准，下属不愿接受或接受了不愿执行，这样政令不畅，就必然会影响到农业政策的有效执行。

(二) 执行人员

农业政策的执行者主要是指政府各级执行机构内的领导干部和公务人员。无论是指导性的政策，还是分配性的政策，或者是限制性的政策，都需要这些人员去执行，去具体落实。因此，这些人员的农业政策水平、政治观念和行为倾向、工作积极性和责任感等，都构成了影响和制约农业政策执行的重要因素。

1. 执行者的农业政策水平

这首先体现在对于农业政策的理解力上。一定的农业政策需要执行者对它的性质、精神、涵义、内容等都充分理解之后，才能得以推行，而且农业政策的执行者在其执行过程中，一般都具有初始解释权。因此，如果执行者没有完全理解农业政策，那么农业政策的执行肯定要受到影响。其次，由于农业政策执行具有多层次决策的特点，也就是说，执行者在农业政策执行过程中，常常具有一定的决策权，他们对于具体的执行事项，往往根据不同的时间、地点和条件,考虑个别需要,权衡其轻重,斟酌其缓急,而后才作出各种不同的调适。因此,执行者对农业政策执行过程中驾驭和对各种具体问题的应变处理能力,也是他们农业政策水平的一种重要表现,这也会影响到农业政策的执行效果。

2. 执行者的政治观念和行为倾向

农业政策的执行者是不是从整个国家的利益和民族的利益出发,是不是具有全心全意为人民服务的精神,这不能不影响到农业政策的执行。例如国家决定对某种农产品实行低价收购政策,这可能给这项政策的执行者本人带来一定的损失,那么执行者是出于公心还是出于私心,这就决定了这项农业政策是不是能够顺利执行。农业政策的执行在某种意义上就是对利益的分配和对行为的调整,当农业政策的执行者身兼政策对象和执行者双重角色时,执行者是否具有高度的思想政治觉悟,对农业政策的执行过程具有极为重要的影响。有许多农业政策执行不力,不是由作为普通百姓的一般政策对象造成的,而是首先由作为农业政策执行者的那部分特殊的政策对象因缺乏应有的思想政治觉悟而阳奉阴违,"钻政策的空子"造成的。他们可能为了个人利益或小集团的利益,采取"上有政策、下有对策"的办法加以抵制。这种不是从正面反对政策,而是采取"钻空子"或采取软拖的形式来对付农业政策,对农业政策的贯彻执行是极其有害的。

四、农业政策的对象

农业政策的对象,就是农业政策直接作用影响的对象,是农业政策的接受者。农业政策主要表现为对政策对象的经济利益分配和调整,表现为对他们的行为指导、制约或改变。因此,农业政策能否实现所确定的目标,不是农业政策制定者一厢情愿的事情,也不是农业政策执行者能够完全决定的事情,它还与农业政策对象有直接的关系。

(一)农业政策对象的接受程度

在农业政策的执行中,政策对象可能会接受或不接受某项农业政策,接受某项农业政策,有可能是完全接受,也有可能是部分接受;不接受某项农业政策,就是政策对象不愿采取农业政策所期望的行动,或停止农业政策所期望的行动。对农业政策的不接受或部分接受,都会导致农业政策执行的不同程度的失败。政策对象能否接受某项农业政策和接受程度如何,主要取决于农业政策执行对他们切身经济利益的影响程度。在一般情况下，一项农业政策如果能使政策对象获利，它就容易被接受；反之，如果一项农业政策被其对象认为是对自己无益的，或者是对自己经济利益的剥夺，则接受这项农业政策就比较困难。通过政策宣传，可以使一部分人放弃或不顾自己的经济利益，接受某项农业政策，但这不能持久，也不能全部解决问题。有些时候，有些政策对象并非自愿接受某项农业政策，而是为了避免受到政策的惩罚或出于无奈而被动地接受某项农业政策，这就有可能使社会资源得到扭曲的配置，也有可能使其他政策的有效执行受到影响和干扰。

(二)农业政策对象的数量多少及其行为变化

农业政策所涉及的人员数量，这些人的行为因农业政策的执行而发生什么样的变化，这在一定程度上决定了农业政策活动的复杂程度。一般来说，农业政策所涉及的对象人数越少，政策的界限就会越明确，执行越来也就越容易。政策对象及其行为变化的类型越多，在农业政策的执行中也就越难有清楚而明确的规定，从而引起许多矛盾，影响农业政策的执行效果。随着时间的推移和条件的变化，政策对象对某项农业政策的接受程度可能会发生变化。一项最初不能为人们所接受的农业政策，在经过一段时间的执行之后，人们便可能会逐渐习以为常，把它作为行为准则，农业政策被逐渐地接受了。当然，政策对象这些行为的变化，也是以他们对农业政策与经济利益的得失为衡量标准的，一项根本不能给大部分政策对象带来经济利益，甚至会造成损失的农业政策，即便是强行贯彻的时间再长，也是难以被接受的。

第三节 农业政策的具体执行

一、农业政策的宣传理解

(一)农业政策的理解

要执行农业政策，首先要让相关人员理解农业政策。所谓农业政策的理解，就是对农业政策本意的认识，包括农业政策的目标、对象、内容等。农业政策的理解包括两个方面：一方面是执行者的理解，只有执行者吃透了农业政策的精神，才能保证农业政策的有效实施；另一方面是农业政策相关人员的理解，农业政策总是关系到社会一定成员的经济利益分配和再分配，让这些人对农业政策有个清楚的理解，取得他们的配合，会非常有助于农业政策的执行。

(二)农业政策的宣传

要让人们理解所要执行的农业政策,就必须开展农业政策的宣传。所谓农业政策的宣传,就是通过各种有影响力的渠道,向农业政策的执行者、对象和社会各方面说明解释农业政策的合法性、合理性、必要性和效益性,以获得他们对农业政策的理解、支持和接受,并形成有利于农业政策执行的社会舆论环境,把某种农业政策意图灌输到人们的意识中去,促使和引导人们的行为向着宣传者所希望的方向发展。这是因为农业政策制定以后,并不能自动或自发地被执行和接受,农业政策会涉及许多人的经济利益,它的出台不仅会有拥护者,肯定还会有反对者。另外农业政策制定者的了解并不等于执行者的了解,农业政策执行者的了解也不等于政策对象的了解。只有让所有有关的人都了解了农业政策,才能就某项农业政策取得共识,才能相互配合,共同实施。同时,农业政策的宣传还能促使人们改变观念,提高认识,正确对待和适应社会经济利益关系的调整和社会观念的变化,这种作用在正确处理农业政策中的长远利益和眼前利益时尤为重要。农业政策的宣传是对执行者和政策对象的正面引导,是以具有说服力的宣传教育,使人信服,而不是发号施令,硬性接受。另外对农业政策执行者和对象要采取不同的宣传教育方式。因为一般来说,他们所处的地位不同,利害关系也不同,特别是对于农业政策的对象来说,他们可能分别处于不同的利益集团,有着你得他失的经济利益关系。在这种情况下,对农业政策就更要采取有区别的有针对性的宣传方式。

二、农业政策的实验

(一)农业政策实验的意义

在一些决策或政策理论的研究中,农业政策实验常被看成是农业政策制定阶段的一个环节。然而,在实际的农业政策运动过程中,农业政策实验更是研究和探讨农业政策执行的方法步骤,从而推进农业政策实施的重要手段。农业政策实验本身也是一个精心准备的农业政策执行过程,是农业政策执行活动的重要内容。有些农业政策可以直接进行普遍实施,但有些农业政策,其实施的效果把握不大,风险性较大,一着不慎,很可能产生连锁的负效应。在这种情况下,为了减少损失,避免重大失误,取得农业政策全面实施的经验,还必须进行实验,以验证农业政策运行的可靠性及其效果。

(二)农业政策实验的方法与步骤

1. 选择实验对象

选择农业政策实验对象,必须要有一定的科学依据。实验对象选择既不能是随意的,也不能人为地为它创造特殊的条件,让它得天独厚,以证明领导者制定的农业政策的正确性。实践证明,这两种选择实验的方式都是错误的和极其有害的。实验地点在全局情况下必须具有某些代表性条件,力求使其能够代表农业政策将要全面推行的整体。

2. 设计实验方案并进行实验

用于实验的农业政策方案可以是一个,也可以是两个或多个,对于范围较广,变化较大的复杂问题,最好有几个不同方案同时实验,以便从比较中得出科学合理的结论。农业政策实验是在复杂的社会环境下进行的,不可能有像自然科学那样理想化的条件,但是,要尽量减少人为的过多干扰。实验时,不为实验单位设立特殊条件,不吃"偏饭"。如果人为地为实验单位设立许多特殊的条件,实验的结果就失去了真实性和代表性。这样的实验即使是成功的了也无法推广,因而也就失去了实验结果用来指导农业政策普遍实施的本来意义。

3. 分析和总结实验结果

分析和总结实验结果,是农业政策实验过程中最关键的一个阶段。对实验结果的分析和总结,要实事求是,要对实验的整个过程和产生结果的所有原因,进行全面系统的考察分析,还必须分析这些经验适用的范围和条件,为农业政策的普遍实施提供依据。为了客观地反映农业政策实验是否具有合理的效果,需要进行可靠性分析。所谓可靠性,是指在规定的条件下和预定的时间内完成既定任务的可能性,一般用概率来表示,其中失效率是一个相当重要的标志。失效与可靠是一种此消彼长的关系,要保证可靠就要控制失效,为此,必须通过分析和总结,了解失效的原因和规律。不同事物失败的具体原因可能千差万别,但其失败的规律具有某种共性。根据可靠性理论分析,在政策实施的全过程,其失效一般可分为三个阶段:早期失效、偶然失效和耗损失效。例如,一项新制定的农业政策,在实施过程中,刚开始就遇到失效,就是早期失效阶段,其原因一般是来自传统习惯的阻力,人们对政策不甚了解,以及农业政策本身还可能存在某些缺陷等。这时,尽管失效率较高,却并不一定意味着该政策不合理,切不可因此而轻易地作出重大改变。因为某些新的农业政策出台,可能会有早期失效的过程,假如因此而轻易改变,那就会在早期失效阶段来回振荡,造成农业政策不稳定。了解了这一点,就应该一方面对新的农业政策进一步追踪检查,及时作出必要的修正;另一方面要坚持执行下去。等到执行一定时期后,经过磨合,新的农业政策就能充分发挥它的有效功能,较少失效,这个阶段称之为偶然失效阶段。再等到该项政策继续执行相当时期以后,失效率又会增大,这说明主客观条件起了变化,农业政策开始老化,已经进入耗损失效阶段。这时,必须及时制定新的农业政策取而代之。

三、农业政策执行的组织落实和物质准备

(一)组织落实

农业政策执行的组织落实就是通过建立一定的机构和人员配备,把已经拟定的计划,转化为具体的执行活动。各项计划、指标的贯彻执行,整个目标的实现,都离不开组织工作。组织落实不是单纯地解决组织形式问题,而主要是指在实施农业政策过程中,通过建立精干高效的组织机构,配备胜任的负责人和工作人员,确定职位、职责、职权,将组织内各个环节、各个要素联结成一个有机整体,制定合理必要的规章制度,使人力、物力、财力得到最合理的利用,为实现农业政策目标共同努力。

农业政策的执行都是通过纵横交错的组织机构来完成的。任何一项变政策为行动的行为,都涉及一些程序的分解和工作安排,而这种分解和安排就是组织的任务。组织可以把农业政策分解成具体的可以管理的工作项目,并把这些工作项目分配给专门的机构或人员去执行。因此在组织落实中,一般要注意以下几个问题:一是组织原则,二是权力分配,三是组织决定,四是组织行为。组织原则决定了组织关系的基本规则和倾向,它能够以特定的方式决定组织内部的权力分配,并确定一种稳固的命令与服从体系;组织决定也是以一定的组织原则为准绳,通过组织决定,又导致一定的组织行为。

(二)物质准备

农业政策的有效执行离不开一定的物质条件,一定的农业政策执行总是需要一定的物力和财力作为保障。因此,要充分做好农业政策执行的物力和财力准备。农业政策执行的物力和财力准备必须在国家预算的基础上进行,因为从法理上说,政府的执行系统不能超越由立法机关批准的国家预

算来支配国家的财政。国家预算可以起到一种制衡的作用,对不利于社会发展,不符合法定程序的农业政策方案,给予财政上的控制。

四、农业政策执行中的协调

(一)协调的含义与意义

协调就是引导农业政策执行组织之间、执行人员之间建立良好的相互协同、相互配合的关系,使组织内部各部门、各环节的各种活动不发生抵触、失控、重复,有效地达到共同目标的行为。协调也是一种所有组织和个人的活动同步化与和谐化,使大家同心同德一致行动的技巧。

许多重大农业政策的执行,需要通过许多部门和工作人员的密切配合,经过多个层次、多道程序才能完成,这就少不了协调。因为在农业政策的执行过程中,计划本身难免有不周密、不符合实际之处,只有通过协调,才能使各个部门与实际情况相符。还由于执行单位各有自己的职责,单位内部由于所处地位、所负责任的不同,各类人员之间知识、经验、智力、性格和观察问题的角度也有差别,因而在执行中出现不同意见和利益矛盾是很自然的。这些矛盾都是执行中的障碍,必须通过协调来解决。

(二)协调的主要方面

1. 执行机构内部的协调

这是指每个执行机构的领导者对所属部门之间以及执行人员之间的工作所做的协调。执行机构内部的协调是该机构领导者的权利,也是他的职责。他既可以通过采用具体的工作计划以及工作的分配和对工作进度的检查等办法来进行协调,也可以提供工作上所需要的人力、物力、财力等条件来进行协调。

2. 执行机构之间的协调

包括上下级之间的协调和平行机构上下级之间的协调。上下级机构之间应保持经常性的密切联系,下级执行机构有责任及时向上级汇报情况,请示工作,反映问题、意见和要求。上级执行机构对下级执行机构不仅要有工作布置,而且要有工作指导和检查,对下级执行机构提出的困难和问题,要及时给予答复和解决。平行的执行机构之间虽然没有隶属关系,但是作为执行系统的一个组成部门,它们之间的联系也是十分密切的,这就要求相互之间互通信息,主动配合,协同动作,一旦出现分歧和矛盾,上级领导就要及

五、农业政策执行的监督

(一)监督的含义与作用

农业政策执行的监督是指政府对农业政策执行者的行为进行检查、控制和矫正,以便发现和纠正违反农业政策目标的行为,把各种执行活动规范在农业政策允许的范围之内。

监督在农业政策执行过程中具有许多重要的作用,主要表现为:

第一,预防性作用。通过对农业政策执行情况的监督,可以预防一些违反农业政策的活动滋长与蔓延。

第二,保证性作用。通过对农业政策执行情况的监督,可以及时发现和纠正执行中发生的偏差,保证正确的农业政策得以具体贯彻和实现,并保证后续的农业政策执行活动顺利进行和开展。

第三,补救性作用。通过及时发现农业政策失误或执行活动的偏差,可以尽早采取措施加以补救,消除不良后果,在一定程度上减少损失,并改进工作。

第四,评价性作用。通过监督,对农业政策的制定和执行作出比较符合实际的评价,从而有助于总结经验教训,提高政策水平。

(二)农业政策失真的主要表现

在农业政策的执行过程中,其执行的有效性常常会由于这样或那样的原因而受到影响,甚至常常出现执行活动偏离农业政策目标即失真的不良现象。农业政策失真主要表现为以下几种形式:

一是农业政策表面化,即农业政策在执行过程中只是被宣传一通,而未被转化为可操作性的具体措施,使政策赤字增加。

二是农业政策扩大化,即农业政策在执行过程中附加了不恰当的内容,使农业政策的调控对象、范围、力度、目标超越政策原定的要求。

三是农业政策缺损,即一个完整的农业政策在执行时只有部分被贯彻落实,其余则被遗弃,使农业政策内容残缺不全。

四是农业政策替换,即农业政策在执行过程中被换上表面上与原政策一致,而事实上背离原政策精神的内容。

(三) 农业政策失真的基本原因

造成农业政策在执行过程中失真的原因当然是多方面的，但最根本的原因是农业政策的制定者与执行者之间存在的利益差别。从本质上说，农业政策就是对社会利益结构的规范，而农业政策执行的最终结果就是经济利益的调整与确定。农业政策制定的意图就在于通过对社会利益结构的调整和确定来解决农业政策问题，促使社会经济健康地向前发展，因而农业政策的实施自然有利于国家整体利益。但是，农业政策的整体有益性并不一定存在于该国家的每一个地区、部门和阶层。有些农业政策有时有利于工业、城市和消费者，而不利于农业、农村和农民；有时则恰好相反，或兼而有之。因而农业政策的制定者与执行者有可能存在利益差别，农业政策制定者一般代表国家的整体利益，而农业政策的执行者则代表着行业、部门、地区乃至个人的利益。由于利益的至上性，使农业政策的制定与执行之间出现了利益"过滤"机制。下级农业政策的执行者对于国家的农业政策往往以本地区、本部门的利益损益值作为决策参数，得益越多，也就越乐于执行；受损越多，越不乐于执行，乃至抵制、变换。但行政体制的主从关系一般不允许这种利益"过滤"机制的发生。然而，国家农业政策执行过程中的"灵活性"环节，即农业政策的具体化便成了这种利益机制发生作用的可乘之机。为了尽可能地维护本地区、本部门甚至本人的利益，下层的农业政策执行者总是力图修正上级乃至国家的农业政策。当国家的农业政策在整体上无益亦无损于本地区、本部门包括本人利益时，下级的农业政策执行者就可能通过"怠工"，只传递农业政策信息，而不进行具体化的操作，使国家的农业政策成为一般原则而不执行；当国家的农业政策虽然能给本部门、本地区带来利益，但仍无法满足利益要求时，他们就可能在农业政策的执行中附加、增添超过国家政策要求的措施而出现扩大化失真；当国家的农业政策部分地使本地区、本部门受益，部分受损时，执行者就可能对有益的政策执行，而让对自己无益的农业政策"流产"，从而出现农业政策的残缺失真；当国家的农业政策有损于本地区、本部门尤其是执行者自身利益时，他们就有可能通过一些变通措施，制定出一些貌合神离的对策。总之，整体与局部利益差别的客观性决定了某些农业政策执行者，在其农业政策实施过程中，具有使农业政策失真的内在冲动。农业政策执行所需的中介环节越多，意味着发生利益冲突的可能性越大，利益被过滤的次数和数量也就越多。

（四）农业政策执行监督的一般程序

对农业政策执行情况的监督，一般是按照下列程序进行的：

第一，明确各执行部门的工作计划和各个执行者的工作任务，建立起评价执行情况和执行者完成任务情况的客观标准。对各类人员应实行目标管理。没有具体的任务要求，就无法对执行者的工作进行评价和监督。

第二，及时地发现问题。要及时地发现和察觉农业政策执行中的问题和偏差，就要深入实际，进行广泛的调查研究。还要建立一定的信息反馈渠道，及时弄清真实情况。

第三，准确地判明问题的性质以及执行者应负责任的大小。如果执行者在其职责范围内出了问题，就应由其负责；如果属于农业政策本身出了问题，就应由其制定者负责。

第四，根据问题的性质和大小采取有效而适当的纠正措施。纠正措施是多种多样的，有一般的批评教育；有经济处罚和行政处分；还有纪律处分乃至追究法律责任等。必须根据实际情况进行处理，不适当的处罚则会带来副作用。

关键词

农业政策执行　具体性　灵活性　综合性　阶段性　连续性　统一性　多样性　层次性　资源　政策对象　政策失真

思考题

1. 你如何理解农业政策执行的特点？
2. 执行农业政策的意义有哪些？
3. 试分析制约农业政策执行的因素？
4. 你认为该如何具体执行农业政策？

第十章 农业政策评估

农业政策评估是指根据特定的标准,运用合适的方法,对农业政策实施的效果进行总结、分析和评价,它是农业政策过程中的一个重要环节。农业政策评估可分为事前评估和事后评估,事前评估是指对某一项或某几项备选的农业政策措施在其实施之前对其实施后可能会产生的作用效果进行预测、分析和评价。事后评估是指在某项农业政策措施实施之后对其所起的实际作用效果进行总结、分析和评价。农业政策评估多数是指事后评估。

本章首先分析农业政策评估的作用、主体及困难,其次论述农业政策评估的理论基础与基本标准,最后介绍农业政策评估的方法。

第一节 农业政策评估的作用、主体及困难

一、农业政策评估的作用

1. 农业政策评估是决定农业政策去向的依据

农业政策的实施是一个动态过程,某项农业政策在执行了一段时间后,农业政策的决策者必须根据该项农业政策的实际运行情况,决定其去向。而农业政策评估,正是做出这种决定的主要依据。农业政策的去向可分为三种情况:①农业政策继续延续。农业政策的目标尚未达到,而实践证明该项农业政策又富有成效,这时该项农业政策就应该按原计划继续实行下去。②对农业政策调整后继续实施。决策者根据农业政策实施过程中出现的新情况、新问题,通过总结经验和深化认识,对原定的农业政策措施进行适当调整后继续实施。③终结农业政策的实施,即原定农业政策停止执行。农业政策的终结又分为两种情况:①农业政策目标已实现,原定的农业政策措施已没有继续存在的必要。②通过实践的检验,证明原定农业政策措施无助于政策目标的实现,是一项失败的农业政策,因而必须制定新的农业政策

措施来代替。无论上述哪一种农业政策去向,都需要对农业政策实施的效果进行全面、系统的分析和评估,才能做出正确的决定。

2. 农业政策评估是确定新农业政策目标和制定新农业政策措施的必要前提

从农业政策的连续性来看,任何一个新的政策目标和新的政策措施都不是孤立产生的,它们总是以原定政策及其实施效果为背景的。一般来讲,某项农业政策实施后的结果有两种可能:一是原定政策目标没有实现,原先存在的问题没有解决,或有更进一步恶化的趋势;二是原定政策目标实现了,也即旧问题解决了,但同时又产生了新的问题。无论在哪一种情况下,都必须要重新确定新的农业政策目标和政策措施,而确定新目标和制定新政策措施所需信息的主要来源之一,就是对原有农业政策进行全面而系统的评估。

3. 农业政策评估是合理配置农业政策资源的基础

由于农业政策资源是有限的,因而农业政策的决策者和执行者就都必须考虑如何以有限的资源获得最大的效益,这就要求政府在不同的政策投入中,必须合理地配置农业政策资源。对有限的农业政策资源进行合理的配置,一方面可以使决策者站在整体的角度看问题,从而使用限的资源发挥出最大的效益,另一方面可以防止执行人员出于局部利益的考虑而采取不适当的投入。只有通过农业政策的评估,才能确认每项农业政策措施的价值,并确定农业政策资源配置的优先顺序和比例关系,以寻求最佳的整体效果,达到合理配置农业政策资源的目的。

4. 农业政策评估是实现农业政策科学化、民主化的必由之路

随着社会的发展,农业政策的科学化已变得越来越重要,传统的经验型决策已远远不能满足政府制定科学政策的需要。因而农业政策的决策也必须由经验决策向科学决策转变,而农业政策评估正是实现农业政策科学化的必由之路。通过对农业政策进行评估,人们不仅可以对农业政策本身的价值做出科学的评判,而且还可以针对评估中出现的问题,提出改进政策的意见,使农业政策向着更加科学的方向迈进。由于对农业政策进行评估可以超越政策决策者有限的见识,集中和综合来自于各个方面对农业政策措施的看法,因而有助于实现农业政策的民主化。

5. 农业政策评估还可为政策宣传服务

政策宣传是农业政策实施的重要环节,而农业政策评估则为农业政策

的分析、解释和说明提供了客观的基础。建立在对农业政策科学评估基础上的政策宣传，具有更强的说服力，更能够有利于农业政策的实施。

二、农业政策评估的主体

农业政策评估的主体是指农业政策的评估者。由于农业政策各评估主体在农业政策及经济利益变化格局中所外的位置和利害关系不同，使得他们对农业政策的评估具有一定的差异性和局限性。因此，对评估主体的选择和对各种评估结论的综合，有利于得出科学合理的评估结果。农业政策评估的主体有以下几个：

1. 农业政策制定者和执行者

由农业政策制定者和执行者对农业政策进行评估，优点是评估者对农业政策制定与执行的整个过程了解全面，评估者掌握着有关农业政策制定和执行的大量第一手资料，有利于评估活动的开展。同时由于评估者直接参与农业政策过程，有条件根据自己评估的结论，对农业政策的目标及措施进行及时调整，从而使评估能够及时发挥作用。但这种评估也有致命的弱点，由于评估的结论关系到评估者作为农业政策制定者和执行者自身的声誉，因此评估中容易出现夸大成绩，尽量少讲或根本不讲失误的现象，这与评估的根本宗旨相违背。作为农业政策的制定者和执行者，他们往往代表着某一部门、某一机构或地方的局部利益，这就会使得评估容易走向片面性。

2. 农业政策对象

农业政策对象是农业政策效果的直接体验者，他们可以通过亲身感受对农业政策进行评估。这种评估的优点是比较直接实际，有说服力，但由于政策对象所处的地位决定了他们不可能对农业政策进行全面、准确、系统和客观公正的评估。

3. 农业政策研究机构

一般而言，农业政策研究机构（如相关大专院校、科研机构等）对农业政策进行评估是受政府之委托，这类评估的最大优点是，由于评估者不受政府内部利益格局的制约，因而能够较公正地进行评估。同时，由于评估者大都是专业人员，掌握了有关政策评估的理论和知识，熟悉政策评估的方法和技术，并具有评估不同农业政策的经验，因而能够保证农业政策评估质量的高水平。不过值得注意的是,接受委托的评估者由于在评估经费、评估资料等方面受委托人的控制,所以有时会造成评估者实际上是对委托人负责,而不是对农业政策评估负责的现象,在这种情况下,评估者很可能为了迎合委托人的要求而放弃科学公正的评估结论。

4. 农业政策专业评估机构

一些在行政隶属关系上不属于农业政策制定和执行部门,并且相对独立的农业政策专业评估机构,有利于维护农业政策评估的科学性、客观性,有利于造就一大批高素质的职业评估人员,一般来说,这类机构的评估结果具有较高的公正性和权威性,是一类较为理想的农业政策评估主体。

三、农业政策评估的困难

农业政策评估具有重要的作用,它在整个农业政策过程中占有极其重要的地位。但要对农业政策进行科学、公正的评估却是一件十分困难的事情。造成农业政策评估困难的原因主要有以下几个方面:

1. 农业政策的多目标性与政策目标的不确定性

一个国家的农业政策肯定不止一项,而是由一系列农业政策措施组成的农业政策体系,这样一个农业政策体系的目标就肯定不只有一个,而是具有多个政策目标。国家希望实现所有的农业政策目标,但有些政策目标是处在矛盾之中,或者至少是不能同时实现的。这样针对不同的目标对农业政策进行评估就可能得出不同的结论。此外,为了有利于农业政策的评估,我们希望农业政策要有明确的目标。但是,由于农业政策问题的复杂性以及政策制定者的一些主观因素,农业政策的目标常常难以明确。主要表现在:①许多农业政策目标不能够数量化;②有时农业政策制定者还有意用含糊的、不太确切的形式表达农业政策目标,以便增加某种应变能力。所有这些,都给农业政策的评估带来了困难。

2. 农业政策影响的广泛性和结果的难以计量性

一项农业政策所造成的影响往往涉及社会生活的各个方面,其中既包括经济的影响,也包括非经济的影响;既包括预期影响,又包括非预期影响;既包括政策系统内部的各种变化,也包括政策系统外部环境的变化;既包括短期影响,也包括长期影响;既有正面影响,也有负面影响。在所有的这些影响中,有些影响难以计量,这就给农业政策的评估带来了很大的困难。

3. 农业政策资源的混合和政策效果的重叠

在现实经济生活中,农业政策不止一项,在同一时期,往往有多项农业政策在同时发挥作用,这就产生了两个问题,即农业政策资源的混合和政策效果的重叠。农业政策资源的混合是指不同农业政策投入的资源彼此纠结在一起,分不清某项资源的支出究竟是属于哪一个或哪几个政策,或每项农业政策的总投入是多少。这样就使得政策成本不易确定,从而增加了农业政策评估的难度。农业政策效果重叠是指各项农业政策同时作用于同一政策对象,在这种情况下,各种不同农业政策的效果混杂在一起,很难准确地将某项农业政策的实际效果从总体中区分出来,有时不同的农业政策之间,以及农业政策与其他政策之间缺乏协调,甚至相互干扰,使得要区分每项农业政策各自的效果更为困难。

4. 农业政策的利害性以及由此导致的对评估的人为抵制

农业政策实施的结果必然会造成人们经济利益格局的改变,有些人从中得到了经济利益,而有些人则损失了经济利益。由于对各自利益的考虑,得到经济利益的人尽可能地将自己所得到的往小说,而失去经济利益的人则将其损失尽可能地夸大。这样人们就难以对农业政策做出恰如其分的评估。农业政策评估虽然是对农业政策的一种价值判断,但由于任何农业政策都是由人来制定并执行的,所以,农业政策评估又同时是对政党、政府及有关人员行为的一种价值判断,评估的结果肯定会影响到他们的荣辱褒贬,进而影响到他们的经济利益,所以他们总是千方百计地影响评估的结论,力图对农业政策做出有利于本政党、本届政府以及制定者和执行者的评估。更为严重的是,农业政策的制定者和执行者可能会出于自身利益的考虑而对农业政策的评估进行人为抵制,他们拒绝提供评估经费,不让评估人员了解实情,或者不接受任何于己不利的评估结论,这样就会使评估活动无法开展或失去作用。

5. 评估资料和经费欠缺

资料和信息是进行农业政策评估的基础,如果没有足够的、适用的与农业政策相关的统计资料和其他方面的政策信息,农业政策评估就很难进行。然而由于有些政策机关不重视资料的收集与管理,因而造成统计数据与政策信息不全面不准确。再加上那些抵制政策评估的有关人员,也会拒绝提供关键性的资料,或者只是提供对他们有利的资料。这样就增加了评估的难度。

农业政策评估需要投入相当的经费、设备、时间与人力,这些投入除非有额外的来源,否则,不论是决策机关还是执行机关,一般都很难从用于现行政策的资源中拿出一部分来进行农业政策评估工作。还有那些力图阻止评估的有关人员,也会拒绝提供评估的经费。没有必要的评估经费,农业政策的评估工作也就很难开展了。

第二节 农业政策评估的理论基础与基本标准

一、农业政策评估的理论基础——福利经济学

福利经济学是现代西方经济学的一个重要分支,它在20世纪初期形成于英国,后来在美国、法国和北欧国家得到广泛的传播和发展。福利经济学按其发展阶段可分为旧福利经济学和新福利经济学。

旧福利经济学的创造人是英国的霍布森(J. A. Hobson)和庇古(Pigou)。他们的福利经济理论是以基数效用论为基础,认为个人主观评价的效用可以用货币计量,效用可以在不同人之间进行比较,当社会上每个人的效用总和最大时,社会经济福利就达到最大。旧福利经济学包括两个基本的命题,一是国民收入总量越大,社会经济福利就越大;二是国民收入分配越平等,社会经济福利也就越大。根据第二个命题,庇古认为,如果把富人的部分收入转移给穷人,就会增加社会福利总量。因此,旧福利经济学主张国家应该采取适当干预经济的政策措施,以调节生产资源和国民收入的分配。

后来的经济学家对庇古旧福利经济学进行了批评。一是认为基数效用论不可取,即认为效用作为一种个人主观心理感受是无法在人们之间相加和比较的。其次对于收入均等化问题,他们也认为,如果收入的不平等是由剥削造成的,那么进行收入转移可以增加社会福利;但是如果收入的不平均不是由剥削造成的,那么政府进行强制性的收入转移,就是不公正的,从而会损害经济效益,使人们的生产积极性下降,并最终导致社会经济福利的减少。

新福利经济学开始形成于20世纪30年代末,其代表人物是意大利经济学家帕累托(Pareto)。新福利经济学以序数效用论为基础,帕累托所提出的帕累托最优状态是新福利经济学判断社会经济福利最大与否的标准。帕累托最优指的是这样一种状态:如果资源在某种配置下不可能由重新组合生

产和分配使一个人或多个人的福利增加,而不使其他人的福利减少,那么,这种配置就达到了帕累托最优状态。如果既定资源配置经过调整能使每个人的福利都增加,或使某些人的福利增加了,而同时又不使其他人的福利减少,那么这种配置就是帕累托非最优的;如果某种配置与另外一种配置相比,其中至少有一个人的福利提高了,同时又没有一个人的福利降低,则前一种配置被称为帕累托式优于后一种配置,但前一种配置也可能不是帕累托最优状态。

根据帕累托所提出的判断社会经济福利是否达到最大的标准,如果一个社会的资源重新配置使一个人的境况变坏,这时即使有许多人的情况变好,这种资源配置的调整也是不可取的。一些新福利经济学家认为,帕累托的社会福利最大化的标准过于苛刻,因为在现实社会经济生活中,大多数的政策变化,以及由此而引起的生产、分配、交换和消费的变化,会使一些人的境况改善,而使另外一些人的境况恶化。在这种情况下,是否仍然有一个判断社会福利改进的标准呢?这就是新福利经济中的福利标准问题。围绕着这个问题,英国经济学家卡尔多(N. kaldor)和希克斯(J. Hicks)对帕累托标准进行了补充和修正,分别提出了"假想的补偿原则"和"长期自然补偿标准"。

卡尔多的"假想补偿原则"是指:某种政策变动,可能会使一些人得益,而使另一些人遭受损失,但是如果由于这种变动获得的利益大于损失,我们可以假设采取一些措施,例如通过税收政策向得利者征税,来补偿受损失者,如果补偿以后还有余额,则这种政策变动就是可取的,因为从整体来看,它增加了社会福利。

希克斯肯定了卡尔多的标准是可以成立的,并认为与帕累托标准比较起来,卡尔多标准更适用。但同时希克斯认为卡尔多的标准还不够完善,因为卡尔多的补偿是一种"假想"的补偿,而不是真实的补偿。如果受益者不对受损者做出补偿,那么补偿就无从实现了。希克斯认为,只要受益者的所得大于受损者的所失,就是增大了社会经济福利。如果 A 的境况由于某项政策的变动变得这样的好,在它补偿了 B 的损失后还有剩余,那么这种政策的变动就是一种毫不含糊的改进。他认为,用不着对受损者作任何的"假想"的或"真实"的补偿,补偿可以自然而然地进行。因为只要一种政策的变动提高了生产效率,尽管它不会使社会全体成员的境况变好,但是经过一个相当长的时间之后,几乎所有人的境况都会变好,遭受损失的人也就会自然而然地得到了补偿。这就是希克斯的"长期自然补偿标准"。

公平与效率问题是福利经济学的核心问题。如果说以庇古为代表的旧福利经济学强调公平,那么从意大利经济学家帕累托开始的新福利经济学则强调效率,新福利经济学不再认为社会经济福利达到最大化状态是以收入均等化为前提,而是把效率研究放在首位,并认为效率来自于资源配置的最优化。帕累托最优状态是完全竞争条件下的理想模式,在现实社会经济生活中是难以实现的。帕累托最优状态虽然难以实现,但我们可以借鉴帕累托最优的实现条件来为农业政策评估服务,这就是要在坚持效率优先的前提下,来兼顾公平。只有把效率放在优先地位,才有可能在效率提高的基础上实现收入分配的合理化,以实现社会福利的最大化。公平与效率是各国政府在制定农业政策时都要面临的选择。传统观点认为,在市场经济条件下,公平与效率的选择是处在两难境地,两者是一种此消彼长的关系,认为要提高效率就会有碍于公平,而要追求公平就会牺牲效率。效率与公平的协调与同步增长是人类至今还未解决好的问题。

无数农业政策的实践证明,在效率与公平这对矛盾中,效率是矛盾的主要方面,只有提高效率,将"蛋糕"做大,才能够实现更好的公平分配。但公平并不是始终处于被动地位,实现了社会公平也有利于效率的提高。然而这里所说的公平不是指平均,而是指机会均等,这里的公平是指机会均等条件下的收入不均等。由于农民在能力和智慧上的差异,有人收入丰厚,有人收入低微,这正是公平的一种反映。如果国家采取措施硬将他们的收入拉平,反而是不公平的表现,结果必然会导致效率降低。

对于效率和公平,一个国家政府在制定农业政策时,不能只考虑一方面而忽视另一方面。效率与公平的协调与同步增长,虽然在农业政策的实际运行中难以完全做到,但却是政府应该始终努力的目标。

二、农业政策评估的基本标准

农业政策评估实质上是一种价值判断,而要进行价值判断,就必须有价值准则即评估标准。农业政策评估标准是衡量农业政策优劣的尺度,对农业政策评估具有非常重要的意义。对同一项农业政策,如果评估标准不同,可能会得出不同甚至相反的结论。农业政策评估的基本标准有两个,一是生产力标准,二是社会福利标准。

1. 生产力标准

农业政策作为国家和政党为农业发展而制定的行动指南,其主要目标是发展特定时期的农业生产力,因而我们可以将农业政策是否以及在多大程度上促进了农业生产力的发展作为评价一项农业政策优劣的基本标准,这就是农业政策评估的生产力标准。衡量农业生产力发展水平的主要指标有农业劳动生产率、农业增加值、农产品产量等。

2. 社会福利标准

生产力标准是农业政策评估的基本标准,但并不是唯一标准。提高农业生产力是农业政策的主要目标,但并不是最终目标。最终目标是要提高农业及整个社会全体成员的物质文化生活水平,使社会福利最大化。因而我们也可以将农业政策是否以及在多大程度上改善了包括农民在内的社会全体成员的福利水平作为判断一项农业政策优劣的另一基本标准,这就是农业政策评估的社会福利标准。对社会福利不能用效用之类的主观价值标准加以衡量,而只能用实实在在的客观标准来测定。对于作为评估农业政策基本标准的社会福利标准来说,只能是农民及全体居民的物质文化生活水平及其社会保障程度。人们的物质文化生活水平提高了,就说明整个社会的福利增加了。在实践中人们常常用人均收入、营养水平、健康状况、衣着、住房和文化程度等指标来反映一个国家的社会福利水平。

第三节 农业政策评估的方法

农业政策评估的方法有多种,但最主要、也是经常用到的方法有四种,即前后对比分析法、成本—效益分析法、农户问卷调查法和数理模型评价法。由于利用数理模型对农业政策效果进行评估非常复杂,同时有专门的书籍论述这些方法,所以下面我们仅分别简要介绍前三种方法。

一、前后对比分析法

前后对比分析法是农业政策评估的基本方法,是通过对农业政策执行之前和执行之后相关情况进行对比分析,来评估农业政策效果的方法。具体而言,前后对比分析法又可以分为三种对比模式:简单"前—后"对比分析、"投射—实施后"对比分析和"控制对象—实验对象"对比分析。

1. 简单"前—后"对比分析

这种方法是将某项农业政策执行之后的情况与执行之前的情况进行简单对比,从而来说明该项农业政策的效果(图 10.1)。在图 10.1 中,A1 代表某项农业政策执行之前的情况,A2 代表某项农业政策执行之后的情况,A2 – A1 就是该项农业政策的效果。这一评估方法虽然简便明了,但它无法对农业政策的效果做出准确评估,因为 A2 – A1 的变化,除了由该项农业政策本身引起之外,可能还包括其他因素的作用效果。

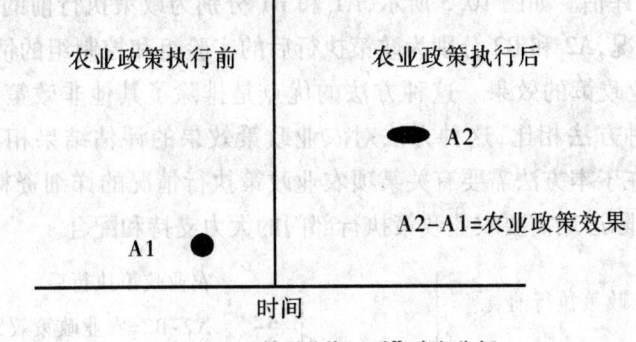

图 10.1 简单"前—后"对比分析

2. "投射—实施后"对比分析

这种评估方法是将某项农业政策执行前的趋势线 Q1Q2 投射到该项农业政策执行后的某一个时点 A1 上,并将 A1 与该项农业政策执行后的实际情况 A2 进行对比,以评估该项农业政策的效果(图 10.2)。在图 10.2 中,A1 表示没有某项农业政策时,单纯靠事物本身的发展趋势就可达到的水平,而 A2 表示由于该项农业政策的实施所达到的水平,则 A2 – A1 就表示该项农业政策实施的效果。这一评估方法相比简单"前—后"分析方法而言,能

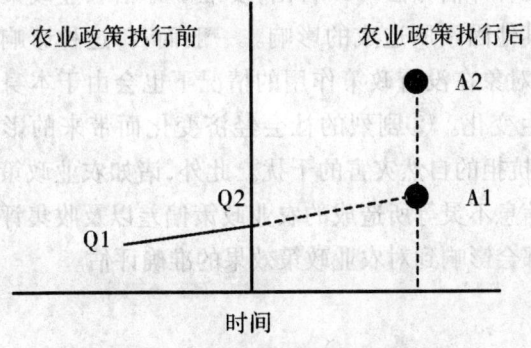

图 10.2 "投射—实施后"对比分析

够较为准确地评估农业政策的效果,但困难在于如何详尽地收集农业政策执行前的相关资料、数据,以建立起事物本身发展的趋势线,从而能够较为准确地确定 A1 的水平。

3."控制对象—实验对象"对比分析

"控制对象—实验对象"对比分析就是将某项农业政策的作用对象分为两组,其中一组为控制组,不对其施加政策影响;另一组为实验组,对其施加政策影响,然后再比较这两组在政策执行之后的情况,进而对该项农业政策的效果做出评估。如图 10.3 所示,A1 和 B1 分别为政策执行前的实验组和控制组的情况,A2 和 B2 分别为政策执行后的实验组和控制组的情况,A2 - B2 即是农业政策的效果。这种方法的优点是排除了其他非政策因素的影响,与前两种方法相比,这种方法对农业政策效果的评估结果相对更为准确;其局限在于本方法需要有关某项农业政策执行情况的详细资料,因而这一方法的实际运用需要农业政策执行部门的大力支持和配合。

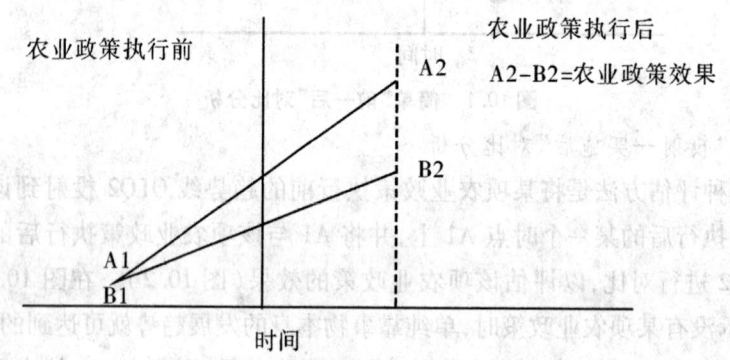

图 10.3 "控制对象—实验对象"对比分析

从上面的几种评估方法可以看出,要准确评估农业政策效果必须剔除农业政策以外其他因素所造成的影响。一般而言,这种影响有以下几种情况:①农业政策对象在没有政策作用的情况下也会由于本身内部所具有的运动规律而发生变化。②剧烈的社会经济变化而带来的影响。③偶发事件,尤其是不可抗拒的自然灾害的干扰。此外,诸如农业政策实施行动的不协调、不统一、信息不灵等所造成的农业政策偏差以及收集评估资料中的测量、计算误差,都会影响到对农业政策效果的准确评估。

二、成本—效益分析方法

农业政策的成本—效益分析就是指将农业政策实施所获得效益与为实施农业政策而花费的成本作比较,从而来判断某一项农业政策优劣的方法。显然,这种农业政策的成本—效益分析,无论是事后评估还是事前评估,都是十分重要的。事后评估涉及的是对前期决策的检验和总结,为现期决策提供参考经验和改进思路,而事前评估则直接涉及现期政策措施的取舍。

1. 农业政策成本—效益分析的步骤

农业政策成本—效益分析的步骤如下:①正确列出所有的政策成本和政策效益,该列入的,应统统列出,不该列入的,一项也不能列入;②对每项政策成本和政策效益均打上一个价值标签,即将其货币化表示,从而使不同的政策成本以及不同的政策效益可以相比较和相加减;③考虑时间因素的影响,即将不同时期的政策成本与政策效益向基期折算,以便使得不同时期的政策成本和政策效益可以相比较和汇总;④最后通过比较总政策成本与总政策效益,便可判断某一项农业政策的优劣。

农业政策成本—效益分析的基本公式如下:

$$I = \frac{\sum_{i=1}^{n} B_i/(1+r)^{i-1}}{\sum_{i=1}^{n} C_i/(1+r)^{i-1}}$$

其中:I 为农业政策效率

B_i 为第 i 期该项农业政策所获得的政策效益

C_i 为第 i 期该项农业政策实施所花费的政策成本

n 为该农业政策实施的期数

r 为社会贴现率

只有当 I 大于 1 时,该项农业政策才有意义,并且当 I 值越大,表明该项农业政策越有效率。

上述农业政策成本—效益分析的步骤在形式上同投资项目评估的步骤类似,但在内容上远比投资项目评估要复杂得多。在实行上,一步比一步难,而第一步就相当不容易。但无论如何,这种成本—效益分析方法给我们评估农业政策提供了一条思路,我们可以借鉴它的基本思想来对农业政策进行评估。

2. 农业政策成本与政策效益的确定

农业政策成本是指实施或维持农业政策措施所花费的各种费用以及所支付的各种代价。这些费用或代价主要包括：①用于实现既定农业政策目标的直接投入，如对农民的直接补贴；②农业政策实施过程中的各种管理费用，如政策实施必需的设备以及执行人员的工资等；③福利损失，即农业政策实施后所产生的与既定目标不符的各种消极副作用所造成的损失，包括在生态环境效益、经济效益和社会效益方面的损失。任何农业政策措施的实行都必须伴随着一定的农业政策成本的支出，因而有时农业政策成本也可作为衡量农业政策实施情况以及效果大小的一个指标，但这并不意味着农业政策成本越大越好。

农业政策效益是指一项农业政策实施后所产生的各种效果的总和。农业政策效益可能表现在很多方面，如社会政治方面的效益，经济方面的效益，或生态环境方面的效益。另外，农业政策效益具有多层次性，一项农业政策的实施，往往既有直接效益，又有间接效益；既有主要效益，又有次要效益；既有正效益，又有负效益；既有内部效益，又有外部效益。所以在农业政策评估中，一定要充分考虑农业政策实施后所产生的各个方面的影响，力求避免由于片面地考虑问题而导致的评估结论失真。

农业政策成本与政策效益的确定是农业政策成本－效益分析中的第一步也是最基本的、最重要的一步。通过这一步骤，要把某一项农业政策所有的成本和效益都列出来，如下

时期序列	政策成本	政策效益
1	$C_{11}, C_{12}, C_{13}\cdots$	$B_{11}, B_{12}, B_{13}\cdots$
2	$C_{21}, C_{22}, C_{23}\cdots$	$B_{21}, B_{22}, B_{23}\cdots$
3	$C_{31}, C_{32}, C_{33}\cdots$	$B_{31}, B_{32}, B_{33}\cdots$
⋮	⋮	⋮

然而对某项农业政策的成本与效益的确定，无论是在农业政策实施之前还是之后，都是不容易的。困难性主要表现在两个方面：一是要准确地找出共有那些政策成本项目和政策效益项目是困难的，二是并不是所有的政策成本项目和政策效益项目可以量化。也就是说，农业政策成本与效益的确定，不仅存在着定性方面的困难，同时也存在着定量方面的困难。

例如，对实行家庭联产承包责任制这项政策进行评估，这项政策的实施带来了哪些效益和成本呢？

政策效益方面:农民生产者获得了更多的生产自主权和自由感;农业资源得到了较为充分的利用;劳动生产率获得了提高;农产品总量提高了;农民收入水平提高了……

政策成本方面:大中型农田基本建设工程失修;农场规模小而不利于某些科技成果的采用;土地肥力下降;机械化程度降低……

要想将这些内容填全、填准确是很不容易的,其中有些项目是无可争议的,而有些项目则可能争议较多。其原因是社会实践活动不像自然科学的实验,可以在完全排除外界干扰的条件下进行。在社会实践活动中,外界的干扰无法排除,从而使人们并不能一目了然地看出,那些效果是由政策措施所引起的,那些是由外界干扰而形成的。事实上,正确地做出这种划分和判断,是农业政策评估工作中一个至关重要的组成部分。

某项农业政策措施的成本和效益,尽管很难全部准确地列出来,但至少可以将其中最主要的几个方面确定出来。

三、农户问卷调查评估法

农户问卷调查评估法是评估者运用统一设计的调查问卷,对农业政策作用的对象——农户进行调查,了解农户对农业政策的评价及期望,从而对农业政策进行评估的一种方法。这种评估方法的最大优点就是能够直接了解到农户对某项农业政策措施的评价以及他们希望如何去完善该项农业政策;但该种评估方法也具有一个缺点,就是由于农户自身的素质以及对于自己利益的考虑,他们不可能从全局的角度来对农业政策做出科学而准确的评估。

农户问卷调查评估法的基本过程可分为调查问卷设计、对农户进行调查、问卷录入与数据处理、分析及得出评估结论等几个主要环节。

在设计调查问卷时,要根据"必要与可能"的原则来设置调查内容,即调查内容既要能够满足对某项(或某几项)农业政策措施评价的需要,但也不能内容设置太多,影响到问卷调查的完成。一般而言,出于农业政策评估目的的农户调查问卷包括的内容有:农户对农业政策的了解程度及渠道、农户对农业政策的评价、农户对农业政策的期望、农户的基本情况等。调查问卷中问题设置应按问题的内容类别进行排列,也就是说同一类内容的问题要设置在一起。所提的问题应从一般到具体,一般性问题可引导被调查者轻松地继续回答更具体的问题。提问应当直奔目的,不要转弯抹角或提出无关问题,避免提出不易回答的问题。在问卷中只设置必须从农户才能获得的信息,如果能从其他地方(如村委会或县、乡政府)获得相关信息,则该内容就不要设置在农户问卷中。提问问题应当简洁、明了、容易理解,尽量避免使用行话术语。回答问题的类型和方式根据研究的需要,可选择封闭式、开放式或混合型。

在正式开展农户问卷调查之前,应先选择一部分农户进行预调查,预调查的农户数一般应为正式调查户数的 5%—10%。预调查有助于修正问卷中的错误或容易产生模糊、误解、分歧的地方,从而保证调查问卷的合理性。在正式调查中,样本农户的抽选流程一般为:首先根据农业政策评估的需要确定调查区域(某个省或某几个省),然后以调查区域为抽样总体,考虑各地经济发展水平、地理位置、农业政策的执行情况等,采用合适的抽样方法,依次抽选样本县、样本乡、样本村,最后考虑农户规模、兼业程度等抽选出样本农户。对选中的样本农户,由调查员采用一对一的方式对其进行问卷调查。

在农户问卷调查结束后,就要进行问卷录入和数据处理工作。在问卷录入完成后,一般要进行数据清理工作,即对数据进行逻辑检查,对不合理数据采取相应的处理措施,以确保进入分析阶段数据的完整与合理。进行问卷录入和数据处理的常用软件有 Excel、SPSS 等。

最后,基于上述问卷调查数据,评估者可从不同角度分析农户对相关农业政策的评价以及对农业政策的期望等,并得出相关结论。

关键词

农业政策评估　农业政策评估的主体　农业政策评估的基本标准　农业政策评估的方法　前后对比分析法　成本—效益分析法　农户问卷调查评估法

思考题

1. 农业政策评估的作用是什么?有哪些困难以及农业政策评估的主体有哪些?
2. 什么是帕累托最优状态、假想补偿原则和长期自然补偿原则?
3. 农业政策评估的基本标准有哪些?
4. 农业政策评估的常用方法有哪些?

参考文献

[1]〔德〕阿尔菲雷德·韦伯.工业区位论.上海:商务印书馆,1997.

[2]〔美〕阿兰·兰德尔.资源经济学.上海:商务印书馆,1989.

[3]蔡昉.刘易斯转折点——中国经济发展新阶段.北京:社会科学文献出版社,2008.

[4]蔡昉,王德文,都阳.中国农村改革与变迁——30年历程和经验分析.上海:上海人民出版社,2008.

[5]陈吉元,韩俊.人口大国的农业增长.上海:上海远东出版社,1996.

[6]陈劲松.借鉴国外经验 实行粮食消费目标补贴.中国农村经济,1996(7).

[7]陈晓华,张红宇.中国环境、资源与农业政策.北京:中国农业出版社,2006.

[8]程国强.WTO与中国农业发展.北京:中国经济出版社,2000年.

[9]〔美〕德·希·珀金斯.中国农业的发展(1368—1968).上海:上海译文出版社,1984.

[10]邓一鸣等.粮食流通:市场主体运行、国家宏观调控.北京:经济管理出版社,1993.

[11]段庆林.中国农村社会保障的制度变迁(1949—1999).宁夏社会科学,2001(1).

[12]方福前.福利经济学.北京:人民出版社,1994.

[13]高斌,张国福.经济政策导论.北京:经济科学出版社,1992.

[14]公维才.中国农民养老保障论.北京:社会科学文献出版社,2007.

[15]中华人民共和国国家林业局.第七次全国森林资源清查结果.2010-01.

[16]中华人民共和国国家统计局.第二次全国农业普查主要数据公报(第五号).2008-02-27.

[17]中华人民共和国国家统计局.庆祝新中国成立60周年系列报告之十:城市社会经济发展日新月异.2009-09-17.

[18]中华人民共和国国家统计局.2002年中国人口年鉴.北京:中国统计出版社,2002.

[19]中华人民共和国国家统计局.2011年国际统计年鉴.北京:中国统计出版社,2011.

[20]中华人民共和国国家统计局.2011年中国农村统计年鉴.北京:中国统计出版社,2011.

[21]中华人民共和国国家统计局.2011年中国统计年鉴.北京:中国统计出版社,2011.

[22]中华人民共和国国家统计局.中华人民共和国2011年国民经济和社会发展统计公报.2012-02-22.

[23]中华人民共和国国务院.国务院关于开展新型农村社会养老保险试点的指导意见.2009-09-01.

[24]中华人民共和国国务院.中国21世纪议程——中国21世纪人口、环境与发展白皮书.北京:中国环境科学出版社,1994.

[25]中华人民共和国国务院办公厅.人口发展"十一五"和2020年规划.2007-01-05.

[26]中华人民共和国国务院研究室课题组.中国社会保险制度改革.北京:中国社会科学出版社,1992.

[27]韩俊.跨世纪的难题——中国农业劳动力转移.太原:山西经济出版社,1994.

[28]胡乐亭.社会保障概论.北京:中国财政经济出版社,1996.

[29]〔美〕黄宗智.华北的小农经济及社会变迁.北京:中华书局,1986.

[30]金培.竞争力经济学.广州:广东经济出版社,2003.

[31]康晓光.中国贫困与反贫困理论.南宁:广西人民出版社,1995.

[32]柯炳生.农业政策学讲义.内部教材,1989.

[33]柯炳生,何秀荣,田维明.WTO与中国农业简明读本.北京:中国农业出版社,2002.

[34]兰秉洁,刁田丁.政策学.北京:中国统计出版社,1994.

[35]李秉龙等.农业经济学.北京:中国农业大学出版社,2009.

[36]李秉龙,乔娟.论农业政策与经济利益转移.沈阳:辽宁人民出版

社,1996.

[37]李卫武.中国:跋涉世纪的大峡谷——生存、发展、困境.武汉:湖北人民出版社,1997.

[38]〔英〕里特森 C.农业经济学:原理和政策.北京:农业出版社,1988.

[39]联合国环境规划署.2006年世界环境日宣传手册.2006.

[40]刘家顺,王永青.政策科学研究.北京:人民出版社,2000.

[41]刘双舟.WTO知识解读及应对措施——农业.北京:中国法制出版社,2002.

[42]刘崧生.发展经济学.北京:农业出版社,1991.

[43]刘铮,李竞能.人口理论教程.北京:中国人民大学出版社,1984.

[44]刘志澄等.中国农业之研究.北京:中国农业科技出版社,1990.

[45]鲁传一.资源与环境经济学.北京:清华大学出版社,2004.

[46]毛文永,李世涛.中国持续发展战略.北京:中国科学技术出版社,1994.

[47]南京农业大学.农业区划.北京:农业出版社,1992.

[48]中华人民共和国农业部.2009年全国草原监测报告.2010-03-20.

[49]中华人民共和国农业部.2011年中国畜牧业年鉴.北京:中国农业出版社,2011.

[50]中华人民共和国农业部,国家统计局.中国农村40年.郑州:中原农民出版社,1989.

[51]中华人民共和国农业部发展计划司.农业结构战略性调整理论、政策与实践.北京:中国农业出版社,2003.

[52]潘云.中国大地的压力.太原:山西经济出版社,1996.

[53]〔德〕R. 普拉特,E. 贝肯霍夫著,倪丽泓,柯炳生译.农业市场政策基本原理.北京:北京农业大学出版社,1989.

[54]沈承纲.政策学.北京:北京经济学院出版社,1996.

[55]沈国舫,石玉林.中国区域农业资源合理配置、环境综合治理和农业区域协调发展战略研究.北京:中国农业出版社,2008.

[56]宋洪远等."九五"时期的农业和农村经济政策.北京:中国农业出版社,2002.

[57]〔印〕苏布拉塔·加塔克等.农业与经济发展.北京:华夏出版社,1987.

[58]谭向勇,谷树忠.农业经济学教程.太原:山西经济出版社,1994.

[59]〔美〕汤姆·泰坦伯格.环境与自然资源经济学.北京:经济科学出版社,2003.

[60]王福生.政策学研究.成都:四川人民出版社,1991.

[61]王国军.中国农村社会保障制度的变迁.浙江社会科学,2004(1).

[62]王天意.中国农村社会养老保险存在的困惑与出路分析.中国农村研究网,2005-06-30.

[63]王章华.关于新型农村社会养老保险模式的思考.南昌大学学报(人文社会科学版),2009(2).

[64]汪荣康.农业政策与法规.北京:经济科学出版社,1996.

[65]吴晓东.中国农村养老的经济分析.成都:西南财经大学出版社,2005.

[66]徐更生.美国农业政策.北京:中国人民大学出版社,1991.

[67]许明.关键时刻:当代中国亟待解决的27个问题.北京:今日中国出版社,1997.

[68]许文兴.农村社会保障.北京:中国农业出版社,2006.

[69]杨德祥.农业政策学.北京:北京农业大学出版社,1993.

[70]杨德祥,柯炳生.农业政策学.北京:北京农业大学出版社,1993.

[71]杨学成等.农业政策学.南京:江苏人民出版社,1990.

[72]叶依广.区域经济学.北京:中国广播电视出版社,1991.

[73]尹伯成.西方经济学简明教程.上海:上海人民出版社,1995.

[74]尹伯成等.中国社会保险制度改革.上海:复旦大学出版社,1992.

[75]张金马.政策科学导论.北京:中国人民大学出版社,1992.

[76]张敬一,赵新亚.农村养老保险政策研究.上海:上海交通大学出版社,2007.

[77]张蕴岭等.西欧的区域发展.北京:中国展望出版社,1988.

[78]赵慧珠.中国农村社会政策初步研究.北京:中国农业出版社,2008.

[79]郑新立.现代政策研究全书.北京:中国经济出版社,1991.

[80]钟甫宁.农业政策学.北京:中国农业大学出版社,2003.

[81] 钟甫宁,谭向勇.农业政策学.北京:中国农业大学出版社,1993.

[82] 中华人民共和国环境保护部.2008年全国环境统计公报.2009-09-30.

[83] 中华人民共和国环境保护部.2009年中国环境状况公报.2010-05-31.

[84] 中华人民共和国民政部.2008年民政事业发展统计报告.2009-05-22.

[85] 中华人民共和国民政部.2010年社会服务发展统计公报.2011-02-09.

[86] 中华人民共和国人力资源与社会保障部.2010年全国社会保险情况.2011-08-10.

[87] 周起兴等.区域经济学.北京:中国人民大学出版社,1989.

[88] 周其仁.产权与制度变迁——中国改革的经验研究.北京:北京大学出版社,2004.

[89] Justin Yifu Lin. Rural Reforms and Agricultural Growth in China. AmericanEconomic Review,1992,82(1).

原版后记

本书的主要侧重点是农业政策的理论、方法和体系。它是为农业经济管理各专业的学生和各级政府农业管理部门的工作人员在学习和研究农业政策时提供帮助或参考而编著的。

本书是在多年教学和科研的基础上编著的。中国农业大学（原北京农业大学）经济管理学院于1989年由柯炳生教授首先为高年级本科生开设了"农业政策"课程，后来本书的作者们也先后为大学生、研究生、农业管理部门官员讲授了此课程或部分内容。但一直没有一本系统而完整的正式出版的教科书。本书的出版标志着我们的工作完成了一个阶段。

本书由谭向勇作总体设计，并撰写第1、2、5章，肖海峰撰写第4、6、7、10章，并最后对全书进行了统稿。李秉龙撰写第3、8、9章。

我们非常感谢中国农业大学副校长柯炳生教授能为本书作序；也非常感谢山西经济出版社副总编辑赵建廷先生和该社农业经济编辑室主任张惠君女士在出版方面的大力支持和帮助。

本书还有待进一步的完善，诚恳的希望读者能提出宝贵的修改意见，以便再版时能修正错误，提高质量。

编　者

1997年10月初于中国农业大学

再版后记

本书是作者1997年编著出版的《农业政策原理》的修订本。《农业政策原理》出版后的几年中,我国农业政策背景发生了较大的变化,如农业发展进入了新阶段、农业市场化程度进一步提高以及中国加入世界贸易组织(WTO)。与农业政策背景的变化相适应,我国农业政策目标以及具体政策措施均有较大变化。同时各国按照WTO《农业协议》的要求都对本国农业政策进行了调整。为适应这种变化,我们对《农业政策原理》一书进行了修订。

本书主要在以下几个方面进行了修订:第一,增加了WTO农业规则和中国加入WTO在农业方面承诺的主要内容;第二,根据我国及其他国家农业经济及农业政策的最新发展情况,增加、修改了相关内容;第三,为了便于读者更好理解农业政策的基本原理,在具体原理的阐述上做了相应修改。

本书的主要侧重点仍是农业政策的基本原理。目标读者主要是农业经济管理及相关专业的学生和各级政府农业经济管理部门的工作人员以及有志于学习和研究农业政策的其他人士。

本书修订由谭向勇作总体设计,并修改第1、2、5章,肖海峰修改第4、6、7、10章,并最后对全书进行了统稿。李秉龙修改第3、8、9章。

我们非常感谢农业部农村经济研究中心主任柯炳生教授再次为本书作序;也非常感谢山西经济出版社总编辑赵建廷先生和该社农业经济编辑室主任张惠君女士在本书再版方面的大力支持和帮助。

由于我们水平有限,书中不足在所难免,诚恳希望读者批评指正,以便再版时修正错误,进一步提高质量。

编　者

2003年12月于中国农业大学

第三版后记

本书是作者1997年编著出版的《农业政策原理》的第三版修订本。自2004年年初《农业政策原理》（第二版）正式出版以来，我国农业政策又发生了较大变化。中央政府更加重视"三农"问题，坚持"多予、少取、放活"的方针，连续出台了一系列含金量较高的强农、惠农政策措施，如粮食直接补贴政策、良种补贴政策、农机购置补贴政策、农业生产资料综合直接补贴政策、粮食最低收购价格政策，又如在农村社会保障领域快速推行新型农村合作医疗制度、新型农村社会养老保险制度、农村最低生活保障制度等。为了适应我国农业政策的这些变化，我们决定对《农业政策原理》一书进行第二次修订，出版该书的第三版。

本书第三版主要在以下几个方面进行了修订：第一，在"农产品市场与价格政策"一章，增加了2004年以来我国政府新出台的几项政策措施的执行情况，如粮食最低收购价格政策、粮食直接补贴政策、良种补贴政策、农机购置补贴政策和农业生产资料综合直接补贴政策；第二，在"农业结构政策"一章中，增加了我国的农业区域结构政策、我国的农业部门结构政策、我国的农业经营规模结构政策等内容；第三，在"农村社会政策"一章，增加了我国新型农村合作医疗制度、新型农村养老保险制度、农村最低生活保障制度等内容；第四，根据我国及世界农业经济的最新发展情况，更新了相关内容与数据；第五，为了便于读者更好地理解农业政策的基本原理，在具体原理的阐述上也做了相应修改。

本书的主要侧重点仍是农业政策的基本原理。目标读者主要是农业经济管理及相关专业的学生、各级政府农业经济管理部门的工作人员以及有志于学习和研究农业政策的其他人士。

本书修订由谭向勇作总体设计，并修改第1、2、5章，肖海峰修改第4、6、7、10章，并最后对全书进行了统稿。李秉龙修改第3、8、9章。

我们非常感谢中国农业大学校长柯炳生教授第三次为本书作序；也非

常感谢山西经济出版社总编辑赵建廷先生和该社第一编辑室李慧平女士在本书第三版出版方面给予的大力支持和帮助。

由于我们水平有限，书中不足在所难免，诚恳希望读者批评指正，以便我们下一次修订出版时改正错误，进一步提高质量。

编 者

2012年7月于中国农业大学

图书在版编目（CIP）数据

农业政策原理/谭向勇，肖海峰，李秉龙编著. —3版.
—太原：山西经济出版社，2012.9
ISBN 978 - 7 - 80767 - 569 - 3

Ⅰ.①农… Ⅱ.①谭…②肖…③李… Ⅲ.①农业政策 - 研究 - 中国　Ⅳ.①F320

中国版本图书馆 CIP 数据核字（2012）第 195408 号

农业政策原理

编　　著：谭向勇　肖海峰　李秉龙
出 版 人：赵建廷
责任编辑：李慧平
助理责辑：姚　岚
装帧设计：陈　婷

出 版 者：山西出版传媒集团·山西经济出版社
社　　址：太原市建设南路21号
邮　　编：030012
电　　话：0351 - 4922133（发行中心）
　　　　　0351 - 4922085（综合办）
E - mail：sxjjfx@163.com
　　　　　jingjshb@sxskcb.com
网　　址：www.sxjjcb.com

经 销 者：山西出版传媒集团·山西新华书店集团有限公司
承 印 者：山西出版传媒集团·山西新华印业有限公司

开　　本：787mm×960mm　　1/16
印　　张：15.75
字　　数：258千字
印　　数：1 - 3 000 册
版　　次：2012年9月　第1版
印　　次：2012年9月　第1次印刷
书　　号：ISBN 978 - 7 - 80767 - 569 - 3
定　　价：38.00元